山东省社会科学规划研究项目（青年学者重点培养计划）
乡村人才振兴战略下大学生农村创业模式研究（18CQXJ43）研究成果

大学生农村创业指导与实践

申 钊／著

化学工业出版社
·北 京·

内容简介

本书旨在为大学生就业创业提供理论和实践指导。全书以大学生农村创业为研究对象，在理论研究篇中，先阐述了创业的基本理论，然后分析了大学生农村创业的要素，最后就大学生农村创业的战略进行了研究。在实践探索篇中，先就新农村建设的城镇化建设进行了探讨，然后剖析了共享经济下农村的创新创业，最后针对大学生农村科技创业与高校农业科技服务模式的典型案例进行了分析。

本书对于高校就业指导教师以及有志于农村创业的大学生具有一定的学习价值。

图书在版编目（CIP）数据

大学生农村创业指导与实践/申钊著．—北京：化学工业出版社，2020.12（2023.1 重印）

ISBN 978-7-122-37955-9

Ⅰ.①大…　Ⅱ.①申…　Ⅲ.①农村-大学生-创业-研究-中国　Ⅳ.①G647.38

中国版本图书馆 CIP 数据核字（2020）第 218610 号

责任编辑：徐　娟
责任校对：王　静　　　　装帧设计：史利平

出版发行：化学工业出版社（北京市东城区青年湖南街 13 号　邮政编码 100011）
印　　装：三河市延风印装有限公司
787mm×1092mm　1/16　印张 10¾　彩插 4　字数 247 千字　2023 年 1 月北京第 1 版第 2 次印刷

购书咨询：010-64518888　　　售后服务：010-64518899
网　　址：http://www.cip.com.cn
凡购买本书，如有缺损质量问题，本社销售中心负责调换。

定　　价：84.00 元

前言

大学生就业问题是当今社会最为关注的热门话题之一，更是当前政府、学校、家庭和学生共同关注的难点问题。它不仅关系到大学生个人价值的实现、学校的声誉及发展、社会经济的提高和进步，也关系到无数家庭对未来美好生活的期盼。

近几年来，从国家政策到地方支持，从学校渠道到企业扶持，各方面都出台了许多措施来促进大学生就业和创业。然而即便如此，大学生就业形势依旧日趋严峻，竞争也愈发激烈。因此，如何在激烈的竞争中脱颖而出，就成了每个大学生及每个高校所迫切关心的问题。

大学生是年轻的高知识人群，有着较为丰富的知识储备和年轻人所特有的创造力，是符合我国“十三五”规划的创业主要人群，但是大学生群体社会实践经验和能力的欠缺，也致使许多大学生创业项目在初期就已夭折。此种现状给大学生创业带来了极大的挑战。

做好大学生就业创业工作，对于建设人力资源强国和创新型国家、着力保障和改善民生、促进教育与经济社会协调发展具有重要且划时代的意义。因此，加强在校大学生的就业和创业教育，令大学生树立正确的就业观念和坚定的信心，培养大学生的创新意识，积极鼓励和引导大学生自主创业，是如今高校就业指导和服务工作的目标之一，更是促进大学生高质量就业甚至提升大学生创业成功率的有效方法。

本书以大学生农村创业为研究对象，详细论述和分析了大学生农村创业的种种影响因素。在绪论部分，本书从大学生就业创业现状以及农村发展现状切入，分析了当代大学生农村创业的困境以及现实意义，展现了大学生农村创业所处的关键性节点和划时代意义。接着，从创业基本理论层面，综合分析了作为创业者应该具备的素质及创业者需要拥有的眼界；之后就大学生农村创业的要素和农村创业的战略，做了全面及深刻的分析；最后立足于农村创业实践，就社会主义新农村建设的城镇化发展，以及共享经济下农村的创新创业，进行了系统的探索，并辅以大学生农村科技创业和高校农业科技服务模式的典型案例，做了适当的分析和研究。

实现大学生高质量就业创业，不仅需要学校全面提高人才培养的质量，还需要产业结构升级转型，为社会创造更多的新型就业创业机会，也需要大学生能够脚踏实地，将社会发展需要和自身理想价值相结合。相信随着国家的发展、学校的进步以及大学生思维的改变，大学生创业环境及政策将会更加优越，大学生在社会上的成长前景也将会更加美好。

本书的出版要大力感谢山东省社会科学规划研究项目的支持。当然，书中难免存在纰漏和不足之处，希望广大读者能够批评指正。

著　者

2020 年 6 月

目录

绪 论

随着我国高等教育规模的不断扩大，近年来我国高校毕业生的数量也呈现出了快速增长态势。2010～2019年，我国每年高校应届毕业生人数分别为630万、660万、680万、699万、727万、749万、765万、795万、820万、834万。大学毕业生不仅是国之根基，更是宝贵的人才资源。2020年，仅大学应届毕业生就有870多万人，再加上已毕业几年、归国留学生或是未上大学的青年群体，青年就业群体的数字十分庞大。其中高校毕业生占每年新成长劳动力的一半以上，而高校毕业生的就业随着高等教育规模的扩大愈来愈难，高校帮助引导毕业生就业创业工作任务也变得非常繁重与艰难。

正处于转型期的中国，虽然是就业困难的年代，但也是创业最好的时代。随着市场的深度开放，精准扶贫的全面推进，越来越多亟待发展的地方期待新鲜血液的加入，盼望着新力量的带动，而大学生便是这其中的中坚力量。他们年轻，有知识，有活力，有想法，只是缺少实现个人价值的机会。而这些亟待发展的地区，便是机会之所在。

近十年来，我国针对大学生的发展，制定了一系列的规划，如《国家中长期人才发展规划纲要（2010—2020）》《国家中长期科学和技术发展规划纲要（2009—2020）》和《国家中长期教育改革和发展规划纲要（2010—2020）》。通过研读各个规划纲要，我们可以看到国家建设人才强国的决心。而目标的实现需要在现实中一步一个脚印地完成，其中对大学生创新创业环境进行建设研究是当务之急。当今的大学生是国家创新和创造的新鲜血液，大学生相关理论和政策的推进，可以带动国家的创新能力，提高全民素质。目前的矛盾是大学生自身的创新创业意愿较强，但是实践能力较弱。因此，我们更应重视大学生的创新创业研究，通过研究推进大学生的创新创业进程，加快我国建设创新型国家的步伐，这是我国能更快地成为人力资源强国的必要条件，更是进入世界人才强国行列目标的内在要求。

对大学生的农村创业问题进行研究，对于提高大学生就业质量与数量以及构建社会主义和谐社会具有十分重要的意义。现代社会人们所探讨的一大焦点领域便是就业问题，它可以说是每个家庭、每个大学生最关心的问题。我国当今社会就业问题中出现了一些矛盾，如城镇就业人口较多、就业总量矛盾十分突出，而社会的安定稳定、国家的文明和谐一定程度上取决于就业率是否增长，因此，激励大学生进行创新创业，能够促进公共服务水平的提升，从而保证社会和谐安定。

对大学生的农村创业问题进行研究，可以有效地促进经济全面发展与社会可持续发展。社会的全面协调可持续发展中包括了经济、政治、文化、社会建设等方方面面。大学生在当今社会的发展中作为促进经济发展的主力，肩负了国计民生及至未来建设发展的重任。抓住大学生创新创业工作的研究，可以全方面促进、发展、协调社会的整体进步。同时研究大学生创新创业，运用先进手段对大学生进行创新创业的开发培养工作，对满足当今大学生的精神追求也是十分必要的。对大学生创业的研究，是十分重要的基础性工程：一方面可以通过研究，掌握国家经济与支持政策的走向；另一方面，通过研究可以针对就业率较低、社会发展不协调、学生创业方向与国家政治经济导向不一致等现状，给出指导性建议，从而正确引导大学生创新创业，促进社会发展。

一、当代大学生就业创业现状

改革开放以来，伴随着高等教育的普及，越来越多的青年走入大学的校门，接受高等教育。我国每年高校应届毕业生人数由 1999 年的 90 万人增长到 2020 年的 874 万人，仅 2019 年到 2020 年一年时间就增加了近 40 万人。但毕业生人数激增的同时就业岗位的数量却没有相应的提升，甚至受近几年国际形势的影响，就业岗位数量下降的压力更大。据相关数据显示，目前大学生人数已经超过社会新增岗位数量的一半，成为社会新增岗位的主要竞争者。由于自身实践能力的缺乏，大学生的专业与企业岗位的要求存在一定程度的不协调，加上就业观念保守等因素，导致高校毕业生求职困难的现象比较普遍。2019 年，285 万大学生选择了报考研究生，这从侧面反映出目前就业压力之大，就业竞争之激烈。大学生的就业问题是影响社会稳定的重要环节，因为它关系着高等教育事业的健康发展、个人价值的实现、家庭的稳定以及国家的未来。

2002 年，教育部在普通高等学校创业试点工作座谈会上明确指出：对大学生进行创业教育，培养具有创新精神、创业和创造能力的高素质人才，是当今高等学校的重要任务。此后各高校一直在积极开展创新创业教育、培养新型人才这条道路上摸索前进。根据数据可以发现，创业大多集中在高速发展的地区与板块。随着“高能源”集中地人才与市场的逐渐饱和，大学生在这些地域的创业也逐渐露出疲态。地域的经济发展是具有阶段性的，首先开发的必然是人才与市场等资源的“能源”集中地，其次才是有潜力可开发的资源集中地，最后是具有被动性、被带动发展的相对较弱的区域。目前，我国已基本完成对“高能源”城市的开发，剩余空间对于每年大量的毕业生来说过于狭小。但是，随着我国第二阶段开发的深入，农村的发展呈现出对新型人才的迫切需求。

1. 大学毕业生数量的结构性分析

据教育部统计数据显示，2020 年我国高校毕业生达到 874 万人，相比上一年增长近 40 万人。我国共有普通高校 2663 所，其中本科院校 1245 所，成人高等学校 277 所。经测算，普通高校的平均规模人数为 10605 人，其中本科院校人数 14896 人，高职高专院校人数 6837 人（图 0-1）。

如表 0-1 所示，2018 年普通本专科招生 790.99 万人，比上年增加 29.50 万人，增长 3.87%；在校生 2831.03 万人，比上年增加 77.45 万人，增长 2.81%；毕业生 753.31 万人，比上年增加 17.48 万人，增长 2.38%。

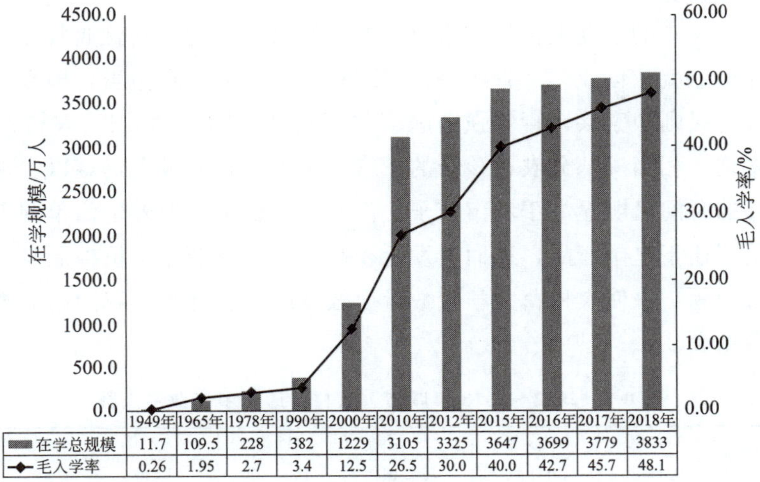

图 0-1 我国高等教育在学规模和毛入学率

表 0-1 2018 年普通本专科学生情况 单位：人

	毕业生数	招生数	在校生数
普通本专科	7533087	7909931	28310348
其中：本科	3868358	4221590	16973343
专科	3664729	3688341	11337005

如图 0-2 所示，2010～2018 年大学毕业生人数按照 2%～5%的同比增长率逐年增长。大学毕业生面临着严重的就业问题，在就业难、就业不理想的态势下，刚毕业的大学生工资表现出普遍偏低的状况。除了社会大环境的影响外，这与大学生刚出校门缺乏职场经验和实践能力有着密切联系。

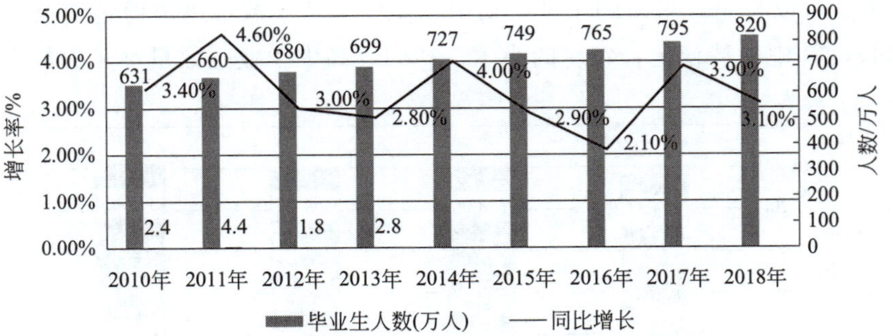

图 0-2 2010～2018 年大学毕业生数量统计及增长率

由于高校接连的扩招，大学毕业生数量的突飞猛进，毕业生数量与实现就业的人数难以呈现正相关。就业困难导致滞留的应届大学毕业生连年积聚，既是经济发展的阻力，也是社会发展的隐患。如今，我国大学生就业问题日渐突出，本应是经济发展人才助力的大学生却成为制约经济可持续发展的阻碍，甚至给社会公共管理的各个方面都造成了阻碍。这需要我们进行深思。

大学毕业生数量激增，就业岗位供不应求，现有的城市发展岗位有限，发掘新的大学生就业岗位成为应有之义。将供给侧改革理念应用于高校大学生就业问题的解决，将有效改善和缓解当前大学生就业难问题。

习近平总书记在党的十九大报告中指出，要“提供全方位公共就业服务，促进高校毕业生等青年群体多渠道就业创业”。“青年一代有理想、有本领、有担当，国家才有前途，民族才有希望。”“青年兴则国家兴，青年强则国家强。”我国是农业大国，农村人口占有很大比重，经过调查发现，相当一部分农村孩子的正常入学至今在客观上仍难以实现，同时农村孩子使用电子产品的时间已明显高于城市孩子。由于缺乏管束、课外生活单调等原因，越来越多的农村孩子正沉迷于电子产品，进而引发近视高发、身体变差、精神颓丧、孤独自闭、价值观混乱等多重问题，也使农村籍大学生数量大幅度减少。近些年我国高等教育前阶段人数具体变化状况参见表 0-2、表 0-3。

表 0-2　2012～2018 年城市、农村普通高中毕业生人数　　单位：万人

毕业阶段	2012 年	2013 年	2014 年	2015 年	2016 年	2017 年	2018 年
城市普通小学	303.72	304.43	421.99	440.30	443.91	—	—
农村普通小学	1017.80	942.74	681.16	624.25	560.31	—	—
城市初中	—	—	464.02	461.88	459.04	—	—
农村初中	—	—	417.35	363.96	313.91	—	—
城市普通高中	290.4	277.4	353.1	360.6	366.1	372.9	373.1
农村普通高中	62.7	56.33	33.6	26.4	26.0	25.2	24.7

表 0-3　2009～2018 年全国各阶段毕业生人数

毕业生人数/万人	2009 年	2010 年	2011 年	2012 年	2013 年	2014 年	2015 年	2016 年	2017 年	2018 年
普通小学	1805	1740	1663	1642	1581	1477	1437	1507	1566	1617
初中	1798	1750	1737	1661	1562	1414	1418	1424	1398	1368
普通高中	823.7	794	788	792	799	800	798	792	776	779

通过表 0-2 可以看出，城市的小学、初中、高中毕业生数量逐年稳定增长：小学以每年 10％速度增长，初中保持稳定；农村的小学、初中、高中毕业生数量逐年大幅度降低。

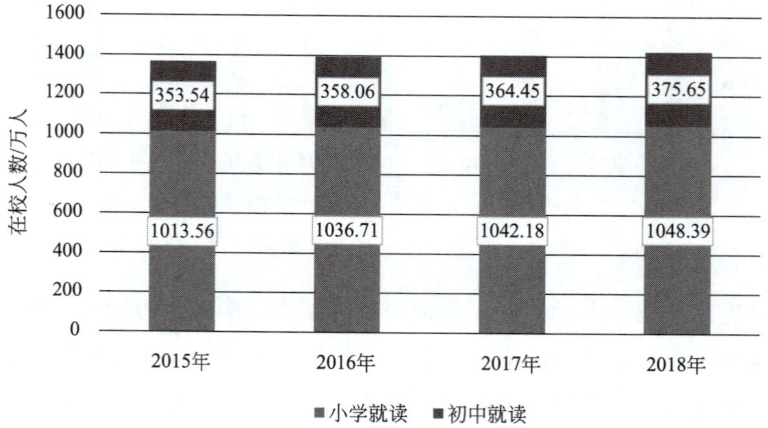

图 0-3　2015～2018 年进城务工人员随迁子女在校生数量

通过图 0-3 的数据可见，2015～2018 年进城务工人员随迁子女在校生数量逐年增加。据调查，很多农村家长迫于家庭经济原因外出打工，无暇顾及孩子的学习情况。因此，破除

农村教育的发展桎梏是国家实现人才强国目标的重中之重。此外，城镇户籍大学生比例取决于城镇高等教育需求差距程度。城镇高等教育需求差距越大，城镇户籍大学生比例就越高，农村户籍大学生比例就越低。这种情况不但会加剧社会的两极分化，也会导致经济发展的不平衡，严重影响我国由人口资源大国向人力人才资源强国的转变。

2. 当代大学生的就业现状

随着现代教育体制的改革，大学生数量逐年增长，这虽然是宝贵的人才资源，但是如果不能人尽其用，不仅会造成宏观上的浪费，也会导致微观上的拮据与贫困。岗位之间的比例失衡，供需矛盾的日益扩大，致使当代大学生正面临着严峻的就业形势。

（1）近年来大学生的就业现状

鉴于 2020 年我国经历了新冠肺炎，疫情严重影响了 2019 届毕业生的就业以及数据统计，下面对 2019 年数据进行分析。

由图 0-4 所示的大学生就业率的变化趋势可知，全国总体的趋势缓慢降低，幅度不大；本科的就业趋势下降比较明显；而高职高专的趋势是缓慢上升态势。

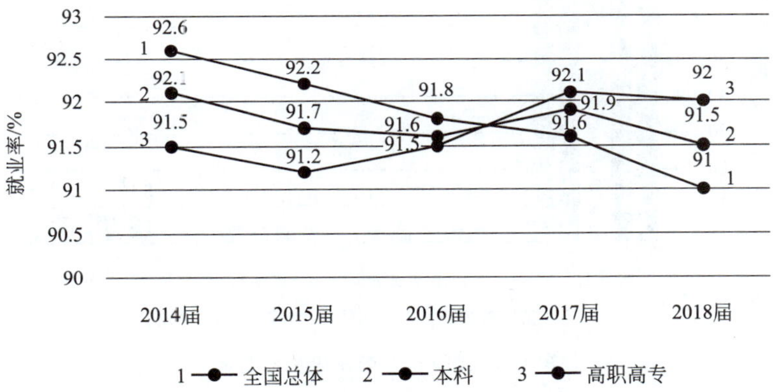

图 0-4 大学毕业生就业率变化趋势

如图 0-5（见彩插）所示，2018 届本科毕业生截至 2019 年“受雇工作”的比例为 73.6%，连续五届持续下降；“自主创业”的比例（1.8%）较 2014 届（2.0%）略有下降。图 0-6（见彩插）中，2018 届高职高专毕业生“受雇工作”的比例为 82.0%；“自主创业”的比例（3.6%）较 2014 届（3.8%）略有下降。

（2）当代大学生就业问题分析

① 当前我国高校毕业生规模变化。2010～2020 年我国高校应届毕业生人数平均年增幅为 3.29%，其中 2020 年又迎来近十几年的最大增幅，为 4.7%。随着我国高等教育规模不断扩大，高校毕业生数量仍在不断增加。结合数据，我们可以将高校毕业生的特点总结如下。

第一，从性别结构来看，2019 年的男性和女性高校毕业生的结构比例呈现出女性多于男性的特征。但是，在不同学历层次上，性别比例存在一定差异。博士学历毕业生是男性比例高于女性，而硕士、本科和专科学历毕业生则都是女性比例高于男性。其中，专科学历毕业生的男女比例差距最小。第二，从学历层次来看，2019 年的博士、硕士、本科和专科毕

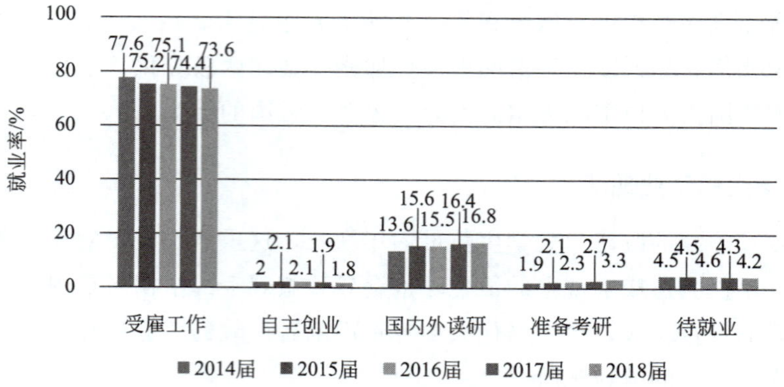

图 0-5 本科毕业生去向分布

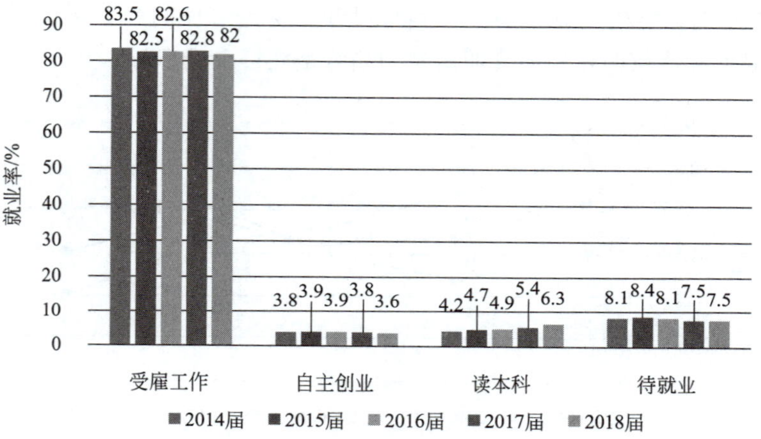

图 0-6 高职高专毕业生去向分布

业生中，本科毕业生在毕业生总数中的比例最高，其次是专科毕业生，再次是硕士毕业生，博士毕业生占比最低。第三，从生源地构成来看，高校毕业生生源地区占比最大的是东部地区（除京津沪外），其次为中部地区，而京津沪地区的比例最少。分学历层次来看，博士和硕士学历层次的毕业生生源地主要集中在东部地区（除京津沪外）、中部地区和京津沪地区，达 80%以上，西部地区生源占比相对较低。而本科毕业生和专科毕业生生源地也主要集中在京津沪和东部、中部地区，但西部地区毕业生生源规模有所扩大，接近 30%。第四，从院校类型来看，高校毕业生的院校类型占比最多的是一般本科院校，其次是高职高专，再次则是独立学院。博士毕业生主要来自“985”和“211”高校，硕士毕业生主要来自一般本科院校，本科毕业生主要来自一般本科院校和独立学院，专科毕业生主要来自高职高专和一般本科院校。第五，从学科门类来看，在博士毕业生中，工学、理学和医学专业的毕业生占比最高；在硕士毕业生中，工学、管理学以及医学专业的毕业生占比最高；在本科毕业生中，工学、管理学以及文学专业的毕业生占比最高；在专科毕业生中，财经专业的毕业生占比最多；相比而言，资源开发、测绘、材料、能源、水利、环保、气象、安全、公共事业、公安和法律专业的专科毕业生数量相对较少，所占比例均在 1.5%以下。

② 我国高校毕业生初次就业率变化。2019 年，我国高校毕业生初次就业状况相对稳

定，初次就业率有所提升。具体表现了出以下特点。

第一，从性别结构来看，男性和女性毕业生的初次就业率基本相当。在不同学历层次上，除了硕士学历男性毕业生的初次就业率高于女性之外，其他学历的女性毕业生的初次就业率都高于男性，其中性别差异最大的学历层次是硕士，男性毕业生的初次就业率高于女性。第二，从学历来看，博士毕业生的初次就业率较低，专科、本科和硕士毕业生的初次就业率较高。第三，从生源地来看，毕业生的初次就业率按西部地区、东部地区（除京津沪外）、中部地区、京津沪地区的顺序依次递减。与 2018 年相比，所有生源地区毕业生的初次就业率均有所提升，最高的西部地区毕业生的初次就业率相对于最低的京津沪地区仍然持续走高。第四，从院校类型来看，高职高专院校毕业生的初次就业率最高，“985”院校、独立学院、一般本科院校、“211”院校和其他类型院校次之，均高于总体平均水平，而科研院所的初次就业率相对较低。第五，从学科门类来看（除军事学外），就博士毕业生而言，初次就业率排名前三位的学科门类为医学、教育学和法学；就硕士毕业生而言，初次就业率排名前三位的学科门类为工学、经济学和管理学；就本科毕业生而言，初次就业率排名前三位的学科门类为农学、工学和管理学；与此同时，从专业大类来看，专科毕业生初次就业率排名前三位的专业分别为轻纺食品、水利和生化与药品。总的来说，不同学科门类毕业生的初次就业率在不同的学历层次上具有较大的差异。

③ 不同高校毕业群体就业状况。已确定单位、自主创业、待就业以及高职院校等不同高校毕业生群体之间特征差异明显。已确定单位的毕业生人数所占比重最高，而自主创业和待就业群体比重较少，具体特征可总结如下。

a. 已确定单位毕业生群体。通过对 2019 年已确定单位毕业生的数据进行分析，得到以下发现。

第一，从就业地区分布来看，毕业生在东部地区（除京津沪外）就业的比例最高；在京津沪和东部地区（除京津沪外）就业的比例占 50%左右。第二，从就业城市分布来看，毕业生在地级市和省会城市就业的比例较高，而且在省会城市当中，男性略高于女性，而在地级市中，女性略高于男性。博士和硕士毕业生主要在直辖市和省会城市就业；本科和专科毕业生在直辖市和省会城市就业的比例之和在一半左右。第三，从就业单位类型来看，毕业生在企业就业的比例最高，其次为事业单位，在机关就业的比例较低，在部队、农村和城镇社区就业的比例不足 1%。

b. 自主创业毕业生群体。通过对 2019 年自主创业毕业生的数据进行分析，可以得到以下结论。

第一，从学历层次来看，本科毕业生是自主创业的主力军，博士毕业生自主创业占比最低。第二，从性别来看，各学历层次男性自主创业的比例均高于女性。第三，从院校类型来看，自主创业毕业生主要集中在一般本科院校、高职高专院校和独立学院，其他类型院校毕业生选择自主创业的人数较少。第四，从学科门类（专业大类）来看，在本科及以上学历层次，工学、管理学、文学、艺术学和理学学科毕业生选择自主创业的比例较高；在专科层次，财经、土建、艺术设计、传媒和电子信息专业大类毕业生选择自主创业的比例较高。

c. 待就业毕业生群体。通过对 2019 年待就业毕业生的数据进行分析，可得到以下结论。

第一，从学历层次来看，待就业群体主要为本科和专科毕业生，博士待就业毕业生占总体待就业毕业生人数的比例最小。第二，从性别来看，硕士、本科、专科毕业生中待就业女性比例要高于男性，博士毕业生中待就业男性比例高于女性。第三，从院校类型来看，待就业毕业生主要集中在一般本科院校和高职高专院校，其他类型院校待就业毕业生的比例较低。第四，从学科门类（专业大类）来看，本科及以上学历毕业生中，待就业毕业生占比较高的学科门类主要为工学、文学、管理学、医学、理学、教育学和法学；专科待就业毕业生占比较高的专业大类主要为财经、医药卫生、文化教育、土建和制造。

d. 高职院校毕业生群体。通过对高职院校毕业生初次就业率、毕业去向及就业去向进行分析，主要有以下发现。

第一，从初次就业率这一判断毕业生就业状况最基本、最直观的指标来看，总体而言，2019 年高职院校毕业生的初次就业率高于当年全国所有高等院校毕业生初次就业率的平均水平。从性别的角度看，女性初次就业率略低于男性。从生源地及毕业院校所在地的角度看，西部地区在生源地与毕业院校所在地指标上都是初次就业率最高的地区，中部地区则是初次就业率最低的地区。从专业大类的角度看，轻纺食品、水利、生化与药品专业初次就业率较高，公安、法律、资源开发与测绘专业初次就业率较低。第二，高职院校毕业生的就业落实情况方面，男性已确定单位的比例高于女性，而女性选择自由职业或升学的比例高于男性；待就业女性比例高于男性；西部地区高职毕业生的就业落实情况最好，而东部和中部地区不理想。第三，在高职院校毕业生的就业去向方面，超过半数毕业生选择在东部地区就业；近七成毕业生选择在省会城市、直辖市或计划单列市就业；在就业单位的选择上，绝大部分高职毕业生选择到企业就业。

e. 不同地域间毕业生就业情况对比。我国高校毕业生以本地就业为主，但不同地域间流动情况差异较大。对毕业生流动情况进行分析得出以下结论。

第一，以生源地、院校所在地的角度来解读毕业生的就业流动发现，本地就业比率都保持在较高水平。各个地区（京津沪、东部地区、中部地区、西部地区）之间表现出较为明显的分层：本地就业比率东部地区（含京津沪）最高，其次是西部地区，最后是中部地区，而其中京津沪地区流入流出比很高。可见，生源所在地和院校所在地对毕业生的就业地域选择影响颇为重要，东部地区（含京津沪）的学生更偏向留在本地区就业。

第二，在毕业生流入和流出的规模上，东部地区流入规模最大，京津沪地区流入流出比最高；流出规模最大的集中在中部，呈现出流入流出比最低的状态；西部地区的情况接近中部，流入流出比相较中部地区呈现略高态势，这表明我国高校毕业生仍然倾向选择东南沿海地区就业。

第三，就毕业生院校所在地的毕业生流动情况看，我国中部和京津沪地区高校的学生在本地就业的比例呈现低态势。这其实从侧面反映出中部和京津沪地区就业竞争很大，高校毕业生在本地就业难度相对大一些。而其他地区院校的学生到京津沪这种一线城市就业的比例极低。可见，京津沪等一线城市对于大学毕业生有很强的吸引力，吸纳了大量外地生源，但受到各方压力，诸如户籍要求、工作节奏、生活成本等因素的限制，外地生源毕业后留下的人数并没有和入学人数成正比。

第四，在“北上广”就业的毕业生中，高学历的比例高于全国水平，本科、硕士和博士的比例均高于全国平均水平；毕业院校类型中，“985”和“211”高校的比例也高于全国平均水平；就业单位类型中，在“北上广”就业的学生主要在企业工作，该部分比例高于全国平均水平。

对上述情况进行对比总结可以看出，我国高校毕业生近十年来的就业变化趋势特征显著。总体说来，首先，近些年随着我国高等教育规模的不断扩大，高校毕业生在总量上逐年增加的同时，其性别结构的变化也同样明显。女性毕业生在总体中的比例不断增加，已经逐渐赶上并超过男性毕业生在总体中所占的比例。但从近两年来看，高校规模扩张的速度有所放缓。其次，初次就业率作为判断毕业生就业状况最基本、最直观的指标，总体稳定并伴有小幅波动，近十年来均维持在70%以上。不过，2020年爆发的新冠疫情，对近两年对于大学生的初次就业将形成一个不小的冲击。第三，在高校毕业生的就业地区选择上，东部地区始终是高校毕业生选择就业的主要地区。由于生存和工作压力过大，加之环境问题逐渐严峻，2013年以前毕业生选择到京津沪地区就业的比例呈逐年下降态势，但近三年有所上升。此外，越来越多的毕业生选择到中西部地区发展。最后，在就业单位的选择上，企业和事业单位是高校毕业生就业的主要单位，但两者的发展趋势迥异。在事业单位就业的比例呈先下降后稳定趋势；在企业就业的毕业生比例整体有较大幅度上升。

3. 大学毕业生自主创业状况

近几年大学毕业生自主创业情况相对乐观。如图0-7所示，2018届大学毕业生自主创业比例为2.7%，较2014届（2.9%）略有下降。毕业三年后有6.2%的大学生仍在自主创业，创业存活率下降，其中本科有3.9%，高职高专比例为8.4%。从2010届到2014届大学生自主创业的比例快速增长，到2015届毕业即自主创业的大学毕业生中，三年后有44.8%的人仍坚持自主创业，即存活率为44.8%。

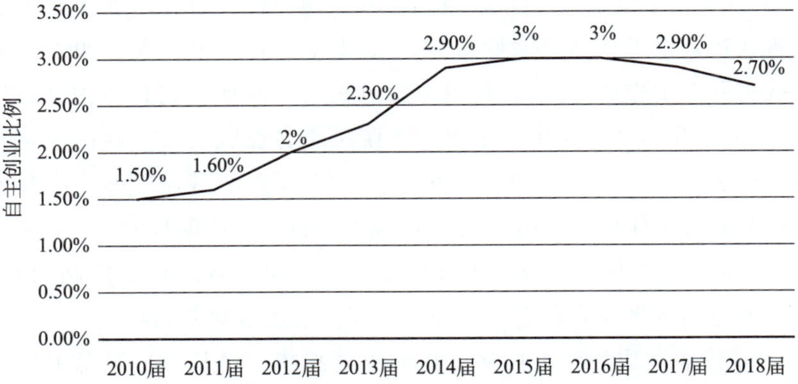

图0-7　2010～2018届大学毕业生半年后自主创业比例变化趋势

根据大学生毕业数量变化、农村籍学生数量变化、大学生就业情况及大学生创新创业能力四个方面的表述可以分析得出，大学生数量年年递增，而城市能够提供的工作岗位并没有如此增幅；大学生就业问题较多，如由学校进入社会的适应性不足等，皆会影响大学生发展。如此，发掘一个可提供新的工作机会的方式迫在眉睫。

二、我国农村发展现状

党的十九大报告中指出，“三农”（农业、农村、农民）问题是关系国计民生的根本性问题，必须始终把解决好“三农”问题作为全党工作重中之重。要坚持农业、农村的社会化建设，建立健全城乡协同发展体制机制和政策体系，加快推进农业、农村现代化。巩固和完善农村基本经营制度，深化农村土地制度改革，完善承包地“三权”分置制度。促进农村第一、第二、第三产业社会化发展，支持和鼓励农民就业创业，拓宽增收渠道。

下面从国家对农村发展的政策支持、城乡发展比较、我国农村发展现状三个角度分析现阶段我国农村的发展状态。

1. 农村发展政策

① 经过前期三十多年的扶贫开发，中国农村贫困人口急剧减少。但是，随着改革的持续深入，新时期的中国反贫困任务依然艰巨。在此背景下，必须实施更具针对性和更高效的扶贫政策，以帮助农村贫困人口真正摆脱贫困。2014 年 1 月，中共中央办公厅详细规划了精准扶贫模式的顶层设计，推动了“精准扶贫”政策的落地；2015 年 12 月，《中共中央国务院关于打赢脱贫攻坚战的决定》指出：“中国扶贫开发已进入啃硬骨头、攻坚拔寨的冲刺期”；2016 年 11 月，“十三五”脱贫攻坚规划提出要“坚持精准扶贫、精准脱贫基本方略，坚持精准帮扶与区域整体开发有机结合”；2018 年 6 月，《中共中央、国务院关于打赢脱贫攻坚战三年行动的指导意见》强调，“坚持把提高脱贫质量放在首位”。

② 党中央、国务院于 2011 年发布了第三个指导农村扶贫开发战略的纲领性文件《中国农村扶贫开发纲要（2011—2020 年）》（以下称《新纲要》）。党的十八大以来，国家将实现《新纲要》提出的目标高度来审视，高瞻远瞩地对扶贫工作提出了“两个重中之重”的指导思想。

③ 2012 年，国务院扶贫开发领导小组制定和实施《扶贫开发工作考核办法（试行）》，旨在进一步完善扶贫开发工作考核激励机制。2014 年 2 月，中办国办印发《关于创新机制扎实推进农村扶贫开发工作的意见》，旨在加大对农村贫困地区的扶持力度，进一步增强内生动力和活力。2015 年 11 月，《中共中央国务院关于打赢脱贫攻坚战的决定》发布，对打赢脱贫攻坚战提出了许多切实有效的措施和办法。2016 年 2 月，中办、国办先后印发《省级党委和政府扶贫开发工作成效考核办法》和《关于加大脱贫攻坚力度支持革命老区开发建设的指导意见》。2016 年 4 月，中办、国办印发《关于建立贫困退出机制的意见》，旨在切实提高我国扶贫事业的有效性和科学性，确保如期实现脱贫攻坚目标。

④ 精准扶贫精准脱贫成为我国扶贫工作的重要战略，也是习近平总书记关于扶贫开发重要战略思想的最鲜明特征。2015 年 6 月，习近平总书记在贵州召开的座谈会上强调“扶贫开发推进到今天这样的程度，贵在精准，重在精准，成败之举在于精准”。在中央扶贫开发工作会议上，他又强调“关键是要找准路子、构建好的体制机制，在精准施策上出实招、在精准推进上下实功、在精准落地上见实效”。为了更好地推进精准扶贫精准脱贫，中央和有关部门提出了“六个精准”“四个施策”“五个一批”和“十项工程”。

⑤ 2016 年 3 月 17 日，“两会”审议通过了《中华人民共和国国民经济和社会发展第十

三个五年规划纲要》，对精准扶贫下的扶贫工作和管理机制进行了详细的阐释，并制定了脱贫攻坚的目标，为“十三五”时期扶贫工作指明了方向。

⑥ 2016 年 7 月 20 日，习近平总书记在宁夏调研期间，在银川东西部扶贫协作座谈会上发表重要讲话。总书记强调，扶贫开发到了攻克最后堡垒的阶段，所面对的多数是贫中之贫、困中之困，需要以更大的决心、更明确的思路、更精准的举措抓工作。总书记对扶贫开发工作提出了“四个要实”的实际工作要求。

⑦ 2016 年 10 月，中办、国办印发《关于完善农村土地所有权承包权经营权分置办法的意见》，提出了在农村实行土地所有权、土地承包权和土地经营权“三权分置”的做法。该意见提出在坚持和巩固农村土地集体所有权、坚决保护农民土地承包权的基础上，加快放活土地经营权，逐步完善“三权”之间的关系，这是继家庭联产承包责任制后我国农村土地制度的又一重大改革和创新。

⑧ 2017 年 2 月 21 日，在中共中央政治局第三十九次集体学习期间，习近平总书记在精准研判扶贫形势的基础上，提出了“七个强化”，更好推进精准扶贫、精准脱贫，确保如期实现脱贫攻坚目标。

⑨ 2018 年 6 月 15 日，《中共中央国务院关于打赢脱贫攻坚战三年行动的指导意见》对今后三年脱贫攻坚做出了新的全面部署。2018 年将加大农村精准脱贫的力度，尤其是对于深度贫困地区，将给予更多的扶贫投入，帮助农民实现脱贫致富；出台《关于加强农村留守老人关爱服务工作的意见》，重点解决农村留守老人的养老问题，追究不赡养父母子女的法律责任，通过农村养老设施建设、提高农村医疗保障水平等方面解决农村留守老人的养老问题。明确到 2020 年，确保现行标准下农村贫困人口实现脱贫，消除绝对贫困；确保贫困县全部摘帽，解决区域性整体贫困。

⑩ 2019 年，贯彻落实中央农村工作会议、中央 1 号文件和全国“两会”精神，围绕实施乡村振兴战略，深入推进农业供给侧结构性改革。国家将继续加大支农投入，强化项目统筹整合，加快推进农业农村现代化。

表 0-4 为 2011～2019 年国家出台的主要农村政策。

表 0-4　2011～2019 年国家出台的主要农村政策

时间	政策名称	政策主要内容
2019 年 10 月 28 日	党的十九届四中全会《决定》	1. 构建服务全民终身学习的教育体系 2. 完善覆盖全民的社会保障体系 3. 强化提高人民健康水平的制度保障
2018 年 2 月 5 日	《农村人居环境整治三年行动方案》	1. 发挥村民主体作用 2. 强化政策支持，如：加大政府投入、加大金融支持力度等
2018 年 1 月 2 日	《关于实施乡村振兴战略的意见》	1. 提升农业发展质量，培育乡村发展新动能 2. 推进乡村绿色发展，打造人与自然和谐共生发展新格局等
2017 年 10 月 18 日	《第十九次全国代表大会上的报告》	1. 实施乡村振兴战略 2. 加强社会保障体系建设 3. 实施区域协调发展战略 4. 优先发展教育事业 5. 坚决打赢脱贫攻坚战
2017 年 5 月 31 日	《关于加快构建政策体系培育新型农业经营主体的意见》	1. 发挥政策对新型农业经营主体发展的引导作用 2. 建立健全支持新型农业经营主体发展政策体系等

续表

时间	政策名称	政策主要内容
2016年10月30日	《关于完善农村土地所有权承包权经营权分置办法的意见》	完善"三权分置"办法，不断探索农村土地集体所有制的有效实现形式，落实集体所有权，稳定农户承包权，放活土地经营权，充分发挥"三权"的各自功能和整体效用，形成层次分明、结构合理、平等保护的格局。
2015年11月29日	《关于打赢脱贫攻坚战的决定》	1. 实施精准扶贫方略，加快贫困人口精准脱贫 2. 加强贫困地区基础设施建设，加快破除发展瓶颈制约 3. 强化政策保障，健全脱贫攻坚支撑体系 4. 广泛动员全社会力量，合力推进脱贫攻坚
2015年11月2日	《深化农村改革综合性实施方案》	1. 深化农村集体产权制度改革 2. 加快构建新型农业经营体系等
2011年12月1日	《中国农村扶贫开发纲要(2011—2020年)》	1. 易地扶贫搬迁、整村推进、以工代赈、产业扶贫 2. 明确部门职责、发展特色产业、开展科技扶贫 3. 加强定点扶贫、推进东西部扶贫协作

我国是农业大国，有相当一部分人口在农村，所以农业生产的发展直接关系到广大农民生活水平的提高，关系到能否达到小康水平和社会稳定。我国始终关注农村发展，从乡村环境、乡村旅游、乡村电商、乡村金融、乡村扶贫、农民回乡创业等方面入手，通过政策支持的手段，鼓励推进社会主义新农村建设。

2. 我国城乡发展比较

本部分将从城乡人口数量、城乡居民收支状况、恩格尔系数变化、就业人数及变化趋势等方面进行对比分析，阐释农村的发展情况，分析现代农村的发展潜力。

(1) 城乡人口数量分析

近年来，我国城镇化率持续增长，推动农村人口涌向城市，农村居住人口和农业从业人员将大幅下降。如图0-8所示，我国城镇化率从1990年的26.44%持续上升到2019年的60.60%，与发达国家还有一定距离，但远超同期印度水平。未来几年，我国城镇化率将持续增长，城镇化的速度将继续平稳下降。预计到2035年，中国城镇化比例将达到70%以上。

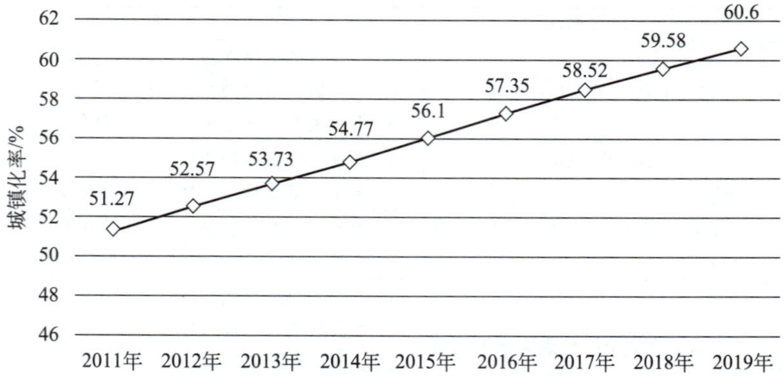

图0-8　2011～2019年我国城镇化率走势

如图0-9所示，2019年，我国城镇常住人口84843万人，比上年末增加1706万人；乡村常住人口 55162 万人，减少 1239 万人。

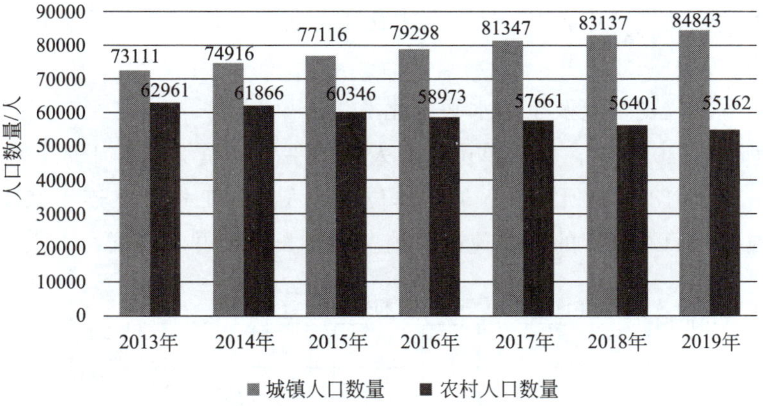

图 0-9　2013～2019 年我国城镇和乡村常住人口数量

2019 年，全国人户分离人口（即居住地和户口登记地不在同一个乡镇街道且离开户口登记地半年以上的人口）达到 2.80 亿人，比上年末减少 613 万人；其中流动人口 2.36 亿人，比上年末减少 515 万人。

如图 0-10 所示，从 2015 年开始，我国流动人口规模发展发生新变化。全国流动人口规模从之前的持续上升转为缓慢下降。据国家统计局公布的数据显示，2015 年全国流动人口总量为 2.47 亿人，比 2014 年下降了约 6000 万人，之后便持续走低，2019 年更是比 2018 年减少了 5000 万人，创出近些年新低。

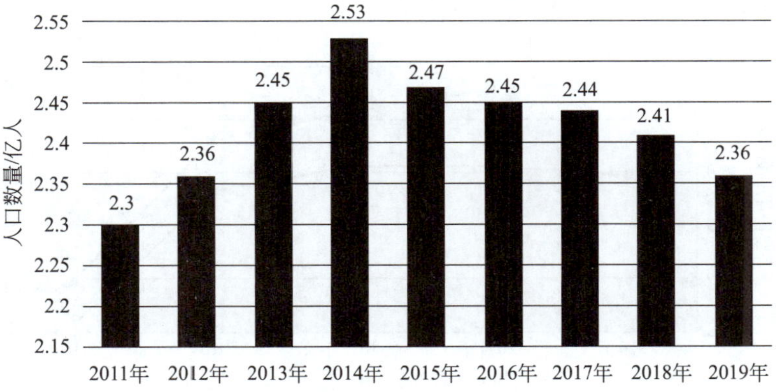

图 0-10　2011～2019 年我国流动人口数量

参考国家卫生健康委员会发布的《中国流动人口发展报告 2018》，可以分析得出各城市群省际流动人口主要来源地包括两类：一是河南、安徽和四川等劳动力大省，在沿海三大城市群，上述省份均是主要的流动人口来源地；其次就是周边省份，比如湖南与珠三角、安徽与长三角等地区。

从受教育程度来看，高素质流动人口占比最高的是京津冀城市群，其次为成渝城市群、长三角、长江中游和珠三角。从城市群流动人口的发展趋势来看，长期居留流动人口上升，以珠三角、长三角、京津冀、长江中游和成渝城市群为代表的五大城市群仍将是未来流动人口的主要聚集地。近年来，各城市群县内流动人口比重均有所下降，省内县际流动人口和省际流动人口比重有所上升，表明城市群对流动人口的吸引力不断加强。未来一段时间，随着城市群地区经济发展要素的进一步集聚，长距离流动人口的比重可能会进一步增加。根据资料显示：在新生代流动人口中，“90后”所占比重为占24.3%；“00后”和“10后”的占比分别为19.3%和20.9%。

（2）城镇、乡村收支情况及生活水平变化

如图0-11所示，2019年，城镇单位就业人员的平均工资为90501元，平均货币工资指数为109.81%，较2018年有所降低。城镇单位就业人员的工资虽然连年稳步增长，但平均货币工资指数告诉我们，工资的增长速度与消费的增长速度并不匹配。

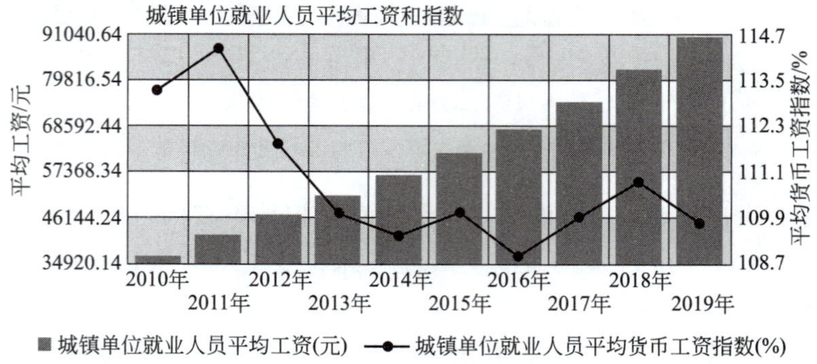

图0-11　2010～2019年城镇单位就业人员平均工资和指数

由图0-12可以发现，农村居民恩格尔系数的下降趋势略高于城镇居民，可见，农村居民的生活改善程度是快于城市居民的。虽然基数差距很大，但也不难从侧面反映出随着城市经济发展的逐渐饱和，农村市场逐渐显现出潜力。

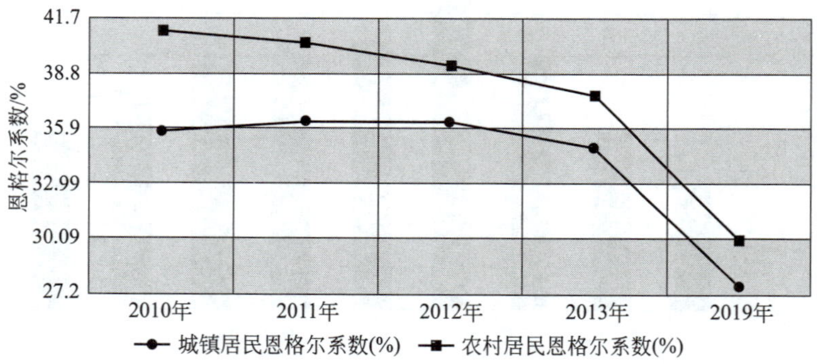

图0-12　2010～2019年城乡居民恩格尔系数

根据国家统计局数据显示（如表0-5所示）：2019年全国城镇居民人均可支配收入为42359元，城镇居民人均消费支出为28063元；2019年全国农村居民人均可支配收入为16021元，农村居民人均消费支出为13328元。

表0-5　2012～2019年我国城镇及农村居民收入及消费支出情况

时间	城镇居民		农村居民	
	人均可支配收入/元	人均消费支出/元	人均可支配收入/元	人均消费支出/元
2012年	24565	16674	7917	5908
2013年	26467	18488	9340	7485

续表

时间	城镇居民		农村居民	
	人均可支配收入/元	人均消费支出/元	人均可支配收入/元	人均消费支出/元
2014 年	28844	19968	10489	8383
2015 年	31195	21392	11422	9223
2016 年	33616	23079	12363	10130
2017 年	39396	24445	13432	10955
2018 年	39251	26112	14617	12124
2019 年	42359	28063	16021	13328

由表 0-5 可以看出，横向比较下，城镇居民每年人均可支配收入较农村居民人均可支配收入要高出很多，城乡居民收入差距大且呈现日益拉大趋势，城乡二元结构矛盾突出。纵向比较下，农村居民的收支状况相较城镇居民更显平稳，在某种程度上显现出了乡村经济发展的稳定性和抗风险性。但不可忽视的是，农村居民阶层也呈现出了两极分化趋势，比如，在村民社区中有能力或文化水平较高的失地农民自己创业或作村级管理者，有技术的农民从事有技术水平的工作，没有技术且文化水平不高的农民只能从事一些技术水平不高且工资也不高的工作，职业的分化促成了村民社区居民的阶层分化。阶层变化和职业变化，导致村民社区居民的收入慢慢出现差距。

通过以上数据分析可知，虽然 2019 年城镇居民收支出现新高峰，我国农村消费水平和城市相比还有较大差距，但是仍不掩未来农村消费升级的巨大潜力。总体说来，农村居民的收支相较于城镇更为平稳，处于稳步攀升态势，受市场影响相对较小；城镇居民收支起伏较大，受市场影响较大。2020 年，在新冠疫情的影响下，市场波动较大，城镇、农村居民收支都呈现出紧缩状态，但是相比之下，农村居民的收支稍显平稳。

（3）城乡就业人数对比

根据国家统计局最新数据显示：2019 年城镇社会从业人员 44247 万人，乡村社会从业人员 33224 万人，如图 0-13 所示。近十年来，城市从业人员连年攀升，农村从业人数持续走低，“走出乡村”，在大城市“立业”似乎成了大批农村人口的首选。

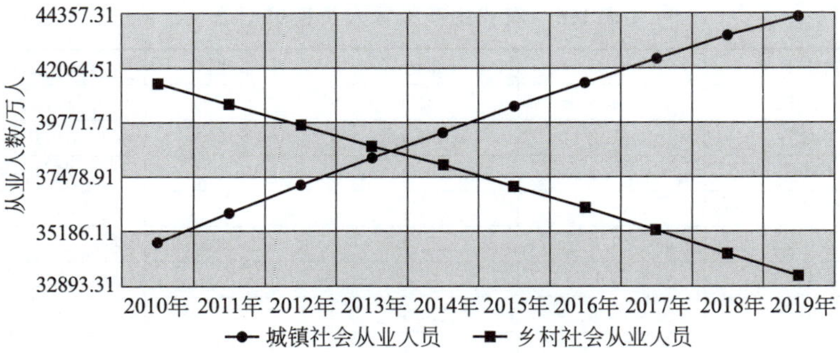

图 0-13　2010～2019 年城乡从业人数变化趋势

随着经济发展的加速，我国就业人数呈现平稳增长状态，但城乡就业人数呈现出相反的趋向：2011 年时，城镇就业人员为 35914 万人，至 2018 年平稳增长到 43419 万人；而乡村就业人员则由 2011 年的 40506 万人，减少到 2018 年的 34167 万人。可见，由于城乡差异，在选择就业地域时，城市收入、环境等因素的优势，让更多人留在城镇发展。

但结合近几年的农村就业人员增长情况会发现，私营企业农村就业人员同个体乡村就业人员数量每年呈10%～15%的速度快速增长，反映了乡村就业岗位不断增长、乡村私营企业数量大幅扩增的情况，如图0-14所示（见彩插）。乡村人口数量减少，而就业职位增多，就需要一大批熟悉乡村情况、掌握乡村发展特点的新一代大学生，尤其是来自于农村的大学生，运用在外所学，回乡建设发展农村。

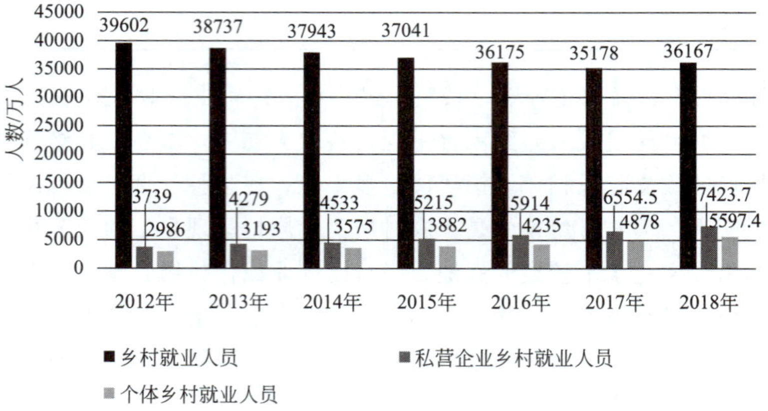

图0-14 2012～2018年乡村就业人员及各类人员人数变化趋势

根据表0-6，在农业生产经营人员年龄构成方面，年龄在35岁以下的仅为21.1%，年龄35～54岁的占比为58.3%，年龄55岁及以上的占比为20.7%。在农业生产经营人员受教育程度构成方面，未上过学人数占比为3.6%，小学学历的人数占比为30.6%，初中学历的人数占比为55.4%，高中或中专学历的人数占比为8.9%，大专及以上学历的人数占比为1.5%。由此可以看出，在农村从事农业生产的经营人员年龄阶段划分明显，年龄35岁以下人员较少。同样，农村生产经营人员中大专及以上学历的人员占比仅为1.5%。农村的发展中，高学历的年轻人参与度越来越低，缺少新鲜血液的补充，在以后的发展中缺乏竞争力。

表0-6 农业生产经营人员情况汇总 单位:%

农业生产经营人员		全国	东部地区	中部地区	西部地区	东北地区
性别构成	男性	52.8	54.0	53.7	50.0	54.7
	女性	47.2	46.0	46.3	50.0	45.3
农业生产经营人员年龄构成	年龄35岁以下	21.1	16.8	17.1	27.0	22.6
	年龄35～54岁	58.3	57.8	58.7	57.9	59.2
	年龄55岁及以上	20.7	25.4	24.3	15.1	18.2
受教育程度构成	未上过学	3.6	3.4	3.7	5.2	1.0
	小学	30.6	28.8	26.9	35.7	28.6
	初中	55.4	56.5	56.8	48.6	64.3
	高中或中专	8.9	9.9	11.2	8.4	5.2
	大专及以上	1.5	1.3	1.4	2.1	0.9

3. 我国农村发展现状分析

（1）现阶段我国农村基本概况

① 我国农村基层组织及人口概况。截至2018年年末，全国共有建制镇21297个、乡

10253 个，村民委员会 542019 个，如图 0-15（见彩插）；2019 年农村常住人口数量 55162 万人，占全国总人口 39.4%，相比上一年降低了 1.02 个百分点。

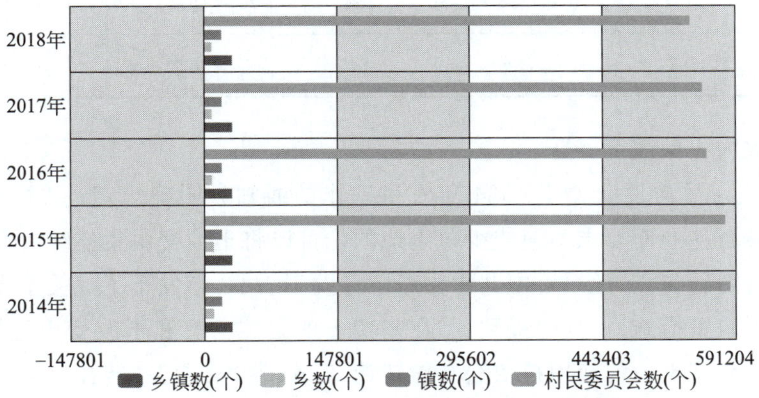

图 0-15 2014～2018 年我国农村基层组织概况

2019 年是脱贫攻坚成果最为显著的一年，在以习近平同志为核心的党中央的领导下，各地区各部门认真贯彻精准扶贫方略，扎实推进脱贫攻坚，使扶贫力度、深度和精准度都达到了新水平，为 2020 年如期实现打赢脱贫攻坚战、全面建成小康社会打下了坚实基础。据国家统计局 2020 年 1 月发布的数据显示，按现行国家农村贫困标准测算，2019 年末，全国农村贫困人口 551 万人，比上年末减少了 1109 万人，下降 66.8 个百分点；贫困发生率 0.6%，比上年下降 1.1 个百分点。在精准扶贫全面推进的情况下，全国农村贫困人口继续大幅减少，贫困发生率显著下滑，贫困地区农村居民收入显著提升。

② 我国农林牧渔业产值概况。根据国家统计局数据分析汇总（见表 0-7），可以得出农林牧渔业总产值以每年 2%～5%的速度不断增长。其中，农业、林业、渔业增势明显，牧业总体保持水平发展。

表 0-7 2013～2019 年农林牧渔业产值 单位：亿元

项目	2013 年	2014 年	2015 年	2016 年	2017 年	2018 年	2019 年
农林牧渔业总产值	93173.70	97822.51	101893.52	106478.73	109331.72	113579.53	123967.94
农业总产值	48943.94	51851.12	54205.34	55659.89	58059.76	61452.60	66066.45
林业总产值	3847.44	4189.98	4358.45	4635.90	4980.55	5432.61	5775.71
牧业总产值	27572.37	27963.39	28649.32	30461.17	29361.19	28697.40	33064.35
渔业总产值	9254.48	9877.54	10339.09	10892.92	11577.09	12131.51	12572.40

③ 现阶段我国农村医疗水平。由表 0-8 可以看出，农村居民的医疗保障消费支出逐年增加，但相对于城镇消费支出还有一定的差距。由调查数据显示：2018 年末，全国参加城乡居民基本养老保险人数为 52392 万人，相比上一年增加了 1137 万人，参加基本医疗保险人数为 134452 万人，增加 16771 万人，其中参加城乡居民基本医疗保险人数 89741 万人，增加 2382 万人。2018 年末，全国共有 1008 万人享受城市居民最低生活保障，3520 万人享受农村居民最低生活保障，455 万人享受农村特困人员救助供养。可见，随着脱贫攻坚的逐渐深入，国家对于农村的逐渐关注，越来越多的农村居民摆脱了生活艰难的处境，为农村经济发展以及农村市场的开发奠定了良好基础。

表 0-8 城镇、农村居民人均医疗保障消费支出对比 单位：元

支出	2013 年	2014 年	2015 年	2016 年	2017 年	2018 年
城镇居民人均医疗保障消费支出	1136	1306	1443	1631	1777	2046
农村居民人均医疗保障消费支出	668	754	846	929	1059	1240

（2）我国农村土地政策变迁

1984 年中央 1 号文件《关于 1984 年农村工作的通知》明确规定："社员在承包期内，因无力耕种或转营他业而要求不包或少包土地的，可以将土地交由集体统一安排，也可以由社员自找对象协商转包。"随后，中共中央、国务院于 1993 年发布了《关于当前农业和农村经济发展的若干政策措施》，其中提到："在坚持土地集体所有和不改变土地用途的前提下，经发包方同意，允许土地的使用权依法有偿转让。"至此"转包""转让"第一次正式出现在中央文件中，这标志着土地流转政策实现了从无到有的转变。表 0-9 是我国主要土地政策汇总。

表 0-9 我国主要土地政策汇总

颁布时间与主体	政策名称	主要目的或目标
2002 年，全国人民代表大会常务委员会	《农村土地承包法》	维护农村土地承包当事人的合法权益，促进农业、农村经济发展和农村社会稳定
2005 年，原农业部	《农村土地承包经营权流转管理办法》	为规范农村土地承包经营权流转行为，维护流转双方当事人合法权益，促进农业和农村经济发展
2009 年，全国人民代表大会常务委员会	《农村土地承包经营纠纷调解仲裁法》	为了公正、及时解决农村土地承包经营纠纷，维护当事人的合法权益，促进农村经济发展和社会稳定
2014 年，中共中央办公厅、国务院办公厅	《关于引导农村土地经营权有序流转发展农业适度规模经营的意见》	保障国家粮食安全、促进农业增效和农民增收
2015 年，中央农办、原国土资源部、原农业部和原国家工商总局	《关于加强对工商资本租赁农地监管和风险防范的意见》	防止耕地非农化、非粮化，保证农民利益不受损
2015 年，国务院	《农民住房财产权抵押贷款试点的指导意见》	加大对"三农"的金融支持力度
2016 年，原农业部	《农村土地经营权流转交易市场运行规范(试行)》	促进土地资源优化配置和农业适度规模经营健康发展
2016 年，中共中央办公厅、国务院办公厅	《关于完善农村土地所有权承包权经营权分置办法的意见》	为发展现代农业、增加农民收入、建设社会主义新农村提供坚实保障
2017 年 10 月 18 日	《第十九次全国代表大会报告》	巩固和完善农村基本经营制度，深化农村土地制度改革，完善承包地"三权"分置制度。保持土地承包关系 稳定并长久不变，第二轮土地承包到期后再延长三十年
2018 年 12 月 29 日	《中华人民共和国耕地占用税法(草案)》	落实最严格的耕地保护制度，促进土地资源合理利用
2019 年 1 月 3 日	《中共中央国务院关于坚持农业农村优先发展做好"三农"工作的若干意见》	继续深化农村土地制度三项改革，保持土地承包关系稳定并长久不变，创新经营方式

加快土地流转步伐，促进规模经营，是解决农村问题的关键手段。土地问题是农村问题的核心，也是农村稳定的基础，土地流转是我国农村的主流土地制度，也是规模经营的前提，选择适宜的经营方式进行规模化生产是流转效果的重要体现。制定土地制度的目的是为

了农民在农村更好地生活，所以从农民出发，保障农民在流转经营中的权益是农村经济发展的核心点。地方政府不仅应当出台相应的政策，支持、鼓励引进资本，还要进行宏观的引导与保障，这是政府职能所在。如今的经济形态要求农村经济要进行可持续化发展，关注生态，提高生产效率，适度规模化经营，让农村经济发展由旧模式向新模式转型。

三、当代大学生农村创业的现实意义与困境

大学生返乡创业作为新时代创新驱动发展战略的有力支撑，且以国家政策的形式加以推进，但是一旦触及旧生产力代表者的利益时，不可避免会受到各个方面的阻碍。下面从大学生创业是时代发展需求、大学生创业的国家扶持、社会支持以及现实困境等方面展开分析。

1. 大学生创业是时代发展的需求

大学生群体是社会的重要组成部分，他们进行的创业活动，受社会环境的影响，更是时代发展的需求。

（1）大学生创业是转变教育观念、实现知识和技术向现实生产力转化的新途径

早在 1995 年联合国教科文组织发表的论文《关于高等教育的变革与发展的政策性文件》中就曾指出：“在‘学位＝工作’这个公式不再成立的时代，人们希望高等教育的毕业生不仅是求职者，而且是成功的企业家和工作岗位的创造者。”在《中国大学创新创业教育发展报告》中也提出了“第三张教育通行证”的思想，也就是创业教育的观念已反映到高等教育领域，它必然促使高等教育在人才培养模式上做出新的尝试与探索。只有积极开展创业活动，才能真正满足创新型国家对新型人才的迫切需求，实现由人口资源大国向人力资源强国的转变，这也是高等教育工作者的历史任务。

（2）大学生创业是缓解就业形势严峻的压力、实现自我价值的重要途径

前面已经谈到，随着高等教育的大众化，大学毕业生规模的增长与一些固定的岗位需求已不成正比，越来越多的大学生面临着“未毕业就失业”的情形。固定的岗位需求导致了就业环境的严峻，但是我国市场经济的全面发展，给了自主创业者更多的生机。不再做一个“工具人”，而是在自我理想的指导下实现自我价值，这才是新时代青年的特征。

（3）大学生创业是培养大学生创新、创造、创业能力，提高整体素质，实现人生价值的重要途径

在校大学生主要以学习理论为主，与社会实际生产、生活有一定的距离。如何把所学的理论知识用于解决现实工作、生产、生活中遇到的问题，提高解决实际问题的能力，特别是在缺乏条件、基础较差的情况下，如何克服困难、创造条件、开拓新的事业，是大学生面临的极为重要的问题之一。这种勇于拼搏、创新的精神和创业能力，是大学生整体素质的一个重要方面。显然，创业为培养大学生创造能力和创新精神、提高整体素质、实现人生价值提供了一条重要的途径。

（4）大学生创业有助于大学生合作精神的培养与综合能力的提升

商业行为沟通是媒介。大学生如果选择创业，那么就要置身于人与人之间的交流，成为物与物之间的掮客。与在课堂学习理论知识不同，这是在实践中学会与他人合作、建立关系的过程。这无形中就提升了大学生的合作精神与综合能力。

大学生自主创业，就是要把自己的想法投入到实践中去，在创业中培养竞争意识、合作意识，并应对来自外部的风险与挑战。坚持创业的毅力来自大学生不屈不挠的精神。创业的过程是一个复杂而又持续的过程。在这个过程中，大学生逐渐培养出了自己的人生之道，而自主创业本身就是在学习人生之道。

2. 大学生创业的国家扶持

我国十分重视大学生创业，大学生创业正处于国家扶持的有利环境中，鼓励高校大学生创业，通过政策性的引导及规范，激发大学生创业活力，是我国政府近年来的努力之举。我国对大学生的创业扶持政策一共经历了四个阶段：第一阶段主要是以高校为政策的实施主体，配合国家“科教兴国”的战略，目标是鼓励大学生创业；第二阶段是国家开始重视大学生创业在解决结构性就业上的问题，首次明确提倡和支持高校毕业生自主创业；第三阶段是受到 2008 年金融危机以及高校扩招所造成的大学生就业困难的影响，加大大学生创业政策的扶持力度，政策的发布主体也逐渐扩展到十几个部门并形成了政策体系；第四阶段是大学生创业政策全面推进和实施阶段，李克强总理提出“大众创新，万众创业”后，相继出台各类大学生创业政策，政府为大学生农村创业开启了绿色通道。部分重要政策见表 0-10。

表 0-10　历年政府支持大学生创新创业的主要政策

时间	政策名称	政策主要内容
2014 年 5 月 13 日	《关于做好 2014 年全国普通高等学校毕业生就业创业工作的通知》	鼓励高校毕业生到城乡基层就业；鼓励小型微型企业吸纳高校毕业生就业等
2015 年 3 月 11 日	《关于发展众创空间推进大众创新创业的指导意见》	降低创新创业门槛；鼓励科技人员和大学生创业等
2015 年 3 月 13 日	《中共中央国务院关于深化体制机制改革加快实施创新驱动发展战略的若干意见》	倡导校企合作育人等来构建创新型人才培养模式
2015 年 6 月 16 日	《关于大力推进大众创业万众创新若干政策措施的意见》	健全创业人才培养与流动机制；支持大学生创业等
2015 年 7 月 4 日	《国务院关于积极推进“互联网+”行动的指导意见》	将通过互联网与社会各领域融合创新，支持大学生创业就业
2016 年 5 月 12 日	《国务院办公厅关于建设大众创业万众创新示范基地的实施意见》	将“互联网＋”与“双创”深度融合，促进企业快速成长，创造更多的就业岗位来满足高质量就业
2016 年 5 月 19 日	《国家创新驱动发展战略纲要》	提出“壮大创新主体，引领创新发展”的战略任务
2017 年 1 月 24 日	《关于进一步引导和鼓励高校毕业生到基层工作的意见》	多渠道开发基层岗位；健全保障措施等
2017 年 5 月 24 日	《国务院办公厅关于县域创新驱动发展的若干意见》	在县（市）和乡镇落实创新驱动发展战略，打造创新型县（市）和创新型乡镇，以创业带动就业
2017 年 6 月 21 日	《国务院办公厅关于建设第二批大众创业万众创新示范基地的实施意见》	在已形成的“双创”示范基地基础上建设更加完善的创新创业生态，加大力度建设创新创业平台，持续打造发展新引擎
2017 年 7 月 27 日	《国务院关于强化实施创新驱动发展战略进一步推进大众创业万众创新深入发展的意见》	提出“以人才支撑为第一要素”，要壮大创新创业人才队伍
2018 年 9 月 26 日	《国务院关于推动创新创业高质量发展打造“双创”升级版的意见》	强化大学生创新创业教育培训；鼓励和支持科研人员积极投身科技创业；推动更多群体投身创新创业
2019 年	《关于强化实施创新驱动发展战略进一步推进万众创新深入发展意见》	进一步系统性优化创业生态环境，强化政策供给，突破发展瓶颈；充分释放全社会创新创业潜能，在更大范围、更高层次、更深程度上推进大众创业万众创新

笔者在对大学生创业者的调查中发现，政府的鼓励政策，对于大学生进行创业有着诸多方面的积极影响，尤其在资源整合能力与抗风险能力方面具有显著影响。高校毕业生是我国珍贵的人力资源，也是经济建设的新生力量。解决大学生就业问题，既关系到国家社会的稳定，也关系着我国经济的持续稳定发展态势。随着高校的扩招，大学生就业困难问题日渐加剧，2020 年更受到了新冠疫情影响，高校毕业生的就业问题就摆在眼前。切实采取有效措施，扩宽大学生就业创业门路，提供创业资助，鼓励大学生到城乡基层、农村进行创业，并为他们提供政策性保障，是各级政府各职能部门为民办事的切实体现。为了支持大学生农村创业，国家和各级政府也出台了多项优惠政策，为大学生农村创业提供资金、税收、创业指导与培训等多方面帮助，为大学生农村创业开启了绿色通道。

（1）创新驱动发展战略

党的十八大上，国家明确提出创新驱动发展战略，提倡依靠科技驱动发展，在 2020 年建设成为创新型国家。2015 年 3 月 13 日发布的《中共中央国务院关于深化体制机制改革加快实施创新驱动发展战略的若干意见》倡导校企合作育人等来构建创新型人才培养模式。2016 年 5 月 19 日，中共中央国务院印发《国家创新驱动发展战略纲要》，提出“壮大创新主体，引领创新发展”的战略任务。2017 年 5 月 24 日，国务院发布了《国务院办公厅关于县域创新驱动发展的若干意见》，并在县（市）和乡镇落实创新驱动发展战略，打造创新型县（市）和创新型乡镇，以创业带动就业。2017 年 7 月 27 日发布了《国务院关于强化实施创新驱动发展战略进一步推进大众创业万众创新深入发展的意见》，提出“以人才支撑为第一要素”，要壮大创新创业人才队伍。2019 年两会上，李克强总理在政府工作报告中指出要把“大众创业、万众创新”打造成驱动中国经济继续前行的“双引擎”之一。大学生作为社会发展的新生力量，是实施创新驱动发展战略和推进大众创业、万众创新的生力军。随后，国务院印发《关于强化实施创新驱动发展战略进一步推进万众创新深入发展意见》，进一步系统性优化创业生态环境，强化政策供给，突破发展瓶颈，充分释放全社会创新创业潜能，在更大范围、更高层次、更深程度上推进大众创业万众创新。

（2）“双创”支撑创新驱动发展战略

2015 年，国务院接连发布了《国务院办公厅关于发展众创空间推进大众创新创业的指导意见》等一系列创新创业政策。“大众创业，万众创新”已经成为各省市地区发展经济的重要手段，在解决就业增收方面效果显著。自 2005 年推进“双创”工作开始，各级政府从政策支持、平台建设、人力资源培育等各个方面完善并发展着“双创”政策，“双创”也支撑着我国的基层经济发展。

（3）“互联网＋”政策助推创新驱动

如今的我们生活在信息时代，互联网改变着我们生活的方方面面，我们的一切行为活动都已与互联网连接在了一起，所以，互联网经济是如今的经济必然形势，“互联网＋”是经济行为的必然转向。只有结合互联网与传统经济的各自优势，才能碰撞出更好的协作方式，得到更高的生产效率与经济增长，推动新业态创新。“互联网＋”不仅仅是网络行业发展的时代，也是传统行业革新的时代，是智慧经济开启的时代。我国政府接连出台关于“互联网＋”的指导意见，旨在引导市场进行互联网思维的改革，加大互联网与传统行业的融合，让新时代经济注入新鲜血液，实现可持续发展。

（4）创新创业载体酝酿新引擎

创新创业载体对于推进创新发展具有重要作用，我国对创新创业服务载体的发展寄予厚望。在新常态经济下，创新驱动发展已进入了全面发展阶段，在更深的层次上推进创业创新。“互联网＋”是符合新时代经济发展潮流的模式，也是适合大学生创新创业的模式。他们都具有活力，对于传统经济发展来说，是新鲜血液。高校是人才培养的资源平台，是国家进行“双创”建设的资源配给站。在“互联网＋”的模式下，高校从幕后走向了台前，它是一个行业、甚至一个经济方向发展的领航者。构建充满活力、关注生态的可持续发展的创业生态链是时代给我们提出的新课题。

除了国家对于大学生创业就业的统筹性扶持，各地方政府也都根据自己所处地区的情况出台了地方性扶持政策。以山东省为例，2016 年便发布了《山东省人力资源和社会保障厅等部门关于促进大学生到农村创业的意见》，鼓励大学到农村创业，为建设新型农村提供政策保障与金融支持。

3. 大学生创业的社会支持

（1）企业支持

企业作为实习基地，既是大学生创业者掌握专业技能、提高创业能力的重要场所，也是企业得到人才的机会。大学生的技能掌握需要实践的洗礼，否则只是“纸上谈兵”。大学生创业者通过实践活动可以学到、掌握更多的东西，让未来的创业更具有保障，而产学合作系统就是实现实践教学的重要途径。有研究表明，经过实践与没有经过实践的学生在技能掌握上有着显著差异。

企业给在校大学生提供实践平台，能有效提升大学生的创业能力，也为自己的企业发展增添了助力，在某种程度上可谓共赢。企业实践可以很好地培养大学生的创业能力。除了技能掌握，企业中还会有培训与宣讲活动。与大学讲授不同的是，这些讲师大多是企业内部管理层，他们带来的是不同于学校的知识，更具有实践性。企业提供的实践基地与各式各样的实习岗位，可以让大学生对于创业更有直观认识，促进大学生的创业活动。

（2）高校引导

研究表明，接受创业教育与学生的创业能力具有很强的正相关。随着越来越多的高校重视大学生创业教育，开展创业教育活动，创业教育如今逐渐发展成提高大学生创业能力的重要途径。这是因为，首先，创业教育可以激发大学生的创业想法，调动学生的能动性，以促进创业实践能力的进步；学生通过对创业课程的学习可掌握创业必备的基础性知识和能力。其次，创业教育的开展与创业计划的制订、风险意识的培养和自我效能感的提升等方面紧密相连。此外，在教师的指导下，大学生积极参加创业类比赛会提升其团队合作能力和统筹协调能力，进一步激发大学生的创业热情和创业技能的提升。

针对高校的创新创业实践类竞赛，大体可分为三类：一是范围覆盖全国的国家级创新创业大赛，比如“创青春”全国大学生创业大赛，它以增强大学生创新意识和创造能力为目标导向；二是地区类的实践活动，大多是由政府和教育相关部门联合举办，比如北京市文化创意创新创业大赛等；三是院校联合相关部门举办的实践活动，比如创业论坛、企业高管的一些讲座等。例如，“互联网＋”大学生创新创业大赛在 2018 年的参赛项目达到 64 万个，覆盖院校达 2200 余所。

在我国“双创”战略引领下，传统创新创业赛事“挑战杯”的参与项目从第一届只有 400 个项目到 2014 年国家战略引领创新创业的约 10 万个项目；以信息化产业化为特色的“互联网＋”大学生创新创业大赛 2018 年参与项目达 64 万余项，比 2015 年增长近 59 万项，大学生的创新创业热情被持续激发。此外，在国家教学成果奖评审结果中，2009 年、2014 年和 2018 年成果评审授予成果共计 1555 项，其中创新创业类 41 项。可见创新创业教育成效显著，大学生创新创业能力也不断提升。

下面以山东建筑大学创业学院为例来体现我国高校对大学生创业的支持。

2014 年 1 月，山东建筑大学创业学院成立，这是山东省普通高校中第一所创业学院。学院配备 2 间综合训练室及完善的教学设施，搭建了政策、信息、项目、资金、人才等资源互动交流与合作的平台。此外，学院还构建了由必修课程、拓展课程等组成的创业教育课程体系。据了解，学院下设办公室，主要负责工作档案的整理等日常工作及课程开设与实施等教学管理工作。创业学院以“创业实验班”“创业实训班”“创业训练营”为教学特色。其中，创业实验班通过一种开放式的教育模式，进行综合素质的“强化训练”，使学生掌握创业的基础知识和基本理论；对学生进行模拟创业训练，使学生在模拟实践中熟悉公司的运作过程和岗位职责，体验真实的商业环境和经营行为。

4. 大学生创业的现实困境

我国政府发挥职能促进大学生创业的发展，为大学生创业保驾护航。但当前我国大学生创业速度放缓，创业领域层次较低，成功率也不高，大学生创业教育、大学生创业能力和创业资金都面临着困境。政府作为大学生创业这一社会经济活动的宏观调控者，其职能发挥的不足是大学生创业问题的重要成因。

（1）大学生创业领域层次低

通过对麦可思研究院发布的《2019 年中国大学生就业报告》（就业蓝皮书）进行分析可知，2014～2018 届大学毕业生创业主要集中在服务业、教育业和零售业，科技含量较低（表 0-11）。由此可知，创新能力在大学生创业中的转化度较低，而之所以服务业、教育培训机构和销售业比较受大学生创业者的青睐，是因为这几个行业具有投资少、对创业者自身素质要求较低、易于管理、风险较小等特点。

表 0-11　2014～2018 届大学生创业比例最高的行业

毕业时间	创业比例排序
2014 届	教育业、零售商业、金融业
2015 届	个人服务业、餐饮业、服装零售业
2016 届	教育业、零售商业、媒体/信息及通信产业
2017 届	教育业、零售商业、媒体/信息及通信产业
2018 届	教育业、零售商业、媒体/信息及通信产业

（2）大学生创业成功率低

据麦可思研究院发布的《2019 年中国大学生就业报告》追踪 2018 届毕业生的创业就业情况显示：2018 届大学毕业生自主创业比率为 2.7%，相较前五年略有下降。其中，高职院校毕业生自主创业的比率为 3.6%，高于同级本科毕业生。此外，以 2015 届大学毕业生为例，三年内自主创业的比率为6.2%，其中至今仍坚持创业的为44.8%，对比2014届的46.2%有所降低。其中，通过对2015届本科毕业生的追踪调查发现，其自主创业主要集中在教育领域，而同届高职院校毕业生自主创业主要集中在零售行业。

大学毕业生自主创业的选择率与成功率较低，似乎是一种客观压力下的必然。刚走出校门的大学生，既缺乏资金，也缺乏经验，尽管有蓬勃的朝气，但是不足以支持自己的进取心，因而只有很少一部分对自我认知较高且意志力坚定的大学生走上了自主创业的道路。除去主观因素的影响，客观因素的影响也不容忽视。尽管国家出台了一系列的鼓励大学生创业就业的政策，但是并没有形成一个完善的鼓励大学生创业的社会氛围，舆论上虽起到了鼓舞作用，但是社会文化并没有进行全面认可。自主创业之路困难艰辛，稍有不慎就会使自己处在孤立无援的状态。这也是大学毕业生对于创业还是就业的选择非常慎重的原因。

(3) 大学生创业意识缺乏

大学生作为缺乏社会经验的群体，只有极少数人会在毕业时拥有创业的想法。创业意识的薄弱，来源于缺乏相关的经验。即便是有创业意识的大学生，也会有相当一部分人在选择创业项目的时候凭兴趣进行主观选择，这可以说已经犯了创业的大忌。市场是残酷的，在没有把握市场信息的前提下，就主观臆断做出喜好性的选择，往往都会带来失败的结果，而这也正是处于青年期且没有经验的大学生容易犯的错误。

如今的中国正处于结构转型经济飞速发展的时期，对于人才的需求不断地增长。而人才不单单是知识的层面，更体现在能力的多元化。缺乏创新思维的大学生将被社会淘汰，没有被淘汰的大学生也会不断面临下一轮人才的挑战。唯有保持自己的先进性，勇于创新，敢于挑战，才能不断地提升自己的素质，不被社会所淘汰。

(4) 大学生创业区域发展不平衡

关于大学生创业区域的选择，通过研究可以发现大学生创业的区域大多集中在我国的一线城市以及政策优势特别明显的地区。而这些地区与我国其他地区的经济发展本就存在着明显差异，在创业的加持下，会导致各地经济发展更加不均衡。经济结构发展的不均衡，也会导致社会两极分化的严重，城乡发展的失衡。大学生在不同的环境下进行创业，必然存在差异，这也导致我国北上广地区与东南沿海地区的大学生创业人数在全国范围内遥遥领先。与此相悖的事实境况是，我国中部、西部等内陆地区更需要大学生创业，带动当地的经济发展。

(5) 大学生创业教育有待进一步提高

我国大学生创业教育随大学生创业的发展而逐步推进，对大学生创业的发展有着不可替代的作用。虽然各高校都已经开始重视并普及创业教育，但这必然要经历一个过程，且是需要市场反馈后不断进行教育调整的过程。目前创业教育仍然处于普及阶段，所以大学毕业生对于学校所开展的创新创业教育满意度并不是很平稳，有相当一部分毕业生认为当前创新创业实践类活动不足。

5. 大学生农村创业的利弊分析

(1) 大学生农村创业的优势所在

目前大学生农村创业的主体主要集中在农村籍大学生的返乡创业，下面以农村籍大学生为主体对其在农村创业的利弊进行分析。毕竟，农村籍大学生的返乡创业要比城镇大学生去农村创业更具有优势，且更容易达成。农村籍大学生返乡创业，这其中包含着内在情怀，也有外在机遇。内在情怀主要体现在大学生返乡创业过程中，基于家乡环境与情愫下获得的“人情支持”，这直接关系着返乡大学生的主体意愿与返乡长效发展等问题；外在发展机遇更趋向于机遇优势以及政策优势，与返乡创业前景以及成功率等有着密切联系。总体来说，农村籍大学生返乡离不开机遇优势、政策护航、人文情怀三大主要因素。

① 机遇优势。农村籍大学生返乡创业的现实绩效很大程度上与机遇优势密切相关。就农村籍大学生返乡创业的机遇优势，下面主要划分为创业前景优势、人才资源优势、社会融入优势三大优势，合力为农村籍大学生返乡创业给予“机遇引领”。三大优势具体内容如下。

a. 创业前景优势。农村籍大学生创业自主意愿的高低，在一定程度上反映了原户籍地的创业前景的状况。随着城市发展转型的需要，农村成为潜在的后备地，城市地区产业转移至农村这一现象日益普遍。现阶段来说，农村的创业空间还比较大，这就对于农村籍大学生返乡创业避免出现同质化的恶性创业竞争提供了机遇，改变“被创业”的困囿。

b. 人才资源优势。人才资源优势体现在接受过高等教育、具有较高的专业技能的返乡大学生上。接受了较好的素质教育，具备一定的专业技术技能，依靠较强的学习能力和开放的思维，在复杂的农村市场中初出茅庐的大学生不见得就会输给已经在该行业市场中占有一席之地的人。对于先前从事农业的大部分人员而言，科技在农业乃至整个农村的可利用率都不高，因为现有从业人员的平均知识水平不足以支撑其灵活地运用到实际中解决问题，以致源头上农业技术的创新受阻，发展推广农业技术受困。所以，大学生返乡创业对于就近实现创业就业、优化农村创业结构、转变农业发展模式具有重要的方向性指导的意义。

c. 社会融入优势。社会融入是融入主体与融入客体共同构建的社会事实。农村人口对于城市而言，是外来人口，潜意识里城市籍人口的“主人”意识会迫使他们在就业、基础设施服务、教育等方面享受到不同于“主人”的待遇。而相对原户籍地而言，由于相同的文化渊源与情感，村民社区之间经济发展程度较为稳定，不管是社会心理的融入，还是经济方面的融入都较为顺畅。另外，农村拥有包括市场准入与规则设置较低、自主创业的成本较少、资金政策扶持程度大、土地可使用率高、创业风险可控性强等多个维度的优势，使得融入农村的门槛相对较低，社会融入较为顺畅，为大学生返乡创业提供较为便利的条件。

② 政策优势。农村籍大学生的有序返乡创业，有效的政府政策支持有助于扫清农村籍大学生返乡障碍，具体表现在以下方面。

a. 在政策支持方面，为鼓励和支持大学生返乡创业，国家相关部门颁发了涉及农村大学生返乡创业的一系列政策。2015 年 3 月，共青团中央联合原农业部、中国农业银行发布了《关于实施大学生返乡创业行动的通知》，计划每年重点支持不少于 1 万名大学生返乡创业，并对市场前景好、带动作用强的项目予以支持。

b. 在金融资助层面，在支持返乡大学生政策中，针对创业不同阶段分别予以不同的支持力度。在返乡创业的初创期，“强化返乡创业金融服务，加强政府引导，运用创业投资类基金，吸引社会资本加大对农民工等人员返乡创业初创期、早中期的支持力度”。以农村信用社为代表的银行，专门针对农村妇女、大学生村官以及青年出台了具有针对性的贷款政策，并制订了新的贷款管理流程办法，更加贴近民生，为民办实事，服务便民。

c. 优惠方面，因地制宜地设立科学的税收体系。国家“十三五”规划中提出的关于“完善返乡创业政策”的内容中，明确提出了“落实相关税费优惠政策，支持试点地区加快出台降低门槛、财政支持、金融服务等创新性政策措施，营造良好的创业环境”。目前我国返乡创业的税收办法是采用外资引进的税收办法，以鼓励大学生返乡创业。

d. 服务方面，加快构建为返乡人员提供的全方位的政府服务体系，便民促发展。在实际创业过程中，开拓了“电商＋农业”“互联网＋农业”等新的创业模式。诸如江苏回乡大学生张智琛创建的“三只毛驴”新兴项目，就是在探索电商与实体店相结合的新模式下的成果。

e. 在政策保障方面。加快构建包括就业保障、技术保障、社会保障机制在内的完善保障体系以及建立和完善灵活机动的人才流动机制和劳动力转移办法是首要目标，其次采用包括经济行政、法律等手段，为返乡创业提供支持与保障。加大对农村籍返乡创业大学生的政策扶持力度，既是返乡创业政策倾斜农村的必然配套要求，又是农村现代化建设的应有之义。

③ 人文情怀

a. 在“乡村”环境下的大学生独特的优势。由于农村籍大学生生在农村、长在农村，熟知“村况、农情、村缘”，不管是自然资源优势方面，还是社会人际关系方面，具有较强的农村适应性，能够尽快地适应和进入农村创业的状态。

b. 在家乡情愫牵引下的反哺。农村不仅是大学生地理位置意义上的家乡，更是一种精神寄托的地方。他们一出生获得的社会角色，所处的社会环境，是一辈子抹不掉的情愫。在对农村现状具有充分的心理认识和认同的前提下，对家乡的热爱情愫一定程度上会转化成返乡建设家乡的动力。在新农村的建设过程中，可以利用这种内在驱动力发挥大学生人缘优势，引导大学生返回生源地创业。

c. “人情”系统维持下的家庭和村民社区支持。这种“人情”交往很大程度上通过互帮互助以共同渡过难关为目的。城市地区由于人际互动减少，纵使有困难基本也不再需要其他主体的帮助，关系愈加疏远，社区认同感较低，排外意识较强，明显不利于农村籍大学生创业与发展。

（2）大学生农村创业的不利因素

农村籍大学生返乡创业，其中一部分原因是在缓解“新农村建设人才匮乏”和“农村籍大学生就业难”两个社会现象之间的矛盾。纵使农村籍大学生返乡创业有政策、资源、人文三大突出优势，现有农村籍大学生返乡情况的相关数据显示，农村籍大学生返乡在“返前”与“返后”仍然处于内忧外患的境地，具体不利因素如下。

① 就业观念滞后、创业环境不佳

a. 创业观念世俗。创业价值观的愈加世俗，是就业观念落后最核心的表现。现今很多人采取直接拒绝创业的方法来规避潜在风险的做法并不值得提倡。但随着互联网时代的到来，网络中的虚拟成分存在诸多的迷惑性，刚毕业的大学生尚不能很好地理解和把握社会，由此引发的大规模的盲目的从众性创业，不但割裂了创业与就业之间的关系，而且这类以直接现实性回报为目的的创业动机，使得当今创业氛围变得愈加复杂，就业创业形势变得越来越不明朗。

b. 创业环境不佳。任何创业活动的开展都离不开一定的环境支持，创业环境作为影响创业活动的各种外部因素的组合，直接关系到创业绩效。而创业环境的实体形成离不开政府服务、资源支撑、创业氛围和社会联动。据清华大学的专家研究，我国的创业环境在GEM（全球创业观察）的37个参与国家和地区中排在23位，属于中下水平。当今我国社会的创业环境尚不容乐观，主要表现在以下五个方面：就社会服务而言，主要表现在政府职能没有得到充分履行；就资源支撑而言，主要表现在资源可控制性和可利用率较低方面；从返乡大学生的主观因素来说，创业环境预估值相对较高，创业资源实际未得到充分利用；就创业氛围而言，主要困囿于农村家庭和社区因素；从返乡创业的运转资金来看，创业资金的不足，已经成为企业经营的桎梏。

② 创业教育低效、制度保障不力。农村籍大学生返乡创业意愿是多种主体共同作用的结果，以高校为载体的大学生创新创业教育成为形成创业氛围的最重要的途径，成为激发大学生创业兴趣与意愿的重要始发地。创业教育被联合国教科文组织称为教育的“第三本护照”。而今由于人才培养模式与现实的偏离以及各创业要素间的离散程度的扩大，使得创业教育愈加低效。而创业教育的低效，根源于教育制度层面的不合理，具体分析如下。

a. 创业教育低效。创业教育顶层设计的实效性低，尽管诸多大学生已经开设了创业教育的相关课程，但并没有完全意义上地面向全体师生，而是面向那些真正有意愿的人。现行教育逐渐呈现出了偏向城市的特点。此外，还出现了严重的整个社会价值取向偏离的表现，例如社会所崇尚的是教育师范专业、医学等早已设定在体制内发展的专业，以及“会计热”“考编热”“公务员热”等。最为典型的大学生返乡自主创业方式之一是大学生村官返乡自主创业，但是大学生村官职业化发展停滞不前。创业教育体系的系统性弱，创业教育课程与服务体系的建设相对不足，尚未进入“市场导向—高校培养—社会引领”的创业新常态。创业教育内容的配套性弱，主要体现在教育内容的非实用性和非时代性。

b. 制度保障不力。缺乏有效的农村返乡创业环境支撑，农村大学毕业生在就业上面临“高不成、低不就”的窘境。大部分的农村大学生主要集中在二本、三本和专科院校，造成农村大学生难以进入待遇较好、工作稳定的企事业单位，有成为社会“夹心层”的趋势；缺乏相关的法律监督与机制保障，农村籍大学生返乡创业制度保障不力，除了之前提到的政策保障不到位、教育制度保障以外，表现在关于反对创业偏见与歧视以及创业行政和监督机制的空缺；缺乏实现长效发展的现实路径提供，基于农村籍大学生返乡创业的可持续性的考虑，对于相关的人才引进和流出机制尚不健全，就无法保证返乡大学生的顺利流进，同时也会影响到农村现代化发展的进程。

③ 创业援助不足、融资渠道不畅。不管是农村籍大学生返乡创业，还是其他的创业，都离不开资金这剂“活血”良药。中国青年报社会调查中心与新浪网联合开展的调查显示，对于大学生自主创业中遇到的主要困难，有79.1%的网民认为是“缺少资金，融资困难”。因此，农村籍大学生返乡创业的融资渠道是否顺畅以及创业援助能否顺利实现，成为关键一环。

a. 创业援助不足。就农村籍大学生返乡而言，创业援助涉及政府政策支持下的财政补贴税收优惠、贷款优惠及金融等政策扶持，村民社区支持下的人力资源、资金支持等在内的社会援助，以及新兴的民间组织的经验与技术培训等多层次、宽领域的援助。由于城乡与区域的差异，可能导致不同地区政策扶持力度、资金支持程度、社会保障力度不一。

b. 融资渠道不畅。深刻认识融资渠道不畅的实质，即融资渠道不畅是整体社会普遍存在的问题。结合大学生的特点，返乡创业通常是集结伙伴进行合作创业，基于共同出资经营、盈利与共同承担风险的考虑，往往能够具有时效性地筹集资金与吸纳人才、创立新的企业。目前，主要表现在大学生自身筹资渠道狭窄，很大程度上受限于创业贷款最低额度等因素，以及目前尚未开通大学生返乡创业政策、服务和指导的专门“绿色通道"，因此，拓宽融资渠道就变得至关重要。

④ 创业绩效低下、创业意愿薄弱。农村籍大学生返乡创业中存在与新农村建设之间的衔接、人才需求与新农村建设之间的衔接、社会协同工作联动效应的发挥等问题。这一系列问题得不到有效解决，是导致农村籍大学生返乡创业绩效低下、创业意愿薄弱的主要诱因。

a. 创业绩效低下。农村籍大学生返乡创业绩效低下，不但外部面临诸多挑战，内部的发展也愈加举步维艰。外部环境的复杂与竞争压力大部分是源自大学生初涉创业，并且市场的可获得性认知通常具有盲目性和滞后性，极容易促成集中同质型创业，激化和增加行业竞争压力。近年来，国家大力推动创新创业的发展，表明国家的经济发展与当前体制的矛盾阻碍了社会发展新动能，不利于社会的可持续发展，这同时也为地域的发展敲响了警钟。

b. 创业意愿薄弱。创业意愿是指包含创业动机的创业意识。从当前农村创业环境来看，农村籍大学生返乡创业具有较大程度的理想性色彩，高校创业教育以及学校创业支持体系不健全，农村创业环境不容乐观，创业再也不是“一股脑儿”关起门做事了，不可避免会受到外部环境的影响；创业过程中社会支持程度的高低，成为限制大学生返乡创业可持续性的关键。近两年，在“共享经济”的顺风车中，以 ofo 共享单车为代表，迅速掀起了一阵大学毕业生的创业浪潮。但是据最新数据显示，一大批“共享经济”下的创新企业也正面临融资不畅等众多困境，很大程度上是由于青年大学生孤军奋斗，孤立无援。

⑤ 创业经验缺乏、创业技能不足。对于刚从高校毕业的农村大学生，返乡创业缺乏的是创业经验和创业技能不足，这也是返乡创业不利因素中源自主体内最大的问题。

a. 创业经验缺乏。创业经验的缺乏表现在农村籍大学毕业生主体内部的矛盾。农村籍大学生返乡创业有很多主体内部矛盾，比如有想法但缺经验等。创业经验的缺乏表现为社会环境支持不足。据调查，有些高校只有师范专业的学生实习期间才有机会走出校门去往合作单位实习，却也往往与学生所学专业不相关。此外，社会上本身给予大学毕业生的定位使得企业在吸纳人员的时候，主观排斥大学毕业生，甚至在招聘要求中标明“大学毕业生无经验者除外”等要求。

b. 创业技能不足。创业技能是包括市场可感知能力、抵御风险能力、社会资源协调能力、创业决策管理能力以及人际合作交往能力等在内的能力。创业技能不足，不仅是返乡大学生缺乏创业经验的结果，一定程度上与他们所处的弱势地位有关。依据农村籍返乡大学生创业的现状，将创业过程中的创业技能不足概括为组织，沟通与协调三者之间的矛盾，以及大学生主体内部的不对称性矛盾，主要体现在创业知识与技能的不对称、创业态度与过程的不对称。

通过以上对大学生农村创业中存在的利弊进行分析不难发现，农村这片土地对于大学生创业来讲既是机会之地又存在一些隐患。在宏观层面的助推下，总体来讲还是利大于弊。由于农村自身尚待开发的状态，它能够给大学生发挥才能的空间，相对于在城市的创业，在这里创业的门槛更低，相对更容易实现。大学生农村创业，可以说是自身价值与社会价值实现的统一。大学生在农村创业的成功，自身价值得到实现的同时，也带动了当地农村经济的发展，为我国社会经济的全面发展献出了一份力量。下面将深入探讨在当前时代背景下，如何将理论运用于实践，将科学转化为技能，响应时代召唤，走出一条适合大学生农村创业的致富道路。

第一章

创业的基本理论研究

理论是实践发展的基石，是实践活动可以持续稳定展开的基础。没有理论的实践活动就好像是无源之水、无本之木，难以持续。因此，在研究大学生农村创业实践之前，本书首先将从理论出发对创业活动进行分析，进而一步步渗透进大学生农村创业之中。

第一节　创业与创新

前面已提到大学生创业是时代发展的需求，我国鼓励并支持大学生创业，并为大学生创业提供了各方面的支持。而要搞好创业，最重要的就是在创业工作中有创新。

一、创新与创业的区别

创业是创业者对自己拥有的资源或通过努力对能够拥有的资源进行优化整合，从而创造出更大的经济或社会价值的过程。而创新是一种新思想从产生到首次商业化的过程，简而言之，创新就是美好的梦想加上有效的实施，最后变为价值的创造过程。

创业是一个从无到有的实践过程。它的作用在于创造财富和价值，同时也推动并深化创新。创业可以推动新发明、新产品或新服务不断涌现，创造出新的市场需求，从而进一步推动和深化科技创新，因而提高企业或是整个国家的创新能力，推动社会的发展。实现创新的根本途径就是创业。

创新的作用在于发现和创造新东西，它是事业发展的源泉和动力，是创业的本质，它的价值体现在创业上。这是因为创新具有如下特点：新颖性、普遍性、艰巨性、实践性、超前性、社会性。创业者在创业过程中需要具有持续旺盛的创新行为、创新意识，才可能产生富有创意的想法或方案，才可能不断寻求新的方法、新的模式、新的出路，最终获得创业成功。从某种程度上讲，创新的价值就在于将潜在的知识、技术和市场机会转化为现实生产力，实现社会财富增长，造福人类社会。

当今社会，企业是创新的主体，创新是企业最重要的战略重点之一。通过创新实现企业效益的有机增长，是在行业内取得成功的关键。在20世纪90年代，创新只涉及技术、质量和成本控制，而今天的创新更加注重的是企业的创造力和增长动力。今天，创新已经不仅仅停留在产品本身的研发上，它还融入商业过程的重塑以及一个全新市场的建立中，甚至管理的创新要大于技术创新、流程创新和商业模式的创新。

创业需要创业者不断开发、提高自己的创业基本素质，具备创业精神和创业能力。创新需要创业者具备创新精神和创新能力。

创业精神是创业中体现的精神，包括对机会的追求、创新、发展，即解放思想，实事求是，积极探索，勇于创新，艰苦奋斗，知难而进，自强不息，学习他人，不骄傲，顾全大局等。而创新精神是指在创业者的主观世界中，体现出的具有开创性、新颖性的思想、观念、方法、个性、意志、作风、品质等。

二、创新与创业的联系

创业和创新都是一个从无到有的过程，都是一种推陈出新的社会实践活动。创业和创新这两个范畴之间本质相连，在内涵上相容，在实践中互动。

“创新”这一概念起源于著名经济学家熊波特所著的《经济发展概论》。创新就是把由新的生产要素和生产条件所产生的新东西引入生产体系中。这个引入的新东西主要有五种——新产品、新的生产方法、新的市场、新的供应源、新的组织形式。其实创新这个词所包含的内容甚广，既有技术性的创新，也有非技术性的创新。

创新是敢于冒险，勇于创造，用不同于传统的方法去解决问题。而创业不同于一般的被雇佣方式，是自主创造工作的行为。因而创新与创业有着本质上的一致性与行为上的关联性。创新是创业的思想源泉，创业是创新思维的行为，结果又反哺着创新。

创业是一种主体能动性行为，是自主开创实践活动的行为。在经济领域，创业的关键就是创办企业，也就是在创业者的领导下让一个企业在市场经济中出现，而它是否能存活，并发展下去，就是创业成功与否的标志。新生事物出现的每一个阶段都伴随着创新精神。

因而，创业的成功与否是检验创新思想的直接方式。虽然创新蕴含在创业之中，但一个企业的创立并非全都是由创新思想所主导，毕竟创业者不是发明家，他只是拥有冒险精神的实践者。同样，创新者也不是企业家，他只是新思想的推广者。二者之间的共同点就是，他们都是生产力的载体。创业是创新的表现，创新是创业的内涵，二者相辅相成，不可分割。

应当注意的是，创业和创新二者尽管内容相似，但并不能互相替代。仅仅拥有创新精神是不够的，它只是创业成功的可能性和必要准备，如果脱离了创业实践，创新精神就成了无源之水、无本之木。创新精神之所以具有意义，是因为它作用于了创业实践活动。创新是对人的发展总体的把握，而创业重在对人的价值的具体体现。

总结为一句话就是，没有创业就没有创新，没有创新就没有创业的成功。

第二节　创业的相关要素分析

一、创业者素质

素质，人皆有之，或优或劣。大学毕业生，无论选择就业还是创业，都应该具备一些社会认可的基本素质。创业大学生的素质主要包括身心素质、知识能力素质、创业素质、创新能力素质四个方面。

1. 身心素质

作为创业者，首先要有健康的身心和良好的品德以及坚强的意志。只有在这一前提下，才谈得上其他素质。

身体素质是创业者必备的首要素质。创业者需要具备的素质多种多样，比如心理素质、知识素质、创新素质等，然而任何素质的发挥都必须以相应的身体素质做基础，没有良好的身体素质，一切都是空中楼阁。身体素质的培育与创业进程的要求不是矛盾的。身体素质的恢复和强化是一个持久的过程，而创业是要不断努力和投入的，一旦有停顿，有时就意味着重新开始。身体素质的好坏是创业持久性的保障。

纵观创业成功人士不难发现，他们具备如下心理共性：第一，有很强的自信心，遇到困难不悲观，遇到麻烦不急躁，沉着冷静，遇事不慌；第二，有较强的时间紧迫感，不喜欢也不会把宝贵的时间浪费在无聊的事情上，奋斗目标稳定，干事专一，不三心二意，一旦决定，矢志不渝；第三，脚踏实地，做事认真，有耐心，那种抱持急功近利的投机心理、恨不得一夜之间成为暴发户的人创业是不易成功的；第四，心胸开阔，不计较虚名和个人得失；第五，经得起困难、曲折、失败的考验，意志坚强，同时也能适应各种环境，能随机应变。

创业因为与众不同，所以充满艰险。一个刚从学校毕业的大学生是否会走上创业之路，其实与他的自我认知有着直接联系。大学生是一个还不大具有社会经验的群体，对自己的认知大多比较平庸，所以在毕业时，只有极少数人会走上创业之路，这与本人对自我能力的认知与意志力的认知不无关系。创业是发现机会、识别机会，进而通过自身能力组织协调资源创造价值的过程，这个过程中充满了未知，尤其对于大学生创业者而言，困境会层出不穷，因而相较于普通创业者对于经验的需求，大学生创业者的意志力更显重要。

2. 知识能力素质

能力是创业者实现创业的前提，一个拥有知识再多的人，若是不知道如何将知识转化为实践，那么对于创业来说并没有多少价值。当然，知识是能力的积淀，没有知识，对于一个合格的创业者是万万不可的。首先，基础的知识结构是一个创业者应该具备的基本能力，比如说能够活学活用保障政策，当权益受损时，可以依法保障自己的权益。其次，科学的管理方式与创业企业相关的科学知识是创业者应有的创业技能，可以细化为诸如分析决策能力、学习能力、组织领导能力、沟通能力、应变能力等方面。这是大学生成功创业的保证。

3. 创业素质

新创企业的兴衰成败，在很大程度上取决于创业者的个人素质。一个成功的创业者通常需要具备哪些方面的创业素养呢？

首先，要拥有强烈的时间感。强烈的时间感主要包括两方面的含义。一是要能挑选好创业的最佳时机。这并不是一个简单的问题，它需要创业者平衡多方面的因素，比如，所选行业的历史和现状、行业对手的成与败、启动资金的充足与否、个人的生活和家庭状况，等等。二是指创业者要能建立起一套相对完整的商业计划，并能够迈出关键的第一步，将商业计划逐步付诸实践。

其次，要有清晰的预算。对于一家创业公司来说，最为关键的事情就是在花每一笔钱的时候，都要做好清晰的预算，不管资金是否充裕。绝大多数创业者往往善于“宏观”思考，但对细节尤其是财务工作的细节总是一知半解甚至不求甚解。然而，在创业过程中，每一笔款项的进出都需要计算清楚，否则就容易出大问题。

最后，就是要有自律与超强的社交能力以及坚持不懈的品格。创业者在经营的各个环节都要做到自律，规划好自己的经营目标和内容。这里并不是提倡创业者都成为工作狂，让自己的生活被创业所完全淹没，而是强调创业者必须知道什么时候做什么工作，并强迫自己完成制订的目标，而且最好是养成提前完成目标的习惯，而不是习惯拖延。创业要想成功，不能靠单打独斗，不仅需要自己的创业团队，还要拥有很强的社交能力。假如创业者在社交方面能力比较弱，那就要针对性地予以弥补；假如是因为实力不够，则需要付出坚持不懈的努力，在行业中闯出名堂，靠实力赢得人脉。除此之外，创业者的社交能力很重要的地方还体现在培养和维系客户关系上，要靠稳定的老客户和源源不断的新客户来保持自身的创业活力。创业的前途虽然是光明的，但过程必然是曲折无比的，选择创业，就注定要在摸索和尝试中前进，谁也无法预测到底何时会柳暗花明，也许要在黑暗中前行很久，才能看到曙光所在，这种情况下，没有坚持不懈的创业品格，显然是行不通的。

4. 创新能力素质

所谓的创新能力素质其实就是拥有创新能力品质、创新能力思维与创新能力。能够打破常规、突破传统，具有敏锐的洞察力与丰富的想象力、预测力和捕捉机会的能力等，从而使思维具有一种超前性、变通性。这就需要创业者具备宽广而扎实的基础知识，广阔的视野，以及善于综合开拓新领域的能力，掌握创新知识的方法论，尤其是具备良好的创造技能，包括一般工作能力和动手能力，熟练掌握和运用创造技法的能力，创新成果的表达能力、表现能力和物化能力。

二、创业环境

创业离不开环境，它是开展创业活动的范围和领域，是创业者所处的环境和情况，是影响创业的各种外部因素和条件的总和。与一般环境一样，创业环境也具有客观性、复杂性、变化性等本质特征。但它作为特殊的环境，还具有自身的独特性，主要表现在如下四个方面。

1. 机遇与挑战并存

创业环境是一个充满无限商机的领域，它给各类人才的脱颖而出提供了极为广阔的天地和舞台，提供了极为丰富的发展机会和动力支持，以及丰富的物质基础和条件，这就是机遇。创业环境提供的机遇仅仅是一种成功的可能性，具有极强的时效性和确定性。并非所有的人都能抓住机遇并有效地利用，也不是无论什么时候抓住它都能取得成功，只有有才能、有勇气和有毅力的人才能抓住机遇和有效地利用机遇。抓住机遇需要迅速、果断，一旦错过机会，创业就会陷入困境。这说明创业环境在提供机遇的同时，也向人们提供了挑战，机遇与挑战紧密联系一起，机遇意味着挑战，挑战包含着机遇。机遇与挑战并存是创业环境最为典型的特征。

2. 利益与风险同在

创业是一个发现和捕获机会并由此创造出新颖的产品或服务，实现其潜在价值的过程，是一个具有强烈功利色彩的活动。它为利益所驱动，每个创业者都以极大的致富热情投入其创业活动。但创业也是一个充满高风险的活动，并非所有创业者都能如愿以偿。创业活动具有逐利性和冒险性的程度，是由创业环境内包含的利益与风险决定的。利益和风险同是创业环境的基本特征。利益和风险同时存在、相伴始终，它们之间联系紧密，无法分割。这种特征使人们的创业活动成为一项既充满利益诱惑又富有风险刺激的事业。要想得到利益，就必须承担风险，创业者任何利益的获得，都是战胜风险的结果。

3. 适应与创新共求

创业环境的另一个突出特征是适应与创新共求。其一，创业环境为人们的创业活动提供必要的条件和现实根据，成为人们开展创业活动的出发点，要求人们的创业活动必须遵循客观规律，适应创业环境的客观实际。其二，随着时代的进步，创业环境也在不断变化，这就要求创业者开拓创新，改变现状，以适应新的创业环境。不适应创业环境的要求，创业活动就无法开展。同样，若不能与时俱进、开拓创新，创业活动也会失去其自身的价值。适应需要创新，创新也是一种适应，适应和创新是创业环境的固有趋向和内在要求，创业活动就是在适应和创新这两大动力的相互作用下推进的，创业者只有在创业活动中正确处理适应与创新的关系，在适应中求生存，在创新中求发展，既适应环境，又改造环境，才能使创业活动长久立于不败之地。

4. 顺境与逆境俱进

创业环境既含有对创业有利的因素，也含有对创业不利的因素。当有利因素多于不利因素时称为顺境，此时对创业活动非常有利，做事得心应手；反之，处于逆境时，创业活动极其困难。创业活动中顺境与逆境同步这一创业环境的特征，就要求创业者对创业活动要有正确的认识，认识到创业道路的曲折性和艰巨性。在顺境时不为一时的顺利冲昏头脑，要抓住良机，不断发展创业的大好形势；而在逆境中，不因暂时受挫而屈服，以百折不挠的精神战胜困难，变逆境为顺境。

5. 高校大学生创业环境分析

作为社会群体的重要组成部分——大学生群体在创业环境方面，既有有利方面，也有不利方面。

有利方面表现在：改革开放以来，我国政治稳定，经济快速增长，技术和人才市场比较活跃，市场经济秩序日益规范，法律制度日益健全，资金比较充裕，这些为大学生创业提供了有利的条件，使创业环境不断改善。突出表现在如下三个方面。第一，可供选择的创业方式不断增多，创业机会成本不断降低，创业风险也相应降低，为了鼓励创业，各地已不断简化创办企业的手续，缩短办事周期，降低各种收费，使创业门槛不断降低。第二，创业扶持政策越来越多，如融资担保、税收优惠、中介服务、利用外资、出口信贷等。第三，创业载体和创业服务机构发展较快。经过十多年的发展，我国高新技术区、创业服务中心、大学科技园等有很大发展，已经成为大学生创业所依托的重要载体。为创业服务的生产力促进中心、技术市场、科技咨询、科技评估、知识产权服务机构等中介服务机构在政府的支持下快速发展，对大学生创业的影响越来越大。

不利方面表现在以下方面。第一，创业活动面临激烈的竞争。目前，随着我国城市化进程的加快，大量农民工进城，高等学校扩招，大学生就业困难加剧，这些必然使创业活动中的竞争更加激烈。如果大学生不能适应这种创业环境，创业工作就不能取得成功。第二，创业能获得成功的要求更高。在创业活动面临的竞争更加激烈的情况下，必然对创业能获得成功的要求提高。过去进行创业，有一定的创业资金、场地等，加上创业者的努力奋斗，就能成功。随着创业竞争的加剧，更要求掌握合适的创业机会，采用先进的科学技术（特别是高新科技）和先进的管理方法等，因而创业获得成功的困难就越来越大。第三，大学生自身的弱点与创业环境的适应程度、与创业能获得成功的要求有较大差距，突出表现在大学生创业缺资金、阅历浅、缺乏经验；易犯“冷热病”，往往凭一时的兴趣，不能坚持创业；不能建立良好和谐的人际关系等。

三、创业时机

大学生的创业行动需要一个契机，而这个契机就是创业时期，也就是要发现创业的最佳时间点，找到“天时地利人和”之处，这也是创业研究的核心议题。对于创业时机的把握，是有多元素构成的，来源于对环境、能力与资本状况的多维度分析，它直接关系着创业行为的成功与否。可以用物理学中的一个名词“临界质量”来比喻创业时机，也就是当技术积累达到临界点时，新生技术就会如裂变反应一般爆发，并进行剧烈扩张。创业时期对于整个创业行动而言，就处于这样一个临界的位置。因而是否可以对创业时机进行科学而又有效地判断并选择合适路径，是整个创业行为的重中之重，关系到整个创业行动的生死存亡。

1. 理论内涵

机会，顾名思义就是通过创造性地整合资源，产出更多价值，以应对市场的多元需求。机会不是一个时间点而是一个过程，是一个从点到线、从不成熟到成熟的过程。在此基础上，我们就可以把创业机会看作是由市场需求引发的，供需不足所导致的，企业与市场之间的融合点。

关于创业机会的理论学说，西方相对来讲更加成熟，但是这些理论都是基于西方的国情与经济状况来做出的结论性研究，与中国的国情还是有较大差距，所以在众多学说当中，笔者选择了相比较来讲更具有适用性的由 Noel J. Lindsay（诺埃尔 · J. 林赛）和 Justin B. Craig（贾斯廷 · B. 克雷格）[1] 所提出的“创业机会识别的三阶段说”：机会搜寻、机会识别和机会评价。创业机会是创业者通过自己的经验与能力对市场与环境进行识别后发现商机的行为。创业机会的识别对于创业者自身的素质与能力有着较高要求，要求创业者可以从市

---

[1] 参见 Justin B. Craig，Noel J. Lindsay. Quantifying “gut feeling” in the opportunity recognition process [J]. Queensland：Bond University，2001.

场中搜寻创业机会、进行机会识别，并对此机会做出评价，然后根据自身特点衡量适合性，决定是否把这个创业机会变为现实，即创业行动。目前对于创业时机的研究，主要集中于机会识别领域，也就是在市场与经济环境中如何识别创业机会并加以利用。笔者经过梳理文献发现，对于创业机会识别的研究，大多数学者采取了相对独立的研究方式，从其本身含义出发进行本体性研究，这是缺乏实践性的，应当从创业者入手来研究创业机会，才能让理论从文字中走出，切实地应用到实践当中。创业者对于创业机会的识别，在很大程度上取决于市场所提供的创业机会与自身需要的创业机会在某个点达到契合。这样，创业者才能够有效地识别到创业机会，并在此基础上把握它，实现创业。

2. 大学生创业时机的选择

大学生进行创业，从学业与创业的时间关系上，主要可以分为三种形式，即在校创业、毕业创业或是休学创业。在校创业，一般依赖于学校平台的支持与自身的需求。学校提供一些实践活动，为大学生毕业创业就业做准备，这是高校进行创业教育的一部分，也是让学生提前适应社会的方式。在此过程中，学生可以积累创业就业的经验，为未来毕业之后的创业就业做准备。这是在有学校保障的前提下进行的，所以大学生也只是拥有了一种体验感。休学创业虽然是大学生创业的一种实践表现状态，但这大多都是有前提的，所以并不具有普遍性，笔者在这里也就不过多进行分析了。我们关注的重点集中在毕业创业，这也是大学生创业时间选择点的最集中时段，也是笔者所提倡的大学生创业时间，毕竟学生的任务还是主要在学习，这是未来创业就业知识积累、能力提升的重要阶段，不可本末倒置。大学期间可以通过参与各种实践积累经验，这个过程也有助于明确创业目标，使大学生毕业后可以全身心地投入到创业活动中。经过了大学阶段的知识学习，有了一定的积累，能力得到了相对的提升，虽然此时可能仍缺乏创业经验，但是却有了一定的能力保障，这为大学生可以准确识别创业时机奠定了基础。

3. 实证分析

据大学生创业数据❶显示，笔者所在省份（山东省）大学生所创办的企业中，现阶段多是个体工商户，这一比例占到统计人数的60%。此外，在诸多大学生创业企业中，成长为中小型规模❷的创业时间集中在大学生毕业后的3～4年左右，如图1-1（见彩插）。

从盈利情况看，如图1-2（见彩插）显示，利润丰厚型企业集中在毕业后3～4年和5～6年。少量盈利主要集中在1～2年和3～4年，盈亏平衡主要集中在5～6年。

根据就创业时机问题的问卷统计（如图1-3），有66.48%的被调查者认为最佳时间为毕业后2～5年❸。以上数据对准备到农村创业的大学生选择创业时机和制订企业发展规划都具有很好的指导意义。

综上所述，创业机会的最大特点之一是偶然性（随机性），它的出现与多种因素有关。虽然机会的出现是偶然的，但却是客观事物内在规律的必然表现。我们不仅要留心意外，把

❶ 参见附录一。

❷ 依据来源：中国工业和信息化部.《中小企业划型标准规定》. 工信部联企业［2011］300号。

❸ 参见附录三“关于大学生农村创业的问卷调查”。

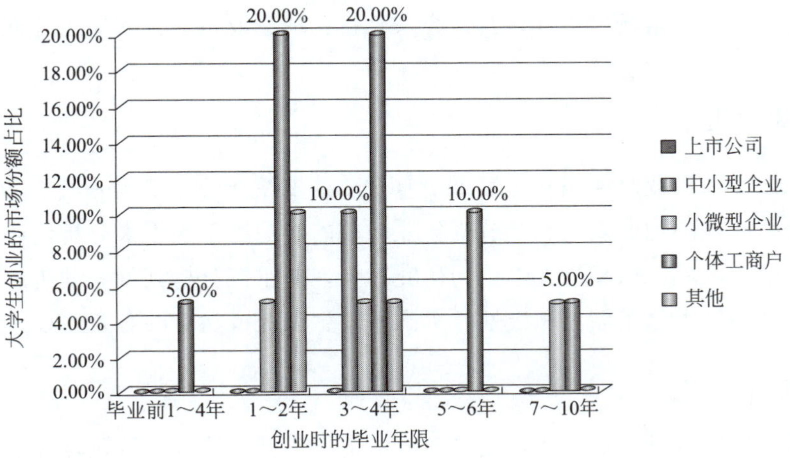

图 1-1　创业时毕业年限与公司规模关系

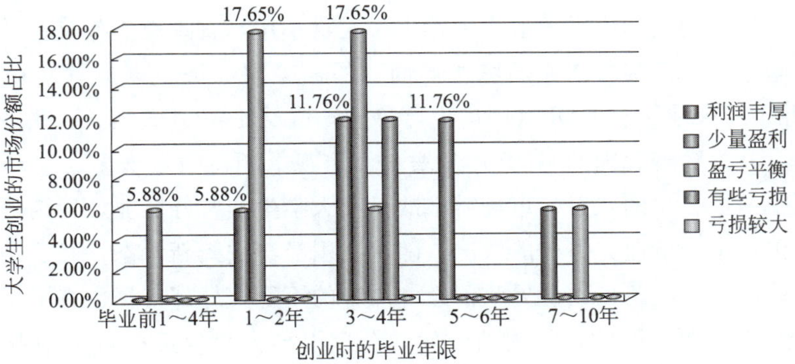

图 1-2　创业时毕业年限与公司盈利能力关系

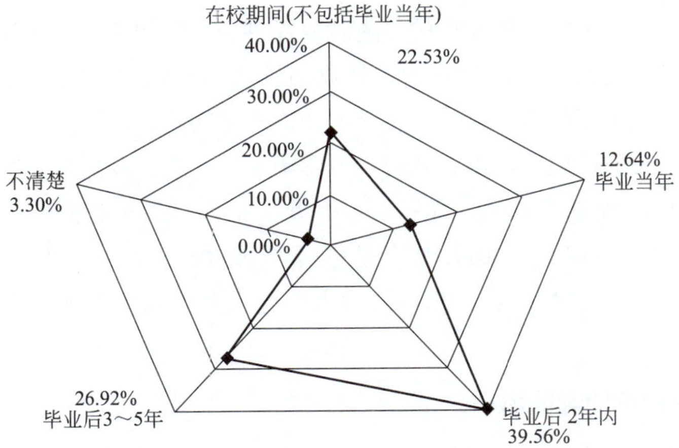

图 1-3　最佳创业时机选择

握偶然，更要主动探寻创业机会出现的规律。对创业机会的选择每个人都有自己不同的路径，只有把自己置身于市场之中，认真研究适合自己的创业机会，才能迈开创业之步伐。

四、创业动机

创业动机发生在创业时期识别之后或者同时，这取决于创业者是有专门性的创业意向，还是仅有一个广泛性的创业意向。从分析创业动机的影响因素入手来分析创业动机，为大学生创业带来灵感。因此，以高校大学生为研究对象，要重点分析其创业动机影响因素，提供政策建议，才是激发大学生创业积极性、提高大学生创业成功率的有效途径。

1. 创业动机的产生

从时代背景出发可以发现，随着我国经济结构的转型、体制的转轨，人才需求与日俱增的同时却产生了一个悖论现象——大学生就业困难。这主要取决于市场人才的需求与大学毕业生数量的扩张并不对口。我国已逐渐实现了劳动密集型产业的迁移，所以出现了就业排斥现象。社会市场需求的人才不是专业型人才，就是高级型人才。大学生的扩招让大学生的价值感降低。拥有知识的大学生做普通人力性工作大材小用，管理性工作又经验不够，这使得刚出校门的大学毕业生面临着就业的尴尬局面。根据美国经济学家奥肯所提出的“奥肯定律”，正常情况下，失业率和GDP（国内生产总值）成反比：GDP增长，失业率下降；GDP下降，失业率上升。随着我国的GDP逐年增长，宏观上职位数量增多，但具体到大学生就业方面就出现了两极分化的状态。市场需求的专业大学生非常好就业，所谓的冷门专业就变得无人问津，出现了未就业先失业的状况。随着我国经济进入新常态，经济结构进入调整关键期，国内各种经济矛盾凸显；世界政治经济局势的不稳，外部市场也有了压力，导致全球市场出现了就业难问题。因此，从国情出发，合理引导大学生进行自主创业，拓展就业途径，是切实解决大学生就业问题的重要手段。

即使是有意向毕业后创业的大学生，他的本位身份仍然是一个学生，学校作为在校大学生的管理者，有义务教育、引导、改善大学生知识、能力与心态等方面的各种问题。在高校开展大学生创业相关课程，为大学生毕业后的创业就业提供经验与知识，弥补他们在经验与技术上的空白，是有教学义务的高校的应有行为。创业动机是创业识别与创业行动发生的内在推动力，所以从动机理论入手，既可以改善学生学习动力不足问题，也可以推动高校创业教育的发展，刺激学生创业动机的产生，可以有效规避大学毕业生“未就业先失业”的困境。

根据笔者所做的问卷调查数据，如图1-4所示，大学生农村创业动机首先体现在实现个人理想和自我价值（27.91%）方面，其次是应对严峻的就业形势（24.12%）。如果将个人人生价值的实现与实际行动相结合，相信会为大学生服务于农村发展提供无穷的动力与坚实的支撑。

2. 大学生创业动机的影响因子

在“双创”背景下，笔者基于创业环境模型认为对于创业动机的影响因子主要分为四类：政策、环境、能力与资金。

宏观上，经过笔者对在校大学生与毕业两年内大学生进行的调研分析发现，对于大学生

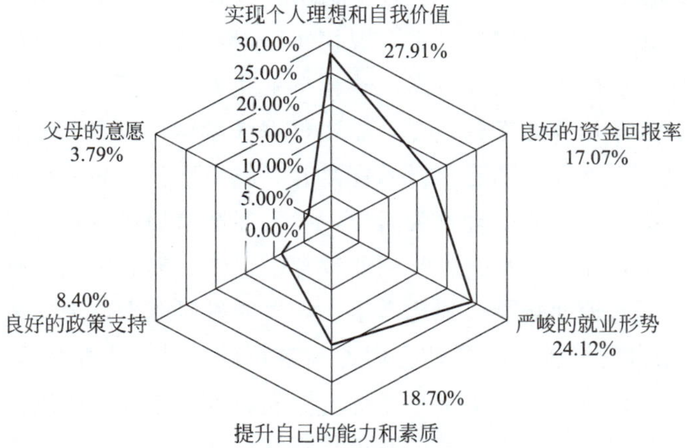

图 1-4 大学生创业动机分析

来说，国家的大学生创业扶持政策优惠措施等极大地影响着大学生的创业动机。国家支持大学生创业，社会创业氛围浓厚，大学生会受到社会环境舆论的影响，选择创业，通过创业实现自己的价值。在家庭方面，对于大学生来说，家庭是大学生精神和情感的维系，如果家庭成员支持创业，或者成员中有创业经历，也会极大地影响着大学毕业生对于创业行为的选择，产生创业动机。学校方面，学校开展的大学生创业教育课程与创业培训活动以及各种创业竞赛，影响着大学生对于未来的职业的选择。大学生对此的态度积极与否决定其未来是否会选择创业，并产生创业动机。

微观上，大学生创业动机的产生来源于自我认知与意象，这也就代表了大学生的创业过程需要个人能力与知识进行支撑。能力的需求是多维的，诸如专业知识与领导力以及社交等方面的能力，这是一个创业者需要具备的基本能力。当自我评判较低时，大学生会很难产生创业动机；反之，则会主动积极地推进自主创业活动。个体因子除了包括个体本身的因素，还有就是在社会关系中所形成的创业影响因子，即个人的社会关系。人是群体动物，创业是群体性活动，人在社会关系中的交际能力与良好的人脉网络，对于创业活动而言是至关重要的，因为这也是创业信息与合作伙伴获取的重要途径。

3. 大学生创业动机的转化

对于以上分析的关于创业动机的影响，我们再次提出针对性的实践转化建议。

① 进行个人素质与实践技能的锻炼。个人素质与能力的提升与个人的认知水平是共同进步的关系，它可以帮助创业者识别创业机会，产生创业动机，明晰未来的创业方向。掌握相关的创业技能，既包括扎实的专业知识，也包括娴熟的管理能力，这依托于学校的教育，也来源于自我的发展。积极参与学校或国家组织的创业竞赛、参加创业培训活动可以增长创业经验，并树立创业信心。日常生活中积极主动处理人际关系，拓展交际范围，积极融入社会，会为未来创业减少阻力，也提升了自己的抗压能力。

② 学校积极开展创业教育与指导，以创业课程为支撑，构建创业平台，建立相对完善的创业课程体系，并将其纳入人才培养方案之中，给大学生提供创业经验，也引导其通过创业实现自身价值。

大学教育不应当仅仅包含专业知识，还应包括实践知识。大学是从学校走向社会的关键阶段，也是学生角色转变的重要时期，大学要切实履行自己对于学生应尽的义务，根据时代需求，建立适应时代发展的人才培养方案，这样毕业生在毕业后，才可以迅速与市场接轨，进行创业或者就业。人才培养方案的设定，需要根据大学生不同阶段的特征进行量身定做。大学生创业课程的设计也如此，随着年级的逐渐升高应当配备不同的创业课程。关于创业课程的开设，比如低年级应当以实践理论为引导，然后逐渐增加实践技能培养课程，同时构建分阶段的创业教育体系，让大学生在大学创业教育当中体验创业氛围，感受创业活动，以促进创业动机的产生，提升创业技能，强化学生在学校的科研能力，为未来的创业奠基。

③ 大学生创业动机的产生离不开社会舆论与政策的支持。大学生是现代经济发展的生力军。对于政府而言，创新创业对于推动经济发展起着重要作用，所以国家推行一系列鼓励大学生创业的优惠政策，为大学生自主创业提供保障。构建创业平台、降低创业贷款利率、提供资金支持，都是政府在鼓励大学生创业中切实可行的宏观保障手段。除政府之外的来自社会的保障在于企业。一些企业为大学生创业团队给予指导和培训，大学生也给企业的发展带来了活力，可谓是一种双赢的活动。在家庭方面，家庭成员对于大学生创业者情感与资金的支持，在一定程度上鼓舞了创业的思想状态，促进了大学生创业动机的形成。

创业动机是创业活动形成与发展的最初源泉，是创业者自我追求的最直接体现。它对于创业者而言，是一种主观能动性的表现，为创业者创业提供动力，为市场的开发提供前提，为创业环境的选择奠定基础，从而带动整个创业链条的形成以及运转。创业动机对于就业问题的解决具有直接性的影响，所以高校对于创业动机的培养与引导，也就显得尤为重要。

第二章

大学生农村创业的要素分析

伴随着城市市场的逐渐饱和，农村市场的经济价值逐渐凸显。相较于城市可以带来的直接价值，农村因为其尚未开发，潜在开发价值不可估量。农村地区相对闭塞，竞争力较低，这对于没有过多经验的大学生创业者而言，是非常有利的，因为减少了市场开发的竞争风险，可以让在农村创业的大学生积极投身于农村市场的挖掘之中。加之国家对于大学生农村创业的各种鼓励政策与补助措施，更加减少了大学生创业的后顾之忧，提供了外部保障。但是，这其中也不乏很多阻碍因素。本章对大学生在农村创业的要素进行分析，旨在提高大学生创业群体的创业认知、重申高校作为人才培育机构应尽之义务。

第一节　大学生农村创业的影响要素

在绪论中，我们简要谈了当代大学生在农村创业的利弊，本节将探讨大学生农村创业的影响要素，主要从大学生创业的群体素质、现阶段农村创业环境以及大学生农村创业时机三个方面进行理论分析。

一、大学生群体创业素质高

受过高等教育的大学毕业生拥有较为完善的知识结构，现在大多数高校也都将创业培训纳入人才培养计划，所以也初步具有了创业的相关技能。大学生是我国社会的生力军，对于我国社会的发展有着承上启下的作用，他们敢于创新，勇于实现自我，更适合对如今的经济市场进行新形式的全面开发。我国经济市场的发展并不平衡，城乡差距极大，这也导致了人口结构的不均衡，而作为新时代生力军的大学生也肩负着均衡市场的重任。

通过研究可以发现，大学生相对于其他阶层创业最大的优势主要表现在：一是大学生学习能力强，有创新精神（60.99%）；二是大学生年轻有活力，勇于拼搏（54.40%），如图 2-1 所示。

大学毕业生更善于发现商机。创业机会以从市场盲点中发现商机（24%）和从消费者创意中寻找商机（23%）为主要来源，其次是从与人闲谈中发现商机以及从新闻媒体报道中捕捉创业机会和从客户批评中领悟商机，如图 2-2（见彩插）所示。

大学生抗挫折能力强。对于大学生创业过程中面对困难时的支撑动力，多数创业者表示

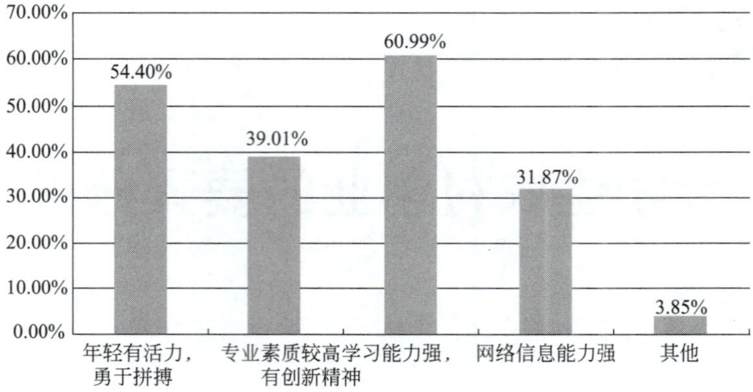

图 2-1 大学生农村创业优势分析

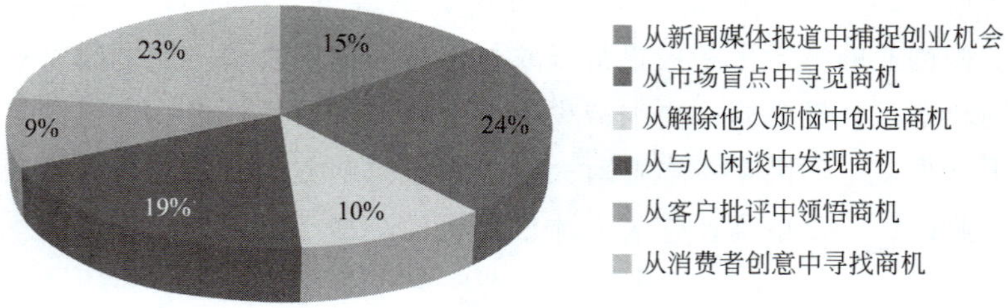

图 2-2 创业机会来源

是来自家庭的鼓励与帮助（36%），同时，也有部分创业者认为是个人的顽强意志（27%）以及所学知识及技能的支撑（24%），如图 2-3（见彩插）所示。

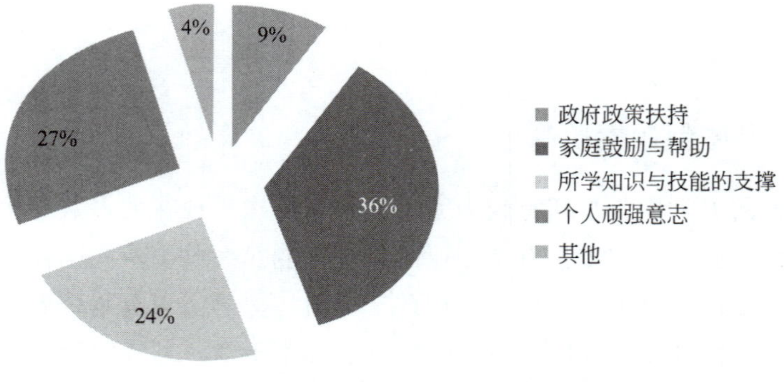

图 2-3 大学生创业面对困难时的支撑动力

大学生有一定的风险意识。66.99%的创业者认为大学生创业中面对的风险主要是市场风险，其次是管理风险（30.21%）和经济风险（29.67%），再次就是技术风险、生产风险、政治风险等，如图 2-4 所示。

数据显示，有近一半的人认为应对风险在创业过程中要通过积累创业经验、谨慎选择项目和保持良好心态来规避，其他人认为勇于创新、组建团队、建立健全企业管理制度也是风险控制的方法，见图 2-5。

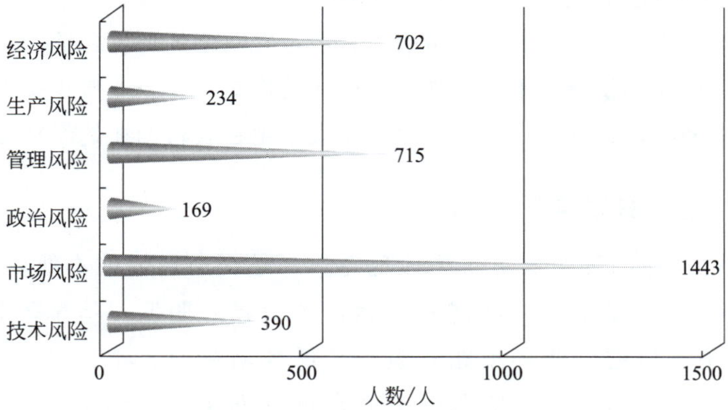

图 2-4 创业风险

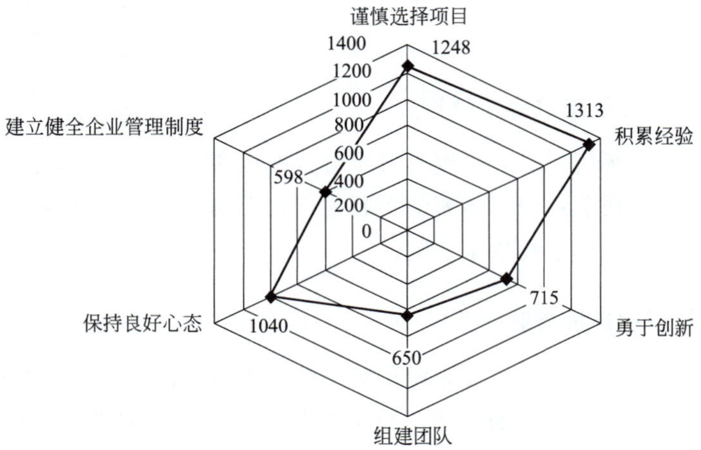

图 2-5 风险控制方法选择

二、农村创业环境 SWOT 分析

创业环境前面已经谈到过，它是影响创业活跃程度的一个重要因素。首先，微观上来讲，良好的创业环境可以促进创业行为的形成；宏观上来说，创业环境影响着国家创业型社会的建设与双创是否可以良好进行。其次，良好的创业环境能有效降低创业风险，提高创业的成功率。创业环境能够影响创业者的创业活动。创业环境对于创业活动来讲，也是一种外部的保障，可以在某种程度上降低创业风险，比如良好的政策环境与舆论环境可以鼓舞大学生到当地进行创业，良好的教育环境与服务环境可以刺激大学生创业动机的形成。随着农村振兴战略的实施，社会主义新农村建设、乡村经济和现代化农业发展目标的实现以及精准扶贫的全面推进，为大学生农村创业提供了更广阔的空间，大学生农村创业环境也愈加良好。下面将运用 SWOT 法分析大学生农村创业就业环境。SWOT 分析法又称态势分析法，即分析自己的优势、劣势、机会与威胁。

1. 大学生农村创业环境优势（S）

大学生农村创业的环境优势主要体现在三个方面：一是农村环境相对封闭，资源开发少，相较于城市市场发展的饱和，竞争对手相对较少；二是农村创业准入门槛低、创业成本少，对于刚毕业的大学生而言具有天然吸引力；三是在双创的环境之下，政府出台了一系列鼓励大学生在农村创业的优惠政策，比如创办企业费用减免、企业孵化基地的提供、创业资金的补助以及各种补贴，都在一定程度上缓解了大学生在农村创业的经济压力。

2. 大学生农村创业环境劣势（W）

大学生在农村创业的环境劣势主要体现在：一是交通运输的不便，尚待开发的农村地区大部分身处内陆或是山区，经济不发达，环境相对闭塞，运输不便，沟通内外市场是个难题；二是农村的创业环境相对艰苦，返乡创业的大学生熟悉家乡状况，能够比较好地适应，但是因为被当地资源吸引而来进行创业的大学生，总要克服一些物质与精神上的艰辛；三是我国农村仍然保有一种具有集体主义性的社区文化，农村社区文化具有一定的封闭性，外来人口在农村投资创业需要进行社会关系的培养，否则很难获取有力的信息与人力资源。

3. 大学生农村创业环境机会（O）

大学生农村创业的环境机会，主要来自于时代的机遇。在“大众创业、万众创新”的潮流之下，随着大学生农村创业服务体系的不断完善，政府对大学生农村创业的大力支持，在一定程度上为大学生农村创业提供了底气。

4. 大学生农村创业环境威胁（T）

大学生农村创业的环境威胁主要来源于对个体，也就是创业大学生本身的打击。一是由社会主流思想带来的舆论压力。如今社会的主流思想还是固有模式，创业仍然属于新思维，创业成功，大家赞扬，创业失败就可能会受到家人或者是朋友的批评。二是由于农村社区思想所带来的冲击。农村社区仍然是一种关系本位的运行模式，到农村创业的大学生，大多都会受到当地传统思想的冲击，这个冲击既是对外来人口的排斥，也是对于大学生到农村创业的否定。加之大学生农村创业的配套保障体系相对城市较差，大学生在农村创业主要靠自己。

通过上述对大学生农村创业的态势分析可以发现，任何一个行为都是有优劣的，只要发挥自身优势，尽可能地规避风险就可以提升行为成功率。

三、大学生农村创业时机

1. 政策的多方位支持

近年来各级政府不断地完善鼓励大学生到农村创业的保障体系，打破城乡创业的差别待遇，为投身社会主义新农村建设的大学生提供福利与优待。例如，在资金方面进行税收贷款与事业性收费的优惠与保障；在土地与自然资源方面尽可能地提供优惠使用权；在培训学习方面提供免费或者优惠的学习机会，打造全方位大学生农村创业支持系统。在多方位政府扶持政策的依托下，大学生农村创业正值好时机。

2. 乡村经济期待发展

我国农村仍然存在着一种当地集体主义的社会文化氛围，社群文化拥有相对的封闭性。地理上的相对闭塞与文化上的相对封闭，农村地区难以与外部市场进行接轨，导致了农村地区既期待发展又难以发展的困局。但是这对于创业来讲是优劣参半的。

农村地区虽然文化与环境相对闭塞，但也酿成了淳朴的民风，比较容易接受创业者来当地创业，只要能够带动当地的经济发展，解决剩余劳动力就业问题，带领当地农民实现增收，就会表现出积极支持的态度。这对于大学生创业者来讲是有利的投资环境。缺点就是我国大部分农村地区还缺乏配套的创业服务体系，公共服务系统不完善，创业过程中需要的很多环节都需要大学毕业生自己进行一条龙式的探索与计划。大学生投身农村进行创业活动，由于没有配套的创业园区或是孵化基地进行支持，加之农村居民文化水平普遍偏低，会为大学生的创业活动带来一些障碍。但是，农村大量资源还处于“原封不动”的状态，也给大学生提供了更多的商机与机会。

第二节 当代大学生创业教育现状

随着我国经济的飞速发展，人才需求与市场需求不断扩大。人们的需求的多样化也带来了市场的多样化，所以需要进行各种产品的开发与研发。市场的多样化带来了无限商机，大型企业的生产带来的是标准化市场建构，而市场中更多细碎的部分，需要小型创业者去填补。伴随着大学生的就业困难，大学生进行自主创业活动，既是解决的社会问题，也解决了个人问题。因此，各高校开始逐渐重视创新能力的培养与创业动机的培育，并建立起较为完善的创新创业培养系统，旨在全方位提升大学生的创业能力。

在我国实行创新驱动发展的战略背景下，经济结构的调整方向为高校发展创业教育指明了方向。创业的基础是人才的支撑，因而创新驱动的实质其实就是人才驱动。高校作为社会人才的培养基地，既肩负着专业知识的教授也担负着实践技能的培养。实践属于与国情相适应的活动，所以创业人才的培养要迎合国家主要发展战略，以便大学生在毕业之后可以顺利地投身到生产实践当中，完成个人价值，促进经济发展。

创业教育是“培养具备开创性理念的个人，为学生的持续、终身学习奠定基础”，这是联合国教科文组织对于创业教育的广泛定义。狭义的创业教育是指“为贫困者提供自食其力的能力”。张涛认为“创业教育是培养人的创业意识、创业思维、创业技能等各种创业综合素质，并最终使受教育者具有一定的创业能力的教育”。王娅诺认为，创业教育从宏观和微观层次可以归纳为三类：第一，以培养创业人才为目的，重视实践能力、突破意识和创新品质的教育；第二，以个人品质的发展为最终目标，倾向于创业素质的传授，强调不同学科之间的相互渗透、融合，涵盖众多学科，面向全体学生的通识教育；第三，是对上述两种观点的整合，认为受教育者既应掌握理论知识，还应具备实践水平，促进学生综合发展。国内外学者对于创业教育的内涵认定各不相同，笔者对其概念进行梳理，将创业教育总结为通过相关课程的开展，对学生进行创业精神、创业素养和创业技能的培养。

一、当代高校大学生创业教育的开展情况

大学生创业教育是培养大学生创业意识、创业动机、创业思维与创业技能等创业素质的体系化教育。

我国高等教育的教学体系由各种办学层次构成，它们分属于不同的教学类型，教育目标与产出的人才类型也不尽相同，因此它们的大学生创业教育的推进侧重点也不同。我国高等教育的教学体系主要有以教学科研为重点的综合性高校，以某个专业为重点发展学科的专业性高校，还有以培养应用型人才为主的职业型高校。因为教育教学目标的不同，所以培养人才的方式与层次也不同。综合类的院校注重基础理论学科的全面发展、综合性人才的培养，致力于培养高水平的精英与获得尖端的科技成果；重点学科发展学校将优质的教育资源集中于该重点学科，重点培养该学科的高端人才；职业学院校，也就是我们所说的应用技术类学校则侧重于实践能力的培养与技术的应用。三个层次的院校为我国不同层次的经济发展输送人才。在这三种类型高校中，与创业联系最为紧密的是专业型高校与职业技术的高校，它们与社会经济的发展有着相对密切且直接的联系。

1. 不同类型高校在创业教育上的区别

不同类型高校的创业教育有着不同的人才培养方案。人才培养方案是高校制订教学目标的基本依据，也是产出人才的方案与教学评估的标准。我国各类型高校人才培养方案都是根据高校自身的教学特点制订，这决定了高校要培养何种人才、引导学生走向何种就业方向。但是，这一切的制订都是基于我国的国情。在全国开展创新创业的大前提下，高校也在推进创新创业教育的全面引导与开展。对于毫无经验的大学生而言，大学提供的教育无疑是他们人生行路上的领路人。科研类高校注重创新思维与创业意识的教育；而应用型高校则侧重实践与理论教育的双重结合，甚至更注重操作性，让学生走出校门，就可以成为应用型的人才；高职院校则一般是服务于生产一线，针对市场的技能型人才的缺乏进行有意向的培养。随着改革的逐渐推进，我们通过市场观察可以发现，其实前些年高校开展的创业教育活动成效并不良好，大多学生在走出校门进行创业选择的时候，仍然会出现理论与实践断层的现象，使大学的创业教育成了形式主义。要想从根本上改变、扭转大学生创业教育的落实问题，就要改变传统的教学模式，进行多元化教学，让学生可以在创业教育中切实体验到创业活动，拥有创业实践能力。大学生创业教育不应仅仅是在课堂上的理论教授，更应为学生们建设创业平台，搭设创业实践的桥梁，让学生们走入实情实景，切身感受创业活动。

除了在大学生创业教育的形式上的区别，我国不同层次的办学高校在创业活动的推进上还体现在内容方面。因为不同层次高校办学以及办学类型的不同，对于人才培养的侧重点也不同，所以在创业教育的内容设置上，也是不尽相同的。科研类高校更侧重于创业知识以及理论的教授，进行科学型人才与管理型人才的培养，实践性较差；而职业技能类高校侧重于技术型人才的培养，虽然可能缺乏管理知识，但是在自主创业实践方面具有优势；专业型高校介于两者之间，既没有极端的实践性，也没有极端的理论性，也达到了某种程度的平衡。

2. 不同类型高校在创业教育上的共同点

关于当代大学生创业教育的现状，不同层次高校的创业教育也具有一些共同点。这些共同点主要是由社会环境与政策所凸显，主要体现在教学配套与教学效果方面。随着我国逐渐对大学生创业教育的重视，各高校都已将大学生创业教育列入人才培养计划当中，并初步建成了配套设施，比如大学生创业平台与实践基地。但是，我们不能否认的是，就目前来看，创业教育的效果并不良好，难以发挥创业教育的成效，这是目前高校大学生创业教育存在的普遍问题。究其原因，我们可以发现，大学生创业教育都被形式主义地安排成了指导课程，且学时较少，而且很多学校的创业教育课程安排零散分布，难以让学生感受到创业教育带来的实际意义。在师资方面，很多高校中的创业培训并没有独立师资，大多是别的老师进行兼职，甚至是非专业性的老师进行代理，这样高校的创业教育课程沦为了形式主义，也导致了校园创业文化氛围的淡薄，难以激发学生创业积极性。高校对于大学生创业教育活动的不重视，也导致学生无法通过高校这个平台得到实践机会，获取实践经验。就迈克斯研究院2019年对2018届大学毕业生的跟踪调查显示，本科生就业率为91%，相较近五年呈现缓慢下降趋势；高职类院校就业率为92%，相较近五年呈现平稳上升趋势。随着研究生的扩招以及深造等思想的主流化，大学毕业生自主创业的比率相较近五年有所下降。这也从侧面反映出我国大学生创业教育的成效并不明显，大学生并没有被激起自主创业的积极性，也反映出在市场的刺激下，大学生的自我评价逐渐丧失自信。

3. 结论与对策

对大学生进行创业教育不是为了完成指标，而是要切实落实到大学生自身，让大学生能够切身从中学习到创业知识，并体验到创业实践。科学可持续发展应当是高校开展大学生创业教育的理论核心，并在此基础上紧随时代的步调不断更新创业理念与创业教育才是大学开展创业教育的应有之意。

不同类型高校应制订切合自身实际的理念，在此基础上制订详细的发展战略与规划，更好地融合创新创业教育与专业教育、通识教育，尽可能使大学生具有较强的创新和创业能力。

二、创业实践开展现状

据调查显示，对于创业知识来源方面，参与调研的人员大多选择了创业者亲身实践，其次就是媒体和社会宣传，第三是活动加训练，第四是同学或者朋友，最少的就是家庭环境，如图 2-6 所示。

而大学生在校期间有助于毕业后创业的活动的调查中，投票最多的是参加社会实践(60.44%)，其次就是通过兼职的形式（39.01%），最少的就是其他（6.04%），如图 2-7 所示。

对于学校应采取何种鼓励措施方面的调查，排第一位的是加强大学创业园区建设，提供办公场所、实验设备等服务设施，其次是提供深入农村创业实践的机会，如图 2-8（见彩插）所示。

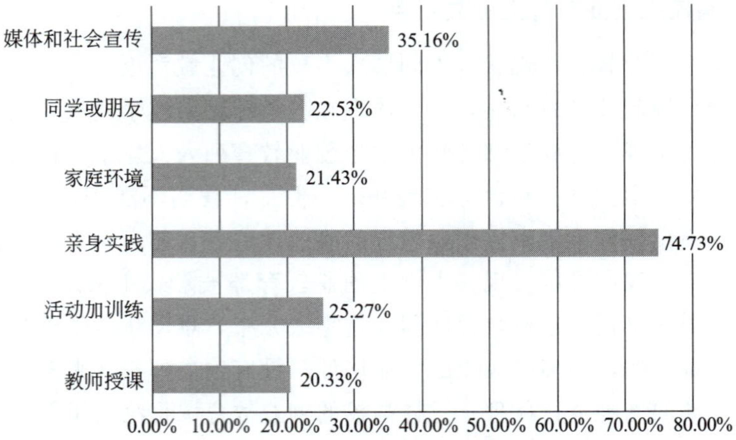

图 2-6 创业知识来源

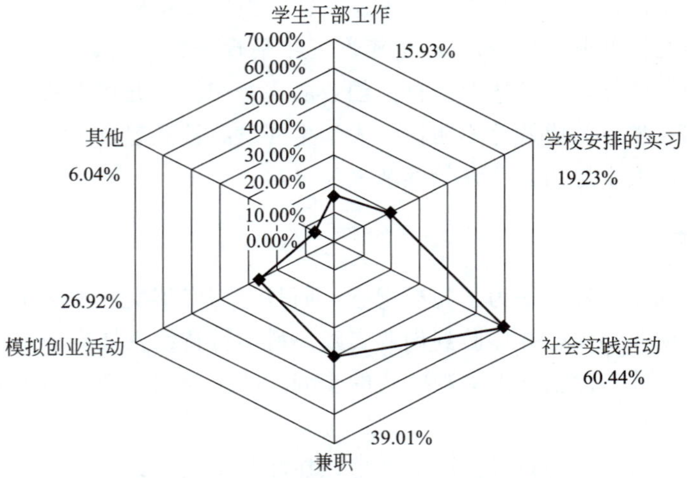

图 2-7 有助于大学生创业的活动

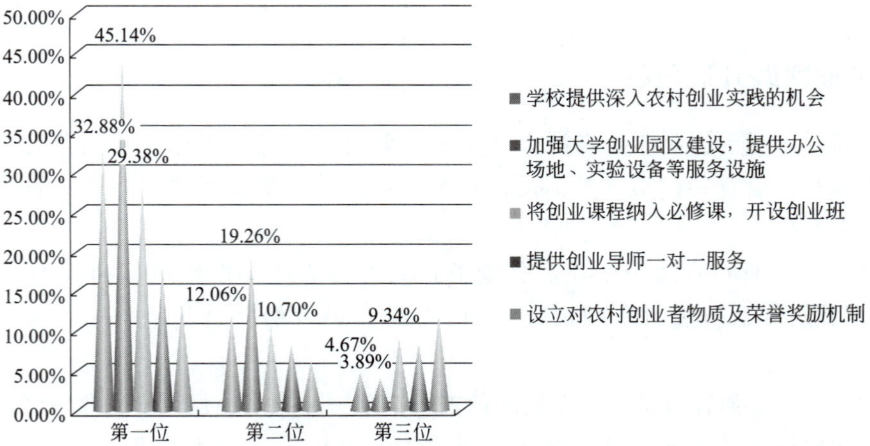

图 2-8 学校应采取何种鼓励措施

三、创业课程的配置架构

创业课程是大学创业教育的载体，也是大学生从学校学习创业知识的主要途径，依托于教材，以培养目标为依据，在老师的带领下，进行创业知识与实践的理论学习与技能培养。创业课程应当根据社会发展的实际需求与学校的实际情况进行具体化设置，目的在于提升创业型人才的核心竞争力。笔者将结合调研情况，从协调教育理论出发，对高校创业教育、社会创业教育、家庭教育以及培养自身创业警觉性等方面提出提升大学生创业倾向的各项建议与意见，以期对今后大学生创业的发展起到一定的借鉴意义。

统计结果表明，大学生农村创业最急需的是市场营销与管理技术方面的培训（47.47%），其次就是农业科学技术，再次是新农村建设的政策与形式分析，需求最少的是其他，如图 2-9（见彩插）所示。

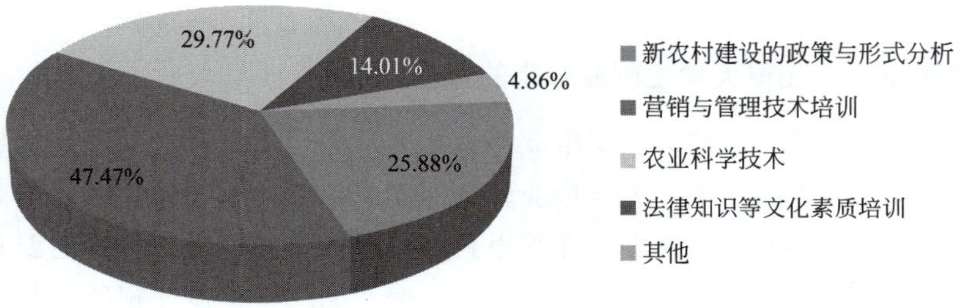

图 2-9 大学生急需获得哪方面的培训

对于大学应开设的课程，被调查者中多数人选择市场营销及财务税收方面的课程（41.44%），其次是商业机会的识别，再次是创业精神及能力的培养，如图 2-10 所示。由此不难看出，创业指导课程应首先注重人际交流与沟通技巧，其次是市场营销，第三是创业机会和环境分析，最后就是创业案例分析，见图 2-11。

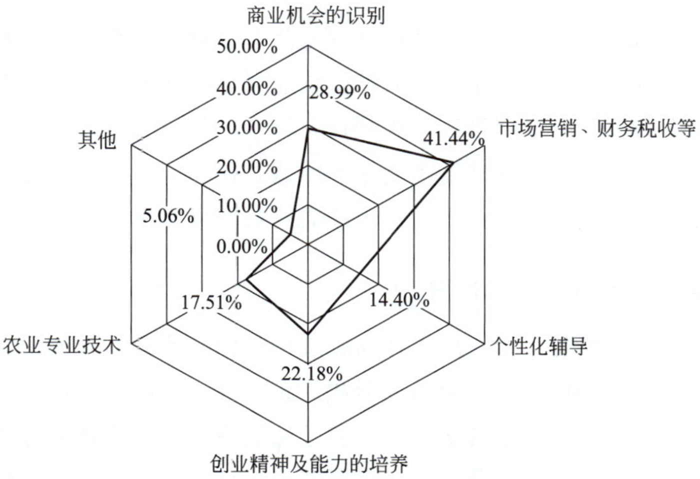

图 2-10 希望学校开设课程更关注哪方面

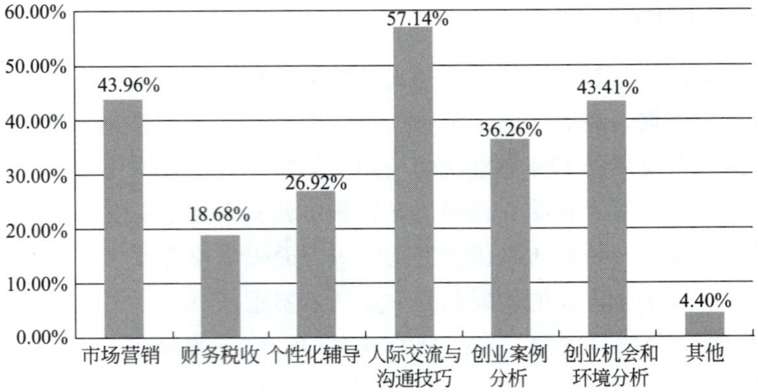

图 2-11 创业指导课程应注重方向

综上所述，我们可以总结为如下几点。

1. 大学课程体系应注重大学生创业教育的课程配置

大学课程是大学生学习生涯的主要组成部分，大学课程体系在完善选修课与必修课的同时也应注重创业教育课程的配置。完善创业教育课程的课程体系建设和人才培养方案是大学生培养的基准，为了让创业教育在大学课程中具有常规化地位，首先就应把创业教育纳入大学生人才培养方案之中，并进行必要的课程体系配置。大学生创业课程体系的设置，也应遵循普通课程设置的方法，以理论课和实践课形式进行。理论课可以设置创业基础、创业精神以及相关专业，比如法律、会计等理论类课程，为大学生毕业后的创业打下坚实的理论基础。与理论课程并行，甚至地位更为重要的，就是实践类课程的开设。开设不同种类的实践课程，让学生可以全方位地接触各种潜在的创业领域，提前体验创业，弥补大学毕业生创业的经验、空白。在正常类课程设置的同时，还应在个别时间开设有关创业的教育讲座，充分利用现有资源，让拥有创业经验的人走入高校，分享他们的成功经验，也为在校大学生拓宽了创业经验与信息获取的渠道。

建立一支专业性的教师队伍。一支既具有理论能力也具有实践能力的教师队伍是高校开展大学生创业教育的应有构成，也是激发大学生创业兴趣的保证。高校应培养一批具有丰富创业经验与带队能力的教师，定期带领学生到校企结合单位或者实践基地进行锻炼，可以有效地培养大学生的创业思维，并为其解决创业的困惑，提高创业本领，让创业教育切实落实到大学生每个人身上，为大学生毕业提供走入社会的更多可能性。

2. 多维度配合高校创业课程的设置

创业连接的对象是个人与市场，所以在高校进行了创业课程的合理设置之后，创业氛围与创业环境还需要在全社会形成。就如前面所提到的 2018 届毕业生的追踪数据显示，2019 年大学生自主创业率相较于前五年有所下降，但是深造率上升。这是因为社会的主流思想是学历越高就业越好，所以大多数人哪怕科研意愿并不明显、有更好的就业机会或创业机会都会选择继续深造。虽然在个人纵向比较之下，研究生就业率是有所提升，但是与就业意愿的符合度并没有成正比。这就表明，要想在全国范围内积极推进双创，首先就要形成一种创业氛围与创业的环境，这是校园与社会共同作用才可能形成的结果。

① 地方政府响应高校，出台配套的创业保障引导政策。近些年，国家政府出台了一系列大学生创业的优惠与保护性政策，极大地吸引了大学生的创业活动，激发了大学生的创业意向，营造了创业氛围与环境。在国务院下达文件之后，各省市地区也依据自身实际情况的不同出台了大学生创业政策，对国家鼓励大学生自主创业进行积极响应。这些宏观的政策性保障是对大学生自主创业的制度保障，是增加创业信心、提供创业动力、诱发创业情怀的外部关键。这些鼓励政策有力而又直接地促使大学生走上自主创业之路。

② 加强舆论宣传，营造大学生创业氛围。处在信息时代之中的大学生极易被周围的信息所引导。积极的创业舆论氛围能够有效地引起大学生对于自主创业的关注，并对自身是否具有创业能力进行评价，从而产生创业行为。这就是为什么媒体经常会邀请一些成功人士来分享自己的成功创业经验。比如大家所熟知的 TED（科技、娱乐、设计）演讲，除了进行专业知识的演讲，有很大一部分都来自于自己的创业或者生活经历的演讲。这些类似成功领袖似的经验演讲，可以在很大程度上促进具有同类意向进行类似创业的大学生的创业情怀与模仿。他们用更加生动有趣的方式通过互联网将信息即时有效地传播到每一位大学生那里，帮助大学生及时了解到最新的创业政策和市场动态，更加方便地丰富创业知识。

③ 加深、拓展校企合作。社会中的企业主动参与到高校的创业教育中来，其实是一种双赢。企业可以提供创业平台，为大学生提供实践基地，让大学生在实践中掌握创业能力；企业还可以为大学生创业带来项目与资金的支持，深层次推进高校创业教育的进行。与此同时，高校大学生也为企业的运营带去了新的活力，是企业人才储备的手段之一。

3. 大学创业课程的设置也应思考家庭支持作用

大学生创业活动要想实现，需要多个主体的支持，其中作为重要一环的家庭，是与大学生最为亲密也对其影响最大的主体。相对于学校，家庭对于大学生行为活动的影响更为重要与直接。所以，大学生创业课程的设置，应考虑到家庭因素，让学生家庭可以从思想上接受创业，在有能力的情况下，可以给予有创业想法的大学生资源与经济上的补助。这样可以直接减少大学生的创业压力，让创业课程的效能得到切实发挥。

创业课程不应当只是实践能力的指导学习，更应是新时代新思想的传导与传播。鼓励大学生积极创业，也要让家庭成员转变对于孩子的就业思维，让家庭成员都树立科学而又合理的创业就业价值观。这样不仅可以帮助孩子树立创业信心，实现创业活动，也可以减少大学生的创业精神压力。良好的教育模式不仅仅应该改变自身，还应当在这种创业课程的设置下，形成一个良好的创业氛围，在潜移默化当中影响传统的家庭教育模式，让家长可以切实从大学生的自身出发，尊重大学生的意愿，形成一个良好的家庭氛围。这对于大学生的能力成长与品行培养都有着重要作用。这也在学校之外与学校的教育形成了某种程度上的配套，可以潜在地达到互相促进的作用，但最终的受益者都是大学生本身。

第三章

大学生农村创业的战略研究

根据《关于促进以创业带动就业工作的指导意见》（国办发［2008］111 号）文件内涵可以设计出我国创业支持系统模型，如图 3-1 所示。

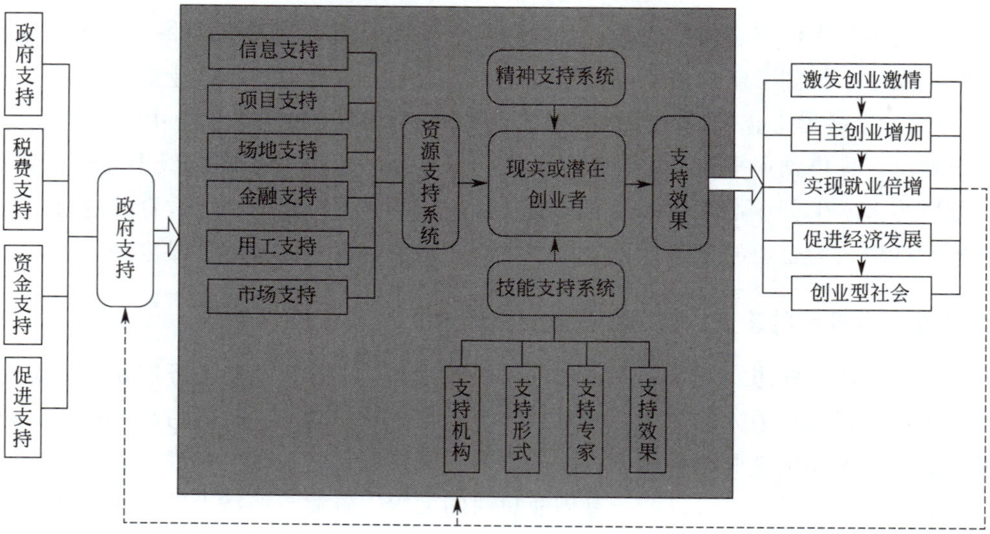

图 3-1　我国创业支持系统模型

创业是创业者充分利用独特的创意、技术、产品，以及对市场的考察与分析，发现潜在创业机会，并通过资源整合开创事业的过程。我国创业支持系统具有创业精神、创业技能和创业资源三个核心要素。其中，整个创业支持系统中，政府支持处于核心地位，也是创业支持系统框架中三个核心要素的基础，并决定着创业企业的发展方向和发展前景，最终在政府支持前提下，形成创业型社会。从图 3-1 的模型中可以看出，我国创业支持系统的主体主要包括政府、社会和创业者自身。根据我国创业支持系统模型，可以做出我国大学毕业生农村创业支持系统模型，如图 3-2 所示。

我国大学生农村创业支持系统模型应是以政府为主导，形成以政策支持、教育支持、社会支持、自身支持为核心的创业支持体系。前面已经分析了四个支持系统，下面将对此进行推进，即在支持系统之上创业者本身如何整合资源实现创业目标。本章将从项目选择、团队组建与管理以及实践促进机制方面进行理论解读。

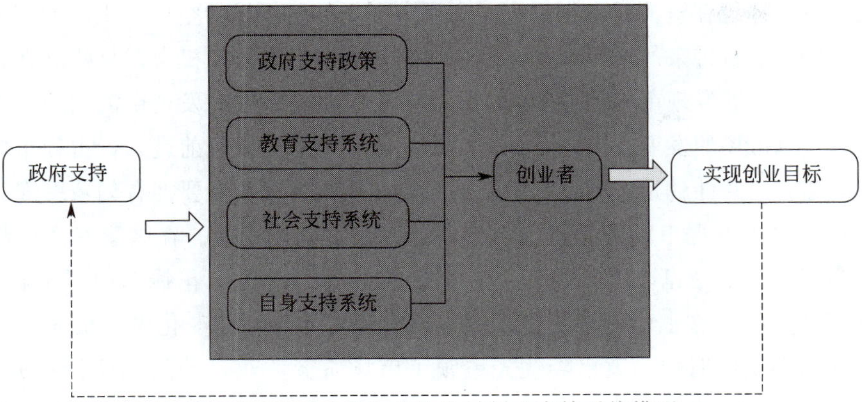

图 3-2 我国大学毕业生农村创业支持系统模型

第一节 大学生农村创业的项目选择

创业项目是创业过程的实体部分，也是创业过程的落实部分，是将理论应用到实践的部分。大学生在农村创业的过程中，就是要把农村的创业机会、创业资源与创业团队和创业理论不断整合（如图 3-3）。具体来说，首先要识别机会，其次在创业机会中进行选择，最后撰写创业计划书，为创业的实践做好基础准备。

一、创业机会的识别与选择

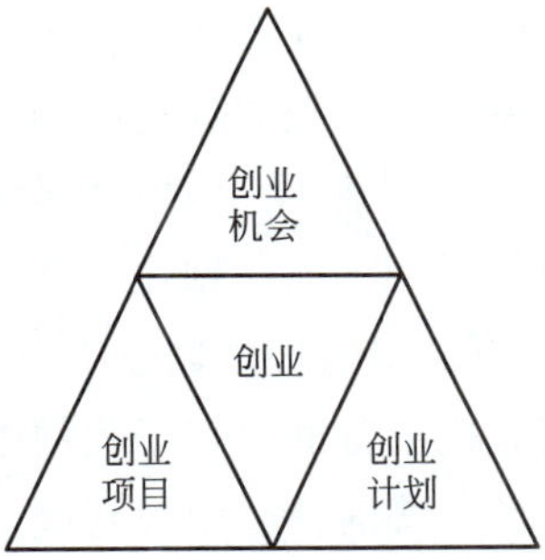

图 3-3 创业项目流程

所有的创业行为都来自某一个创业机会，创业团队与投资者对创业机会所透视的前景均希冀有好的结果，创业者在创业之初更是对创业机会在未来可能带来丰厚的利润报以期望。大学生在农村创业中，同样也是这样的。当然，为了能够有一个很好的发展，首先要做到的就是创业机会的识别与选择。

创业因机会而存在，而创业机会其实也是一种市场的空缺，它是一个人发现市场空缺或资源空缺与能力空缺的商业敏感性。而这个商业敏感性其实也是最重要的创业能力体现。如今中国经济社会风起云涌，市场资源的空缺更是不计其数，如何发现其中的商机，在有效的时间内弥补空缺，这是一个创业行动成功与否的本质表现。供需不平衡之下，机会产生；当供需溢出或是平衡，机会就会相对减少。而在这个机会的识别过程中，创业意向与创业手段又起着不可或缺的作用。

1. 内涵解读

创业机会其实就是商机，如果不能及时发掘市场上的某资源空缺，就会让创业机会从手中溜走。发现创业机会之后的行为本质其实就是在弥补这个空缺，根据市场需求提供产品或服务，使得整个商业链条可以运转、获益。创业机会的发现是奠定创业行动的能力基础。因为创业主体都不一样，创业者能力与知识层次不同，所以抓住创业机会之后的实践方式也各不相同，是采用新产品、新创意、新手段、新材料的方式来进行创业机会的实践，还是采用传统的方式来进行，都因创业主体对创业的理解不同而不同。

创业机会主要体现在资源没有得到充分利用、市场某些领域的空白、供需的不平衡、经济转型升级中市场与消费带来的新要求等。创业者若想从中发现创业机会，是建立在敏锐的市场观察能力之上的，能够发现市场领域中的空白，并进行弥补；及时发现供需问题，对接市场需求；可以预测未来市场的发展方向，在竞争对手相对较少的时候提前进入，占领市场份额。综上所述，它们拥有的共性就是，创业行为要顺应时代潮流，创业者要拥有创新思维与创意。

创业者还要善于发掘市场中的灰色地带，让市场需求确定化。在国家一系列刺激消费的政策之下，当代的人们逐渐转变消费观念，从传统的存钱变为“花钱”，且相当一部分花钱行为不具有实际目的，这也就带来了市场的不确定性。不确定与变化带来机遇。当创业者把这种不确定变为确定的时候，就已经优先占领了市场份额，让自己的创业行为成功了一半。所以，如何判断市场，进行合理的资源利用，是新时代经济对于创业者的要求与期待。

创业机会从潜在的意识形态转变为新企业的建立，是一个循序渐进的系统过程，是一个从简单到复杂的过程，也是一个创业行为的实现过程。在企业创业者的不断推进之下，创业行为得以实现。创业机会的发展，也让创业机会从一个简单的概念变得具象化、细化，“从幕后走到了台前”。

2. 创业机会的特性与发现

（1）创业机会的特性

创业机会因其特性有自己的特征，主要体现在隐蔽性、偶然性、易逝性三方面。创业机会的特征，使无数创业机会被掩埋。因此，大学生要想在农村创业，首先就要做好各方面的准备，充分把握周边的创业机会。

① 隐蔽性。创业机会存在于社会的各个方面，因而极具隐蔽性，也因其隐藏性特征，使得识别、抓住创业机会显得难能可贵。

② 偶然性。创业机会是社会发展的偶然性和经济发展的必然性所创造出的机会价值。创业机会普遍存在于我们生活的周边事物中，甚至是伴随着我们身体的周边。因此，要想在千丝万缕的社会中找到最佳的创业机会，就需要我们时刻准备着，在没有捕捉到好机会时，要耐心地学习相关的知识，为未来的创业做好理论准备。同时，遇到机会，要有抓住机会的魄力，能够力排众议。

③ 易逝性。创业机会因其具有隐蔽性、偶然性，这就使得创业机会必然拥有时间上的短暂性，即我们说的“机不可失，时不再来”，这是对创业机会的易逝性的最好诠释。机会非常具有时效性，每天都有新的创业机会出现，也有很多旧的机会流逝。易逝性可以说是创业机会最显著的特征。机会是一个非常态、不确定的时间表现形式，创业机会每时每刻都可能出现，并且“一去不复返”。它虽被社会所共有，但仍然遵循“先下手为强”。市场的开放性让创业者在激烈的竞争中只要稍一迟疑，创业机会便会被人抢走，转瞬即逝。

（2）大学生创业机会的发现

机会既然存在，就必有其来源。那么机会来源于哪里呢？我们可以在机会的源头探寻出现的可能，并为之奋斗。根据现有创业理论，可将大学生创业机会分为技术机会、市场机会、环境机会三大类型。

① 大学生创业的技术机会。大学生创业的技术机会依托于技术革新，是指大学生在创

业过程中，通过对技术进行研发，并按照技术的功能适用性进行创新，将技术创新与市场需求进行结合，发现市场新的潜在需求，并技术创新应用于生产中，凭借新技术提高效率或创造新产品，以此在激烈的市场竞争中占有一席之地。

技术可以在国家、地区和企业之间发生扩散，这就是所谓的技术扩散与技术转移。技术转移一般需要通过技术贸易来完成，这其中的创业机会可见一斑。

② 大学生创业的市场机会。市场机会是指大学生在创业中，应充分发挥想象力，发现事物背后的线索；按照市场思维去探索和追寻新的机会；使用新观点观察和理解现实事物，从全新的角度发现创业机会。

首先，市场上出现与经济发展阶段有关的新需求。随着社会经济的发展，人民的生活水平不断提高，大众消费意识随之发生相应的变化，从而产生新的需求，消费变化对企业经营产生新的影响，从而创造新的创业机会。

其次，市场供给缺陷会产生的新的商机。市场供给的理想状态为市场供需平衡，然而在现实的市场供求平衡过程中，总会出现供大于求或供不应求的现象。当市场出现供不应求的情况时，消费者的需求无法得到真正满足，迫使消费者通过类似的商品满足消费欲望，从而产生新的创业机会，这实际上是供给结构缺陷问题。

再次，先进国家产业转移带来的市场机会。先进国家与落后国家之间由于科技、理念等差异，会产生一个发展的“势差”。而“势差”发展到一定程度，导致先进国家与落后国家之间的“成本差异”。先进国家的某些产业由于劳动成本、环境政策等向落后国家转移时，落后国家即会产生创业机会。

最后，中外差距隐含着某种商机。改革开放以来，我国受到国外科技及理念的影响，国外新产品、新技术、新产业等与我国之间存在的差异，产生了新的创业市场需求。

③ 大学生创业的环境机会。创业环境对于大学生创业者来说是一种不可控资源。社会环境瞬息万变，其中既包含创业的机遇，也包含诸多创业挑战。作为创业者来说，应在复杂的社会环境中抓住对自身有利的环境因素，积极利用优势环境机会进行创业。

对于环境机会，可以从宏观环境和微观环境两方面来看。对于宏观环境方面的创业机会，比如了解政策法规的调整、分析经济社会当前的发展、社会各个方面的进步、技术革新发展、生态文明的需要，可以充分把握住发展的机会，利用法律法规，把握经济转型中出现的新产业、新文化、新需求；在保护生态的基础上，利用新技术，让大学生在农村、农业环境中摸索机会，利用机会，实现创业理想的同时带动农村经济发展。对于微观机会，这就需要创业主体即大学生从团队出发，包括创业团队对资源的利用、管理模式的选择、融资的方式、营销的宣传等，发掘自身优势，为创业项目的进行加砖添瓦。

我国各地的创业载体和创业服务机构发展加快，创业载体，如各类企业孵化器、园区建设、社区建设、企业服务中心、指导机构等不断增加。风险投资机构、担保服务机构、信用服务机构、顾问咨询服务机构等得到发展，更有利于创业。在这些扶持创业的地区，创业机会也相对较多。

3. 创业机会的辨识与提取

机会是创新项目的发端，任何一个创业项目都是由创业机会带来的。从这一视角来看，创业即是在识别创业机会的基础上，开发出新产品或新技术，将创业机会转化为社会财富，从而达到推动社会进步或消费升级的过程。因此在创业之前，辨识创业机会十分重要。创业机会的外在形式多种多样，大学生创业团队要在农村有限的自然资源之上结合各自社会资源，识别好农村的创业机会，实现社会资源的再利用。

(1) 创业机会识别的前置条件

在社会发展中，创业机会可能稍纵即逝，因此，并非所有立志于创业的大学生都能把握住。在现实实践中，是否能够成功地识别并把握创业机会，是创业者的创业愿望、创业能力和创业环境等多因素综合作用的结果。

首先，创业愿望是机会识别的前提。创业愿望是成功识别创业机会的前提，也是大学生创业的原动力，驱动着大学生不断发现和识别市场中存在的创业机会。如果没有强烈的创业愿望，那么即便遇到再好的机会也会对其视而不见，与创业机会失之交臂。

其次，创业能力是机会识别的基础。大学生创业者的远见与洞察能力、信息获取能力、技术发展趋势预测能力、模仿与创新能力、建立各种关系的能力等是识别创业机会的基础。

最后，创业环境的支持是大学生创业机会识别的关键。所谓创业环境是指大学生在创业过程中所获得的政府政策支持、社会经济条件支持、创业和管理技能支持、创业资金和非资金支持等各个方面，如果这些方面的条件都具备，那么大学生创业机会即较为有利。

(2) 经济活动的多样化和产业结构的调整衍生市场机会

伴随着现代中国经济的产业结构优化升级，经济活动出现多元化样态。多元化为经济行为提供了更多的机会与创业途径。在三大产业中，第三产业的多元化趋势尤其明显，并呈现出多点增长的趋势。经济结构的不断调整，导致了市场与技术的不断革新，与之相对应的社会需求与传统需求相比，也变得具有多样性与个性化。多样性市场刺激了多样性的消费，多样性的消费让社会需求呈现多元化趋势，这也促进了社会产品向多样性与个性化方向发展，这就有力地刺激了新型中小企业的发展，为大学生创业提供了有力的社会环境与创业机会。在产业结构的调整过程中，传统产业的改革与升级，也为大学生创业提供了机遇。大学生创办的企业可以依托政府的支持与传统国有企业的改制，与其进行各领域的合作，实现经济在新时代的多样性发展。

再进一步分析可以发现，当前大学生创业机会主要存在于三个方面，即不完全竞争下的市场空隙之下、规模经济下的市场空间之间以及企业集群下的市场空缺等地方。

不完全竞争下的市场空隙是指企业之间或者产业内部存在的不完全竞争状态，导致市场仍未被完全占领，还存在各种市场空隙。例如，大企业无法满足所有的市场需求，势必使小企业从中获得发展机会。

规模经济下的市场空间是指企业发展受到最佳规模或者最适度规模的限制，如果超过最佳规模限制，不仅不会带来生产率的提高，反而会引发效率低下和管理成本的提升。而这种企业最佳规模的限制决定了市场中的任何企业不可能一手遮天，所以必然给其他企业带来更多的创业机会。

企业集群下的市场空缺是指在地理位置上相互联系的公司和关联的机构，这些企业往往同属于一个特定的产业领域，相互间存在一定的共性和互补性。大学生创业者可利用创业集群中诸多企业之间的相互竞争或不顺畅的合作关系，从中发现市场空缺，并与其他中小企业之间形成相互协作、相互竞争的关系。这种具有高度灵活专业化的生产协作网络能够产生较强的内生发展动力，在持续创新中保持创业优势，并维持地方产业的竞争优势。

4. 创业机会的选择

（1）正确选择行业

对创业者来说，选择合适的创业行业至关重要，创业行业甚至决定着创业企业的命运。大学生在创业行业的选择上，应尽可能选择成长快速、处于上升期、受国家政策扶持的行业，避开国家限制的行业，尤其不要介入将要淘汰的行业。

（2）善于识别机会

对大学生创业者来说，创业机会的甄别不亚于投资项目评估，在创业活动中占有十分重要的地位。前文中已对创业机会的识别进行了详细分析，这里不再赘述，主要强调大学生创业者在识别机会中所具备的能力及注意事项。大学生创业者在创业活动中，要看准所选创业项目或产品、服务的市场前景，把握创业市场结构的进入时机，对创业市场进行精准预测，只有这样才能准确识别并把握创业机会。

（3）随“性”而为

所谓随“性”而为，是指大学生在选择创业领域时，应从自己的兴趣和爱好入手，选择自己热衷且擅长的领域。这是由于创业是一件十分艰难的事情，只有保持足够的创业热情，全身心投入热爱的事业才能在创业过程中克服重重困难。大学生在创业中，尤其应避免涉足不熟悉、不感兴趣的领域。

二、大学生农村创业项目的选择

在大学生选择自主创业，确定了创业意向之后，面临的第一个任务就是进行创业项目的选择，这是关乎大学生创业成败的重中之重。因为创业项目决定了整个创业行动链的发展方向，如果选择失误，就会导致整个创业行动全盘皆输。而创业项目的选择则完全依托于创业主体与创业团队的个人能力、知识结构与信息获取等方面的优势，这也是让创业者在同类竞争者脱颖而出、取得成功的关键。

1. 大学生农村创业项目选择的影响因素

影响一个人选择创业项目的主要因素，其实就在于个性偏好与专业能力，个性偏好决定了创业者会在哪个领域产生创业动机与意向，而专业能力则是支撑这个创业意向与动机持续进行的保障。

（1）性格决定创业方向

一个人的性格是其精神状态的表现，决定着他本身的行为特征，因而性格决定偏好，这也就使得不同的大学生对于创业项目的选择各有不同。

人类的性格主要可以分为三种：外向型、内向型、复合型。外向型性格的大学生，一般都思维敏捷，个性张扬，善于人际沟通，可以很好地适应环境，缺点就是容易冲动，意气用事。这类大学生创业者在进行创业项目选择时，一般会选择与市场与人联系紧密的创业项目。内向型性格的大学生一般比较内敛，喜欢思考，独立性较强，忍耐力与承受力较好，缺点就是人际间的沟通能力相对较弱，事情的处理不果断，对新环境的适应力相对较差。此种性格的大学生创业者一般会选择生产型或者是科研型的创业项目，在专业性的领域进行创业发展。将前两种性格融合，就是复合型性格的大学生的性格表现，在外向型性格与内向型性格之间呈现出的一种复合型特征，会在不同的时期不同的情况下，表现出不同的特征。此种性格特征的大学生创业者也是进行自主创业的主要人群。一方面，他们具有某种独立性与忍耐力，善于思考；另一方面办事果断，善于人际沟通，能够随机应变。但是，这种性格的缺点也比较多，可能会在不同的场合呈现出极端的性格表现。他们大部分拥有敏锐的发现商机的能力与持续性创业的耐力，但也极易会因为一些特殊状况而导致整个创业活动功亏一篑。所以他们对创业项目的选择并不具有某种共性，更取决于自身专业能力是否可以在创业项目中占据优势。

（2）专业决定创业成败

专业技能在大学生创业者创业项目选择中起着重要影响作用。大学生创业者在创业活动中选择自身擅长的项目一方面可以充分发挥个体的专业优势，另一方面可在创业中保持长久的创业激情，从而提高创业成功率。因此，大学生创业者在创业中多选择擅长的项目或根据父辈的工作、社会关系和家庭经济状况来综合考虑项目选择。创业大学生不能改变外部环境，只能适应外部环境，因此大学生创业者在选择创业项目时，应尽量选择适应当地文化环境、政策环境以及经济环境、消费环境等综合环境的项目。

2. 大学生农村创业项目选择的依据

大学生创业群体在农村进行创业活动时，所选择的创业项目应充分考虑以下五个方面的影响因素。

（1）优先考虑政策优惠的大学生创业项目

现阶段，我国各级政府为了鼓励大学生创业，相继出台了一系列优惠政策。这些优惠政策并非全部具有普适性，有的针对特定行业，例如信息业、咨询业、技术服务业等。大学生在农村创业活动中进行项目选择时应优先考虑此类行业。

（2）优先考虑技术性较低的大学生创业项目

大学生作为受过高等教育的知识分子，本身掌握了一定的先进技术或先进理念，然而术业有专攻，大学生创业者在创业初期由于资金实力、技术实力等所限，应避免选择需投入大量研发成本且成本回收周期较长的高科技行业，而应从技术性较低的行业做起，在积累了足够的资金和技术经验后再考虑转入高科技行业。

（3）优先考虑有特色的大学生创业项目

在社会主义市场经济条件下，市场竞争十分激烈，大学生创业活动要想在激烈的竞争环境中生存下来，并逐步发展、壮大，必须依靠独具特色的项目。因此，大学生创业者在项目选择中，应尽可能避免市场上的同质性强的项目，选择特色项目，以提升产品的辨识度和认知度。

（4）优先考虑初始投入资金较少的大学生创业项目

大学生创业者在创业初期大多使用自己的积蓄或以父母支持的资助作为初始启动资金，由于初始资金较少，大学生创业者在创业初期应选择初期投入少、资金周转快的项目，以便获得足够的流动资金维持企业的运营。

（5）优先考虑雇佣人力较少的大学生创业项目

大学生创业者在创业初期往往需要一个较长的摸索阶段，这一阶段是大学生创业者积累管理和经营等经验和能力的时期。因此在创业初期，大学生创业者应尽可能选择人数较少的项目，以避免因缺乏管理经验而导致的企业内部管理混乱。随着企业不断壮大以及大学生创业者管理能力的提升，再适时扩大企业人员规模。

综上所述，大学生作为特殊创业群体，具有独特的创业特点，在进行创业项目选择时，应充分了解并利用大学生创业者的优势选择项目，避免劣势带来的影响，以增加创业成功的可能性。

3. 大学生创业项目的选择方法

在中小规模投资创业领域，没有恰当的项目，不做好合理的项目选择，创业项目极有可能会失败。因此，大学生创业者在农村创业中，应该做好项目的选择，在战略上站制高点，从一开始就要做好充足的准备。不同的投资项目有着不同的情况、不同的运营特点，所要创业的项目一方面要和市场相匹配，使创业项目的产品有市场，能够卖得出去；另一方面，大学生创业者的创业项目要有特色，这个特色就表现为“人无我有”。充分做好农村创业前的信息搜集，结合地区特色、文化、资源，才能使自己的创业项目更加鲜活，生命力更强。

当然，仅适合具备相应条件并不一定经营得好，还要了解行业特点以及动态行业信息以便及时调整经营策略。下面以餐饮服务、服饰零售、生产加工行业为例来说明。

① 餐饮服务行业。这个行业从业门槛低，但竞争多，遍地都是小餐饮店，顾客的口味变化也不断呈现出不同的特点，餐饮也出现定制化的特点，要想保持持续不断的盈利状态，必须随变随改。另外，餐饮行业的就业门槛相对较低，容易被模仿，较难形成核心竞争力。餐饮业的相互竞争是很突出的。

② 服饰零售行业。服饰行业也比较容易进入，但进货容易退货难是一个非常普遍的问题。服饰行业从供应商处进货时，全凭自己的眼光，如果所进货物不及时销售就会出现积压，需要与供应商进行调换货物，然而调换货物通常有着十分严格的限制，即便符合限制条件往往也需要支付一定的费用，还可能会耗上很长的时间。鉴于以上问题，要求从业者必须具备挑选时尚消费品的超人眼光，选准货是赚钱的第一步。

③ 生产加工行业。由于劳动力劳动报酬低，我国多年来一直是全球著名的“世界工厂”。生产加工行业所需的资金较多，工业产品的生产和加工受到国家相关标准的管理十分严格，且生产容易销售难，易造成大量库存积压，导致相当一部分产品无法兑现。另外，对于来料加工或包销产品的承诺更要谨慎。

从以上几个行业的情况分析来看，创业之初选好项目无疑是最重要的，选对项目是向成功迈出的第一步。关于选择创业行业可以总结以下几方面的注意事项。

首先，要适合自己。俗话说：“隔行如隔山”。因此，应尽量选择与自己的专业、经验、兴趣、特长相关的项目。从一定程度上说，走自己熟悉的路才是离目标最近的，也是最便捷的。在选择创业领域的时候，不要心急，也不要受他人左右盲目投资创业，一定要从认识到自己性格上所存在的缺陷出发，再思考自己最熟悉的行业或是自己的特长，扬长避短，发挥优势。

其次，要看准市场。对于创业者来说，要多考察当地市场，对所选项目要有直观的认识。有些产品需求很大，但成本高、利润低。这里还要注意一点，就是选择适合地域条件和有特色的项目。另外，不要忽视地方的消费文化和民众的消费预期，因为“没有不赚钱的生意，只有开错了地方的店面”。例如，一条街上都是卖服装的店面，要办个有特色的店面，也可以经营服装店面，只要在所有的服装里面体现自己的品位和特色，把握好进货的渠道和销售的价格，这样就同样为成功奠定了基础。

再次，要从实际出发。大学生在创业中应根据实际情况，选择项目后，先以少量投入了解市场，待对市场有了较大把握时再适时追加投入，做大做强。

而后，要周密考察、做到三个“万万不可”。现阶段，受经济全球化的影响以及随着改革开放的深入，我国社会正处于巨大变革中，各种信息充斥各个角落，这些信息中包含着无数创业机会，同时也充斥着诸多市场陷阱。大学生创业者在进行创业时，应对这些市场信息进行认真辨别，以免因信息辨别失误，对市场进行误判而遭受损失。具体来说，应对信息发布者的实力和信誉、项目成熟度、政府相关政策、项目在全国的经营情况等进行考察和分析。

大学生在进行创业活动中，应本着谨慎原则，坚持三个“万万不可”，即万万不可先交钱后办事、万万不可轻信对方的许诺、万万不可求富心切，以防因对方失信或因急于求成而带来损失。

最后，这里主要想讲的是正当性问题。对项目方正当性的考察主要包括以下几个方面：项目方是否有营业执照，需要辨别项目方所持执照是否为项目方本人所有；项目方的工商登记证是否在有效期内；如果项目方提供了签约，加盖营业执照上的法人公章，看是否一致，如果不一致，需要进一步调查勘验。大学毕业生创业，未来充满了未知，但至少要做到脚踏实地，尽量减少无谓损耗。

4. 大学生农村创业项目计划书

创业项目的选择与创业计划密不可分，这里简要介绍一下创业项目计划书的撰写，以供大家参考。

（1）创业计划书的撰写准备

创业计划书是创业者创业计划的书面落实。它以文字的形式来描述创业项目的具体操作流程、步骤与需要准备的资源状况，为创业项目的未来发展提供方向的保证，也为后期项目进行效果反馈提供依据。

（2）创业计划书的内容设置

由于创业计划书是对创业项目进行全面说明的计划性文件，所以其包含的内容要涵盖整个项目的各个阶段实施步骤，以期可以提前预测项目可能会出现的问题。一般来说，创业计划书大体应该包括创业项目介绍、行业状况分析、创业产品介绍、创业项目的组织结构、市场观察与预测、销售策略、风险控制等方面，具体如下。

① 创业项目介绍。这是对于自己创业项目的定位以及总体的设想，可以说是纲领性的总结部分。

② 行业状况分析。创业活动是基于市场而行进的，所以对市场与行业的分析是创业活动成功与否的关键所在。能够及时发现市场的商机，做出行业规律预测，是创业活动成功的关键。

③ 创业产品介绍。创业产品是创业者进行创业的直接成果，创业计划书的终极指向目标，其实就是能够将创业产品很好地与市场对接，从而获取利益。所以在创业项目产品介绍

当中要对创业项目产品做出详尽的分析与说明，进而分析其本身价值与在市场中的竞争优势与劣势，才能够让创业企业在推荐产品的过程中做到有的放矢，降低失败概率。

④ 创业项目的组织结构。创业项目的组织结构主要体现在创业团队的组成上。它是一种人力资源的合理配置，是企业生产活动中非常重要的一个环节。只有领导团队组成合理，生产销售环节才会有序进行。

⑤ 市场观察与预测。创业计划书的内容主要体现对现代经济市场的分析与规律的掌握，从而对其做出相对准确的预测，可以有效地规避风险，并找到销售目标顾客与市场。创业产品在市场中可以得到准确的定位，顾客可以接受，从而占领市场份额，获得创业成功。

⑥ 销售策略。在创业活动当中，生产环节做得再好，如果销售环节出现问题，比如市场预估错误或者营销手段不当，都可能让创业企业一败涂地，产生不可估量的后果与损失。所以在创业计划书中，尤其要关注营销策略方面，并对营销策略所需的各个环节都要进行详尽说明，比如销售渠道、销售队伍管理、销售策略与风险应对等方面。

⑦ 风险控制。在创业计划书当中保障创业企业可以持续运行，创业项目可以联合发展的关键环节之一，就是风险的控制与管理，它是创业项目可以持续运行的保障，也是创业成功与否的直接显现。所以创业计划书中要在把握市场与市场发展规律的前提下，做出基本的风险预测与风险应对方案。这其中包含市场性的风险与资金性的风险。市场风险的控制就在于创业者对于市场突发状况与产品突发状况的应对能力。比如，2020 年经历了新冠疫情，经济活动被制约，在这种情况下运营的企业如何应对。企业应对风险的能力直接关乎着企业的生存命运。资金上的风险主要是指在创业计划和创业活动进行的过程中，要对资金的流动轨迹进行全面合理的把控，因为资金是企业的生命线，一旦出现问题，就会出现创业夭折的可能。

（3）创业计划书模版

图 3-4 是创业计划书模版。

创业计划书

一、项目简介
　背景：
　前景：
二、项目宗旨
三、主要产品
四、服务计划
五、竞争性分析
六、营销策略
七、投资与收益分析
　资金需求：
　店面租金：
　装修：
　设备：
　证件执照：
　工资：
　收入分析：
　效益分析：
八、风险与防范措施
　风险：
　防范措施：

图 3-4　创业计划书模版

大学生创业者在撰写创业计划书时应明确创业计划书并非纸上谈兵，而是用来指导创业实践的，因此必须确保创业计划书的可行性，唯其如此，才是创业成功的基础。

第二节 大学生农村创业团队的组建与管理

一个好的创业团队的结构是清晰明了、层级分明且职务明确的。为了使大学生能够在农村尽快适应，尽快搭起团队结构，使得创业项目不断延续和发展，就要制订一个科学合理、实用性强的团队章程。图3-5是创业团队的管理运行示意。

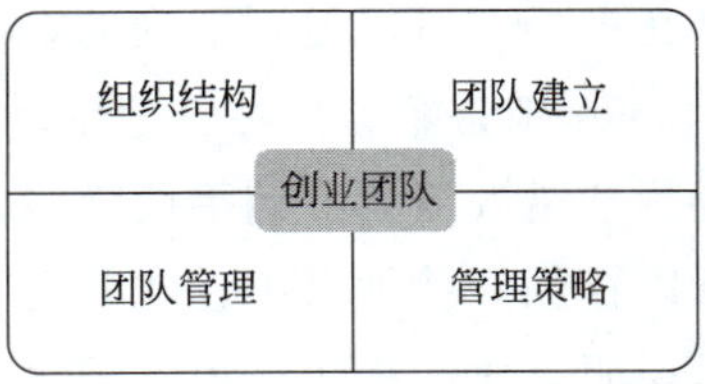

图 3-5 创业团队的管理运行示意

一、大学生农村创业团队的组建

团队是由个体组成的，个体在团队中应服从团队利益，而团队则应具备自主性、思考性、协作性等特点。团队的组成发展在各个阶段各有不同的挑战。团队的种类非常多，其中一种就是创业团队。创业团队是由两个或者两个以上的有着共同创业目标并为之奋斗的人所组成的群体，这样他们才能各取所长，实现优势互补。

创业团队一般包括核心主导创业团队和群体性创业团队。核心主导创业团队一般先确定创业方向再组建创业团队；而群体性创业团队则先组建队伍再确定创业方向。大学生创业团队中的创业者受自身年龄、经验、实力、地域等限制，通常较难组成目标高度一致、具有高凝聚力的创业团队。

一般而言，创业团队包含四大要件。首先是目标。目标是将人们的努力凝聚起来的重要因素，从本质上来说，创业团队的根本目标在于创造新价值。其次是人员。任何计划的实施最终还是要落实到人的身上去。人作为知识的载体，所拥有的知识对创业团队的贡献程度将决定企业在市场中的命运。再次是团队成员的角色分配，要明确各人在新创企业中担任的职务和承担的责任。最后是创业计划，要制订成员在不同阶段分别要做哪些工作及怎样做的指导计划。

1. 大学生创业团队成员的来源

鉴于本书研究的主体是大学生创业，所以团队的主要成员自然就是大学生。

（1）就地取材

最基础的大学生创业团队成员可以是同学或朋友。如果有志向相投又能优势互外的好友助阵，将是比较理想的状态。但是对于大多数大学生而言，这一点往往是可遇而不可求的，因此，不必要为这个而逢人必问，这不但需要关注，还需要机遇。

（2）引进资源

除了周围的好友以外，还可以从自己的人脉资源中收获团队成员。因为非常优秀又有一定专业知识基础的大学生不在少数，但是因为分布比较分散或因为个人计划不易被发觉。要想通过这种渠道有所收获，在大学期间，就需要注意广泛积累自己的人脉。

（3）招贤纳士

由于大学生本身没有资金或者资金有限，因此，像企业一样招聘是不现实也是没有意义的。但是还是可以利用各种资源实现招贤纳士的，只是这一方式是招募志趣相投、愿意一起创业的大学生。不过这一方式的成本很高。一方面，需要投入精力进行宣传，而且需要花费精力进行沟通；另一方面，需要保证既能介绍项目清晰、真切，又要注意保护核心技术与知识产权。

2. 大学生创业团队成员的角色及其定位

组建创业团队的成员应该有共同的价值观，并且都对正在做的事业充满信心。团队成员在知识能力上应做到互补，同样需要互补的还有资源、信息、产品、市场，并且团队成员应该在各种事项的决策上服从团队领导的安排，在商议时应积极主动地提出自己的意见。

一个大学生创业团队中应该包括技术型人才、产品型人才、营销型人才和管理型人才。各成员应做到分工合理，各司其职，理念和目标一致。做不到劲往一处使的团队往往会败得一塌糊涂。

创业存在风险，不是每一个人都适合创业。在团队建立的初期，应当注意团队的每一个成员是否都符合创业条件，是否都适合创业。

团队中，个人技能尽可能做到全面但是不重合并且不冲突，尤其在创业初期，应该减少成本、降低开支，能一个人做的绝对不用两个以上的人去处理。

3. 大学生创业团队的组建程序

大学生创业团队的组建是大学生创业活动的关键步骤，关系到创业项目是否可以持续进行。当然，不同行业的创业项目所需要的创业团队是不尽相同的。由于大学生刚从大学毕业，在某种程度上“势单力薄”，选择团队进行创业，把志同道合的人聚集在一起进行创业活动，既分担了风险，也提高了创业的成功率。但是，在大学生创业团队的组建过程中，往往会遇到诸多问题，团队的稳定性直接影响着创业企业的未来发展，所以更要关注创业团队的初期组建。

明确创业目标，合理推动创业团队建设；制订创业计划，以团队为整体来思考其实施的可能性；在领导团队确定之后，依据创业目标与创业计划进行其他成员的招募。创业团队中，其他成员的招募是创业团队建设的关键一步，要考虑到成员之间的互补性与创业团队的规模发展的需要。初期创业团队并不需要过多的成员，否则不仅不能够推进创业计划反而会被大量人力资源成本的损耗拖住步伐。明确创业团队中成员的职能划分，以便执行各种计划时，可以追责到个人，保证效率。

完善的创业团队不可能一蹴而就，它是随着企业发展的逐渐推进而逐步完善的。随着创业项目的逐渐实施，创业团队在其中发挥作用，诸多问题也会逐渐凸显。问题的暴露，然后解决，是一个创业团队逐渐完善的过程，这是一个动态发展的过程。

二、大学生农村创业团队的管理

在把握各个方面的基础上，创业团队能够得以初创，接下来对于团队的管理成为项目顺利进行的合理保障之一。在管理团队的过程中，分裂和稳定成为一种常见的动态过程，在经历了各种风险和挫折后，创业团队会在这个过程中走向稳定、合理、科学的方向，成为一支经历过血和火考验的优秀团队。

1. 大学生创业团队的分裂与稳定

（1）大学生创业团队的分裂原因分析

创业团队的分裂在中小企业中尤为常见，尤其是成长速度很快的企业。所以大学生创业团队更应当注意容易出现团队问题的关键点，对其进行把握与融通。创业团队的分裂会使创业企业元气大伤，要尽力避免。

通过总结一些创业团队分裂的原因，发现大体可以总结为几个方面：即随着创业企业的逐渐正规化，初始的一些创业团队成员能力跟不上发展速度，能力的不匹配会直接导致创业团队走向分裂；经营理念出现分歧，初始创业团队组合时，大家志同道合，但是随着创业项目的推进，个性差异逐渐凸显，并难以磨合，最终导致团队成员的分离；再一个就是来源于利益分配不均衡，利益的分配并没有按多劳多得、少劳少得进行，而是采用了一种平均主义，让创业团队成员内心产生了不平衡，从而走向分裂。在创业过程中，创业团队好比一个家庭，成员间的不信任与隔阂会导致领导力的分离，创业项目停滞，最终导致创业团队的分裂。

（2）大学生创业团队的稳定

通过上述对于大学生创业团队分裂原因的分析，大学生创业者应重视维护创业团队的稳定。创业团队中应包含各种技能的人才，确保每位团队成员在团队中具有与众不同、无可替代的技术或能力，或擅长管理，或擅长市场营销，或擅长技术研发等，以确保团队成员的异质性。具体来看，大学生创业团队的稳定主要体现在以下六个方面。

① 明确创业团队权责利的分配。大学生创业团队中如果权、责、利分配不公，则会导致团队成员执行不力，面对突发事件无法做出及时、正确的反应，最终导致创业团队目标无法达成。合理分配创业团队权责利时，应围绕权利掌握、责任履行、获取收益三个方面落实，确保创业团队稳定。

② 确定清晰的创业团队项目目标。创业团队目标根据达成的难易程度与期限可分为长期目标和短期目标，其中短期目标要满足长期目标的要求，与长期目标相一致，而长期目标在执行中应明确方向，确保创业实践不偏离项目的目标方向。

③ 要建立团队有效的沟通机制。有效的沟通机制是确保创业团队成员之间建立相互信任、确立共同目标与创业企业价值的基础。创业团队在创业初期阶段即应建立起有效的沟通机制，为后期运营遇到各种问题的有效应对和解决提供基础。

④ 要以团队利益为重。就是要以团队的整体利益、项目的整体利益作为标准。项目运作中会有很多矛盾与冲突，当这些问题出现，并且通过沟通仍不能化解时，以最适合项目的发展方向的一方为标准。

⑤ 领导团队要赏罚分明。奖惩制度制订后，一定要保证实施的力度。大学生创业团队的组建人员应该带头履行制度要求，起到带头作用。

⑥ 团队组织结构要合理。组织结构的设定要保证大学生创业团队成员可以良好合作的

同时，团队结构也拥有进一步完善和强化的空间。

2. 创业团队的风险控制

在创业中，任何因素都有可能使创业团队的项目陷入危险之中，由此可见，创业团队要及时地预见、防控、缓解风险，将创业风险把控在一定的范围之内。

① 要选择合理的大学生创业团队成员。在构建大学生创业团队时，应本着优势互补的原则。创业前期，企业规模较小，人数也不宜过多，只需满足企业最基本的需求即可。具体在成员的选择上，应综合考虑成员的个人能力与创业团队的互补性，确保团队中的各个成员均为能够独当一面的角色。此外，技术性创业团队还应确保团队成员的能力和技术不宜差异过大，最好处于同一等级。

② 要确定清晰的创业目标。大学生创业团队在确定创业目标时，需要充分考虑到创业实践中的种种风险与困难，不断总结经验与教训，并形成一致的创业思路，明确创业目标，并鼓励团队成员共同朝着创业目标前进。

③ 要制订有效的团队激励机制。大学生创业在前期阶段十分艰苦，创业团队成员的压力往往较大，因此在创业中需制订有效的团队激励措施。创业团队领导者应加强与团队成员之间的交流与沟通，了解团队成员的真实需求，并从其真实需求入手，制订有效的激励措施。

3. 打造大学生优秀创业团队

要想创立一个优秀的大学生创业团队，就要有管理策略。管理职能对创业的发展至关重要，是创业发展的生命线。要注重创业团队精神的培育，合理安排产权，及时进行绩效评估，同时也要注重薪酬制度发展。

（1）注重大学生创业团队精神的培育

团队精神崇尚集体英雄主义，倡导个人目标与群体目标的一致性。大学生创业过程中，通过最佳排列组合，积极发挥个体的能量，以形成整体大于部分之和的裂变效应。

① 培育共同的企业价值观。创业企业共同价值观的培育，即价值观的内化，一方面要求大学生创业团队的领导层要以身作则、言行一致；另一方面，需通过建立、健全规章制度，以及相应的激励和约束机制向员工有效灌输团队价值观，使整个创业团队在规范的制度下形成统一的价值导向。

② 注重团队领导自身的影响力。无论是什么样的创业团队，创业领导者均是整个创业组织的核心，而一个具有威望和个人魅力的领导者，在创业过程中会将全体员工紧紧团结在自己的周围。而创业领导者的威望通常与其人格、品德、思想修养、知识、经验、胆略、才干和能力有关，此外也与领导者严于律己、率先垂范、以身作则、公平、公正待人，与员工同甘共苦、同舟共济等行为有关。

③ 不断激发团队成员的参与热情。创业企业团队精神的形成离不开每一位员工的参与。创业企业的条件一般较为艰苦，前景较为渺茫，如果没有创业团队精神，没有创业热情，则很难坚持下去。创业团队精神的形成将激励全体团队成员共同参与企业的经营和管理活动，将团队个人的命运与企业命运与利益紧紧联系起来，才能在企业中形成利益共同体和命运共

同体。

④ 整个团队的危机意识和忧患意识要协调统一。创业过程中隐藏着种种危机与挑战，只有保持较高的团队危机和忧患意识，才能激发团队成员的潜能，使团队成员朝着成功的方向共同努力。

⑤ 整个创业团队需形成良好的沟通和协调机制。良好、畅通的沟通机制是决定团队思想价值和行动能否达成一致的关键，也是创业企业内部形成统一的核心价值观的基础。创业团队可充分利用各种例会、内部刊物、有线电视、内部联网、电话、文件传递、汇报总结、非正式接触等渠道，加强团队成员间的沟通和协调，建立良好的沟通和协调机制。

（2）创业大学生的产权安排

产权包括财产的所有权、占有权、支配权、使用权、收益权和处置权等，是经济所有制关系的法律表现形式。在市场经济条件下，产权的属性主要表现在产权具有经济实体性、产权具有可分离性、产权流动具有独立性三个方面，并具有激励功能、约束功能、资源配置功能、协调功能等功能。要打造一支优秀的大学生创业团队，首先就要处理好产权这个基本问题。下面介绍几种常见的创业企业产权分配形式以供参考。

① 高度集中的股权结构。对于高科技企业来讲，技术和产品的完整结合是完成产品研发和企业发展的必要条件，因此企业获得的利润是人力资源所有者和投资人共同的贡献，人力资源所有者和投资人共同分享利润是合理的。两者之间的分配比率最终由其反复博弈之后而定。

② 采用期权制度。因为创业企业在研发新产品、销售产品的过程中不仅要产生现金利润，同时还要产生无形资产。因此，人力资源所有者和投资人按比例分享企业的无形资产是合理的。但是，与现金利润不同的是，无形资产往往是和企业的发展联系在一起的，以企业为载体，难以分割，只有企业的股东才有权利享受企业的无形资产。因此，要想让人力资源所有者能像投资人一样享受企业的无形资产，就要想办法让人力资源所有者变成企业的股东。

③ 遵循股权动态变化的原则。对于创业企业而言，它是在不断发展的，这就需要不断地为企业输入新鲜血液，不管是人力资源还是非人力资源，对于新加入的投资人和人力资源所有者，他们也要参加到企业的股权分配中去，这就要求企业的股权比例呈现动态变化。

（3）大学生创业团队的绩效评估

制订的评估体系和激励机制必须是针对整个团队而不是个人的，只有如此，才能体现大学生创业团队的整体价值。大学生创业团队在制订评估体系时，首先应明确评估体系的目的，然后才能在此基础上制订相应的评估标准和评估体系。一般来说，大学生创业团队的绩效评估目的有：明确促进团队工作业绩的评估目的，及时让团队成员了解创业进展以及在创业各阶段需做的工作，鼓励创业团队成员不断提高自身能力和技术，加强创业团队之间的交流沟通，并及时纠正创业团队的行动偏差，培养和提高团队成员的主人翁精神和责任意识。

在创业评估目标的前提下，大学生创业团队的绩效评估主要包括两个方面。一方面是大学生创业团队的内部绩效评估，即团队成员之间进行互评，根据各自的分工及贡献，以及工作的完成度和完成效果对创业团队成员的贡献和效果进行评议，同时在评议的基础上进行交流、沟通、讨论，并在此基础上形成共识，为下一步行动奠定基础。另一方面是大学生创业团队的外部绩效评估，即从客户的满意度入手对创业团队绩效进行评估，由创业团队负责人根据客户满意度对创业团队成员的整体表现进行评估。值得注意的是，大学生创业团队绩效评估中应本着公平、公正的原则，保证评估的客观性。

（4）创业团队的报酬合理分配

① 要形成分享财富的理念。创业团队的分配理念和价值观可以归结为一条简单的原则：首先，与帮助企业创造价值和财富的人一起分享财富；其次，吸引到风险投资的企业其最终目标往往是获得 5～10 倍于原始投资的报酬。

② 要综合考虑企业与个人目标。如果一个企业不需要外部资本，就可以不考虑外部股东对薪酬问题的态度或影响，不过还是需要考虑其他一些有关事宜。例如，如果一家企业的目标是在未来 5～10 年获得大量资本收益，那么就需要针对如何完成这一目标以及如何保持团队成员长期的敬业精神来达到这个目标两个方面来制订薪酬制度。

③ 要规范制订薪酬制度的程序。创业领袖要建立起一个氛围，让每一个团队成员都觉得自己的付出应该对得起所得的薪酬。每一个关键团队成员都必须致力于寻找有关合理制订薪酬制度的最佳方案，使其能够尽可能公平地反映每位团队成员的责任、风险和相对贡献。

④ 要实施合理分配方案。关于如何分配的问题，目前还没有任何有效的公式可以套用，也没有简单而行之有效的答案。在制订方案时，需要对各团队成员的贡献大小进行衡量，可以从创业思路、商业计划准备、敬业精神和风险、工作技能、岗位职责等方面进行。

⑤ 要综合考虑分配时机和手段。薪酬制度往往会在企业发展的第一阶段就被制订出来并加以实施，不过这还应该按个人在企业整个周期内的业绩来定。创业团队可以综合采用月薪、股票期权、红利和额外福利，用作反映业绩变化的一种措施。

第三节　大学生农村创业的实践机制

大学生农村创业的实践表现为创业行动的实现与否，主要在于能否对农村创业资源进行合理运用，是否选择了适合的企业模式，制订了较好的营销策略和规避风险的能力，如图 3-6 所示。

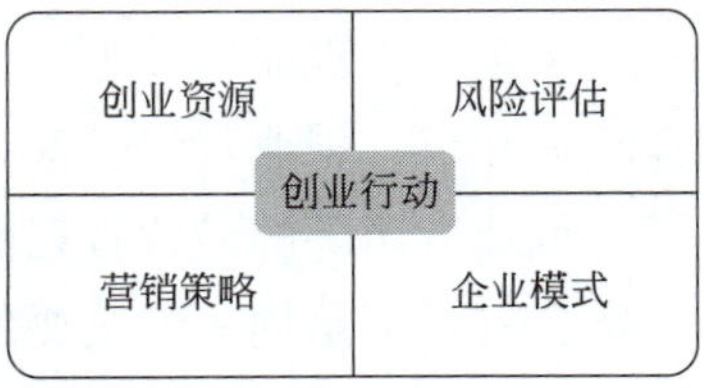

图 3-6　创业行动

一、创业资源

创业资源是新创企业在创造价值的过程中需要的特定资产，包括有形资产与无形资产，主要表现为创业人才、创业资本、创业机会、创业技术和创业管理等方面。对创业企业来说，创业者是其独特的资源，也是无法用钱买到的资源。

1. 大学生农村创业资源

大学生农村创业资源根据其性质与直接利用与否可分为间接创业资源和直接创业资源。人力资源、财务资源、市场资源直接参与企业创业计划，可以把它们归为直接资源；政策资源、信息资源、技术资源为创业企业的成长提供便利与支持，对于创业活动是一种间接作用，所以可以把它们归类为间接创业资源。

善于人际沟通的创业者，往往拥有更广泛的社会交际面，因而信息获取的渠道更多，所以人力资源是创业企业获取外部资源与信息、降低生产成本与创业风险的有效途径，它直接作用于创业行动的方方面面；资金是创业企业的生命线，初创企业向前推进的每一步都离不开资金的支持，所以财务资源对于新创企业而言是重中之重，是一切创业行动开展的前提与保障；物质资源主要包括场地、原材料、机器设备等方面，它是创业企业活动进行的物质基础。

在农村创业的大学生获取创业资源的最终目的是为了组合资源，进行优化配置，让创业机会现实化，提高创业绩效，获得创业的成功。无论是何种创业资源，无论它们是否直接参与企业的生产，它们的存在都会对创业绩效产生积极的影响。关于创业资源在大学生农村创业实践中的作用与应用，在本书实践篇的第四章进行具体分析，这里就不再做赘述，下面仅对新时代经济发展关注的两点进行简要阐述，即技术资源与人力资源。

（1）技术资源是创业关键的资源

技术资源可以解决这样的问题：我们能提供什么样的产品或者服务？它能满足或者说能实现人们什么样的需求？谁会需要我们提供的产品或者服务？

新经济时代，需求的多样性对技术提出了挑战，技术资源成为大学生创业的关键资源之一。其原因主要包括三个方面。第一方面，创业技术的先进与否是决定创业产品市场竞争力和市场转化以及盈利的根本因素。第二方面，创业技术是否先进直接决定了创业所需资本的多少。创业团队所掌握的创业技术越先进，其创业所需的技术研发资本越多；反之，创业团队所掌握的技术要求较低，创业所需的技术研发资本只需保持较小规模即可维持企业的正常运营。第三方面，创业技术是否先进决定了企业的创业规模，而创业规模的大小则直接决定了创业团队的人才需求的规模，以及人才管理的方式与方法。

最后要特别指出的是，关于技术的外延应该比较宽广一些，炒菜、按摩、养猪等都有技术可言。别小看技术，它可能会让你事半功倍。

（2）人力资源是创业企业持续发展最重要的资源

人力资源不仅指创业者及其团队的特长和知识、激情，还包括创业者及其团队拥有的能力、经验、意识、社会关系、市场信息等。

大学生自主创业中最为关键的因素并非资金，而是创业团队所掌握的信息、技术，以及创业相关知识、创业意识。这些不足会随着大学生自主创业的推进而逐步体现出来。企业成立了，创业者团队的经营管理能力以及经验等就至关重要。

财务资源不是创业最重要的约束。资金是可以通过团队的能力以及团队所拥有的技术获得的。创业不仅需要持续的技术支持，还需要出色的创业团队，而且创业投资者真正看中的往往就是创业所依赖的技术潜能以及出色的创业团队。

对任何创业团队来说，创业过程均是一个不断学习和探索的过程。学习和探索主要集中在两个方面，一方面是对创业市场的不断探索，另一方面则是对创业企业内部和外部资源的整合与调整。创业者在创业过程中，是否能够根据市场需求，及时、有效地判断市场走向，发现经营和管理中的失误，形成正确的市场思维意识，提升应对市场变化的能力等，往往决定着创业企业的成长速度、稳定程度，甚至创业的成败。大学生自主创业也是如此。

2. 创业融资

创业融资是创业企业在设立与发展期间的重要行为。正确的融资决策关乎创业企业的正常发展。大学生创业大多都会出现资金问题，没有资金，再好的想法都难以实施，所以融资对于大学生创业显得尤为重要。

（1）大学生农村创业融资方式

大学生农村创立企业融资，首先考虑的应该是内源融资，即创立企业应该先尽可能地实现自有资金的积累。大学生创业的资金来源除了自我积累、向亲朋好友借款等方式外，银行借贷可谓重要途径。银行借贷主要有以下几种方式。

① 国家专项贷款。这是国家对于大学生自主创业所提供的低利率、具有相当优惠政策、门槛较低的贷款服务。这可以成为大学生农村创业的主要融资渠道与资金来源。

② 个人抵押贷款。大学生创业者在遵循《贷款通则》中的贷款用途的限制下，可灵活将个人消费抵押贷款用于创业。例如，大学生创业者在自主创业过程中，需要购置沿街商品房作为创业场所时，可将拟购商业房作为抵押，向银行等金融机构申请商业房贷款。一般来说，商业房的贷款金额应低于拟购商业房评估价值的 60%，贷款期限多为 10 年内。这种银行借贷方式适用于已积累一定原始资本或获得资助的大学生自主创业群体。值得注意的是，这种银行借贷方式具有较高的风险性，因此在具体应用中应慎重考虑。

③ 个人质押贷款。该银行借贷形式适用于创业者本人名下具有一定资产，或获得家庭支持的创业者。大学生自主创业者作为具有完全民事行为能力的自然人，在创业过程中如果资金链断裂，可向银行申请用于生产、经营的临时资金周转的个人质押贷款，并在通过银行的风险评估后，即可获得银行贷款，缓解生产经营中的资金困境。

④ 民间借贷。民间借贷是大学生自主创业中获得资金来源的重要渠道。由于银行借贷需提供足够的资产担保，且审核较为严格，许多大学生创业者在进行创业融资时，常将民间借贷作为一种重要渠道。民间借贷即是通过民间调剂资金，解决创业过程中部分生产经营、生活的特殊需求的信用补偿机制。与银行借贷相比，民间借贷的风险较高，且贷款利率相对较高，后期还款压力较大，因此在具体应用中应慎重选择，综合考虑。

⑤ 典当融资。典当融资是大学生自主创业中获取资金的重要渠道之一。典当融资是指以实物作为抵押，并以实物所有权的转移作为获取临时借贷的一种重要的融资方式。典当抵押一般适用于拥有一定资产或获得支持的大学生创业者。

（2）大学生农村创业融资动机与偏好

大学生农村创立企业融资有不同的动机，或为了提高创业企业的核心技术能力，或为了扩大创业企业市场规模，或为了提高创业企业的盈利水平，归根结底是为了提高创业企业的盈利能力。

大学生农村创业过程中，会面对各种各样的融资资源。不同融资资源的偏好和方式不同。例如，不同融资机构所偏好的企业规模、融资阶段、融资方式以及融资回报等均存在一定的差异。因此，大学生农村创业者在进行融资前应对社会上的融资机构进行详细了解，只有清晰地了解投资人或融资机构的偏好类型或偏好阶段、融资成本、融资风险，以及融资机构或投资人与大学生自主创业企业的匹配程度，才能针对不同阶段的融资制订相应的融资战略，增强融资的针对性，从而极大地提高融资的可能性。

二、创业风险评估

1. 大学生农村创业的风险构成要素

创业风险包括创业风险因素、风险事件和风险损失三个重要因素。

（1）风险因素

所谓风险因素，又称为风险条件，是指在创业过程中引发或增加风险事件发生的机会或影响损失的严重程度的因素。风险因素按照不同条件可划分为不同类型，按照风险形态可将创业风险因素分为物的因素和人的因素两种类型。物的因素是指创业风险中的有形因素，例如机器故障等；人的因素是指人的道德、心理以及状态等所导致的风险因素。风险因素又可分为有形的风险因素与无形的风险因素。其中有形的风险因素是指的恶劣的气候、地壳变化等所引发的风险或造成严重损失的直接条件。无形的风险因素则是指由于不良企图或不诚实等人的品德修养所造成的创业风险因素；或由于粗心、玩忽职守等心理因素导致的创业风险事件发生或加重损失的心理风险等因素。风险因素从性质上可以还分为自然因素和社会因素。自然因素如火灾，地震等；社会因素如社会制度、经济政策等。

引发风险的因素是多方面、综合性的，但在风险因素作用过程中有主次之分，有时是人的因素为主，有时是物的因素为主，有时是社会因素为主，有时是自然因素为主，并且主要风险因素与次要风险因素的地位也是随着条件的变化而改变的。

（2）风险事件

风险事件与风险因素之间存在直接相关联系。风险事件是诸多风险因素的结果，同时也是创业风险产生的直接原因，即风险因素转变为风险现实，并引发严重的风险损失和风险后果。现实生活中的创业风险事件包括水灾、火灾、地震以及爆炸等。大学生自主创业中应严格区分风险事件和风险因素，并明确二者在形成风险损失中的不同作用，以便进行有效防范。

（3）风险损失

风险损失是指创业过程中的非故意的、非预期的、非计划的利益的减少，这种风险利益的减少常由风险事件导致。风险损失一般可使用货币进行衡量。风险并不是损失的同义词，风险是发生损失的可能性，而损失是实际上发生的财产物资的损耗或消耗。风险只有转化为现实，才能造成损失，但它本身并不是损失。应该注意的是，风险与损失的这种因果关系只适用于分析纯粹风险，而不适用于投机风险。

2. 大学生农村创业风险的识别

面对某个创业机会，创业者将面临相应的技术风险、财务风险、市场风险、政策法律风险、宏观环境风险，特别是团队风险。这是多数创业者都可能面临的问题。

（1）大学生农村创业风险来源

① 大学生农村创业的融资缺口。融资风险是每个创业企业所面临的风险之一。大学生农村创业者所面临的融资风险主要为融资缺口，即学术研究资金与商业转化中的投资基金之

间存在的断层。根据有关数据，大学生农村创业企业的研究基金一般来自个人、公司或政府相关研究机构，研究资金仅限于支持大学生农村创业企业最初的概念创建以及概念可行性论证。而将概念转化为可投入市场的产品，则需依靠投资基金。现实中大多数创业企业均面临着创业基金与投资基金之间的断层困难，即创业者在研究阶段证实了概念的可行性，然而却因找不到投资基金而无法实现商业转化。这一风险是大学生农村创业企业所面临的最主要风险之一。

② 大学生农村创业的研究缺口。大学生农村创业者多由于个人兴趣和市场潜力的双重因素而对创业概念进行判断。大多数创业概念在研究和论证时，多停留在学术和商业价值的论证方面。然而，创业概念真正转化为市场上的商品，还需具备有效的性能、低廉的成本和高质量等要素才能在激烈的市场竞争中生存下来。而创业概念要转化成为这样的商品需要耗费巨额资金，因此易使得创业概念与商品转化之间存在巨大的研究缺口，从而使得概念转化成的商品无法达到理想的状态，形成创业研究风险。

③ 大学生农村创业信息和信任缺口。大学生农村创业企业中的信息和信任风险主要存在于技术专家与管理者之间。创业企业不仅需要专业的技术人才，还需要专业的管理人才。这两种人才所接受的教育不同，所掌握的专业知识不同，对创业的预期不同，获取创业信息的渠道和方式不同，双方在沟通中的表达方式也不相同。其中技术专家在创业中较之管理者更清楚什么内容在科学上有趣，在技术上可行，什么内容无法转化或无法实现，因此技术人员往往承担着较大的技术风险，这些风险主要表现在学术声誉、资金回报等方面。

④ 大学生农村创业的资源缺口。资源缺乏是大学生农村创业者面临的主要创业风险之一。只有好概念或好创意，而没有相应的资源，或缺少足够的资源支持，那么创业就无从谈起，因此形成资源风险。

⑤ 大学生农村创业的管理缺口。创业并不仅仅依靠出众的创意和充沛的资金，还必须依靠超高的管理才能。许多大学生农村创业者往往以某种新技术或新创意为依托进行创业，然而却忽视了自身管理能力的提升。在创业过程中，随着创业企业规模的逐渐扩大，大学生农村创业者的管理短板也越来越明显，常由于战略规划不足或不擅长具体管理而导致管理风险。

（2）大学生农村创业的风险识别

风险识别是应对一切风险的基础，只有识别了风险才可能有化解的机会。同时风险也是一种机会，应该开拓、提高它积极的作用。大学生农村创业的风险识别是在农村创业的大学生依据新创企业活动，对创业企业面临的现实以及潜在风险运用各种方法加以判断、归类并鉴定风险性质的过程。创业者必须掌握风险识别的能力，并不断提高这种能力。

① 要树立风险识别的基本理念

a. 有备无患的意识是树立风险识别理念的基本前提。创业有风险、损失，高盈利往往带来高风险，创业者只需要密切关注市场，获取信息，化解不利状态即可，不必过于注重某一时期的损失，毕竟企业的发展是一个动态平衡的过程。风险的识别工作应该是连续地、系统地进行，并成为企业一项持续性、制度化的工作。

b. 创业者要有识别和发现风险的能力，这主要是为了防控风险、规避风险，为企业的生存带来可能性。

c. 要善于总结信息、分析信息、识别风险，并分析其可能产生的后果与对企业产生的潜在风险，这是创业企业可持续发展的保障。

d. 创业风险存在于整个创业过程，而且具有可变性和相关性，所以创业者必须要有持之以恒的心态。

e. 虽然风险识别是一个主观过程，但是必须遵循客观规律，因而创业者要有实事求是的精神。

② 掌握风险识别的基本途径。识别创业中的风险，需要依据一定的途径，可从风险的来源入手对风险因素的类型进行划分。创业风险来源大体可划分为自然因素和人为因素两种类型。自然因素一般与企业的选址与具体项目有关，具体包括地震、台风、泥石流或恶劣天气等，这些自然因素常常会对企业的原料供应、交通运输等产生较大影响，进而影响创业企业的生产和经营。人为因素则是指在创业过程中所遇到的种种因人而导致的风险因素。例如，因创业者不了解创业地区或国家的政治经济制度、法律政策、民情民俗以及企业周边的营运环境等而形成的种种创业风险。

③ 了解识别风险的方法和步骤。在创业风险管理中，了解识别风险的方法和步骤十分必要。人们在创业风险识别中常用的方法包括资产损失分析法、信息源调查法、环境扫描法、数据对照法、情景分析法、风险树分析法、风险清单法。创业风险管理中识别风险的步骤一般包括风险信息收集、风险识别、风险评估和拟订计划。

a. 风险信息收集。创业风险信息收集通常由创业团队或专业的风险评估团队详细考察创业环节、了解创业信息，并对创业企业所在地进行现象考察，在此过程中凭借敏锐的观察力、科学的分析能力、数据的比对以及丰富的经验等进行风险识别和风险判断。

b. 风险识别。即在信息收集步骤的基础上，通过信息分析，确定创业过程中存在的风险或潜在风险的范围。

c. 风险评估。识别创业风险后，需运用特定的专业知识，运用定量分析、定性分析、假设、模拟等方法，同时借助特定的工具对创业中存在的种种风险进行风险评估，并根据风险评估结果拟订风险防控或处理方案。

d. 拟订计划。即在风险评估的基础上提出风险处理或行动方案，以消除或防范创业中的重点风险因素。

（3）创业风险防范

创业风险按照发生的概率或范围可划分为共同风险和特有风险。所谓创业共同风险是指任何类型的创业企业均会面临的风险，主要包括产业政策、法律法规的约束限制、企业股权结构和团队风险等涉及宏观创业环境的风险。而特有风险则是指特定类型的创业企业所面临的特定的风险，这类风险通常涉及市场风险、资金风险、潜在竞争者的风险等各个方面。在这里主要对创业项目资金预算风险，项目资金投入与回报的匹配风险，以及技术风险、法律风险等的防范进行分析与说明。

项目资金预算风险主要指项目资金预算的准确性，以及资金预算与创业企业资金需求与补给之间的匹配程度。项目资金预算需根据创业项目的资金需求进行准确测量。如果资金预算不足，则会引发项目资金链断裂，从而导致项目失败；如果资金预算过高，则会加大前期资金筹集压力，同时增加财务成本，同样不利于创业企业的良好的运营。在创业过程中对资金预算风险的防范方法为制订包括营运资本和现金流的预算在内的详细财务预算。

项目资金预算中的资金回报与项目需求的匹配程度是创业企业资金风险的重要内容。不同资金来源所要求的资金回报不同，因此大学生农村创业中应合理规避资金回报与项目需求不匹配所带来的风险。具体来说，可通过明确不同来源资金的回报需求来规避相应风险。自有资金一般要求所投项目的回报高于市场平均收益率，可参照同期银行贷款利率进行衡量；负债资金的资金成本应低于项目预期收益率且偿还期限应长于项目投资回收期限，否则就会产生因无法按时偿还负债资金而导致的资金链断裂等严重后果；权益资本则要求股权回报，同时对退出时间有严格要求，因此在吸纳这部分资本时应注意对权益资本所占的股权比例进行控制，同时应对权益资本的退出时间进行合理约定，否则一旦权益资本撤资则会对整个创业项目产生巨大影响。

创业风险中的技术风险包括技术生命周期风险、技术的可复制和可替代性风险以及技术壁垒风险等。其中，技术生命周期风险是大学生农村创业企业，尤其是技术型创业企业应重点防范的风险。技术生命周期在一定程度上决定着产品的生命周期，如果技术生命周期过短，而新的技术还未研发出来，那么势必影响到产品在市场上的竞争力，进而影响创业公司的成败。技术的可复制性和可替代性是技术类创业企业所面临的技术风险之一。技术类企业的可复制性和可替代性越低，其在市场竞争中的优势越大，产品的市场占有率也越大，反之则会直接影响技术企业的市场竞争力。技术壁垒是指在技术研究中通过申请专利等对技术知识产权进行保护以免技术被盗用或被抢注现象的发生。

创意型创业企业所面临的特有风险包括商业模式、新的商业机会、创新业务等，由于创意企业大多业务技术含量较低，对资金投入的要求不高，因此大多易被复制或模仿，从而对创业者产生一定的威胁。针对这种现象，创意型创业企业在进行风险防范时应注意两点：一是当特定的商业模式取得一定成功并获得社会资金支持后，可迅速通过直营、加盟、特许等方式扩展业务，建立线下网点，抢占社会市场份额；另外，在原有创意基础上，加深或拓展创意内容和创意层面，以提高潜在竞争者的复制门槛。

社会资源型创业企业的特有风险包括资源的掌控程度、人脉资本持续时间。社会资源型创业企业大多通过对社会资源进行整合而获得盈利。因此，对人脉关系和社会资源的掌控度要求较高。在风险防范中应注意人脉资源与特许资源的期限，及时延长期限或寻找替代项目。此外，社会资源型创业企业所掌握的资源是否合法、是否受到法律保障等也是关系到企业成功的关键。因此，应保证创业项目的合法性并从法律层面明确代理特许权的责任与义利，以应对相关风险。

三、创业营销与策略

创业营销，就是创业企业家凭借创业精神、创业团队、创业计划和创新成果，获取企业生存发展所必需的各种资源的过程，它实际上是一种崭新的创业模式。

要获得成功，除了勇气、勤奋和毅力外，还必须依赖有效的创业营销来获得创业所需的各种资源。创业营销的营销者往往是创业者，他们虽然具有创业精神或掌握某种新技术、新产品，但一般并不是营销专才，缺乏商业知识和训练，在创业初期也没有专门的营销部门协助，身兼数职，难免会犯一些简单错误或陷入某种误区。因此，创业者需要克服障碍，学会与各种人有效地沟通和营销。

1. 市场分析

(1) 市场细分

市场由消费者组成，而消费者是一个异常复杂、庞大的群体，任何一个新创企业都无法满足消费者的所有需求。因此，新创企业应根据外部的市场环境和内部的资源条件，选择某些特定的消费者作为企业的目标购买群体，并据此进行产品定位，针对目标市场制订营销策略。营销环境由市场细分、宏观环境和微观环境组成。

市场细分是指营销者通过市场调研，依据消费者的需要和欲望、购买行为和购买习惯等方面的差异，把某一产品的市场整体划分为若干消费者群的市场分类过程。每一个消费者群就是一个细分市场，每一个细分市场都是具有类似需求倾向的消费者构成的群体。

市场细分的方法主要有单一变量法、主导因素排列法、综合因素细分法、系列因素细分法等。

① 单一变量法。所谓单一变量法，是指根据市场营销调研结果，选择影响消费者或用户需求最主要的因素作为细分变量，从而达到市场细分的目的。这种细分法以公司的经营实践、行业经验和对组织客户的了解为基础，在宏观变量或微观变量间，找到一种能有效区分客户并使公司的营销组合产生有效对应的变量而进行的细分。

② 主导因素排列法。主导因素排列法即用一个因素对市场进行细分，如按性别细分化妆品市场，按年龄细分服装市场等。这种方法简便易行，但难以反映复杂多变的顾客需求。

③ 综合因素细分法。综合因素细分法即用影响消费需求的两种或两种以上的因素进行综合细分，例如用生活方式、收入水平、年龄三个因素可将妇女服装市场划分为不同的细分市场。

(2) 市场环境的特点

① 客观性。企业总是在特定的社会、市场环境中生存、发展的。这种环境并不以营销者的意志为转移，具有强制性与不可控制性的特点。也就是说，企业营销管理者虽然能认识、利用营销环境，但无法摆脱环境的制约，也无法控制营销环境，特别是间接的社会力量，更难以把握。

② 差异性。不同的国家或地域的人口、经济、政治、文化存在很大差异，企业营销活动必然要根据这种环境的差异性，制订不同的营销策略；而且同样一种环境因素，对不同企业的影响也是不同的。

③ 相关性。营销环境的相关性是指各环境因素之间的相互影响和相互制约。这种相关性表现在两个方面：一方面，某一环境因素的变化会引起其他因素的互动变化。例如，在第十届全国人民代表大会上，国家提出了解决农业、农村、农民的“三农”问题，相继推出了加强农业建设的一系列方针政策，这些政策的实施，势必影响农业产业结构调整，拉动农业投资，并为农业的发展提供新的机遇，也为以农产品为原料的生产企业提供了开发产品、调整产品结构的契机；另一方面，企业营销活动受多种环境因素的共同制约。企业的营销活动不是仅受单一环境因素的影响，而是受多个环境因素共同制约。例如，企业的产品开发，就要受制于国家环保政策、技术标准、消费者需求特点、竞争者产品、替代品等多种因素的制

约，如果不考虑这些外在的力量，生产出来的产品能否进入市场是很难把握的。

④ 多变性。市场营销环境是一个多变的动态环境。构成营销环境的诸因素都受众多因素的影响，每一环境因素都随着社会经济的发展而不断变化。如产品的供需状况会随着这种产品生产情况的不断变化而变化。有时会表现出供不应求的卖方市场状态，有时又会表现出供过于求的买方市场状态。

⑤ 双重性。这指的是市场机会与环境威胁并存。当企业面临最好的市场机会时，应当利用机会。市场机会的均等性和时效性决定了企业在利用机会的时候必须抢先一步，争取主动。当威胁来临的时候，需要化解威胁，即努力设法限制或扭转不利因素的发展。威胁总是存在的，实在无法对抗的可以设法减轻。

⑥ 多样性。这指的是构成市场营销环境的因素多、层次多，对市场营销活动的影响方式多，因而市场环境是复杂而又多样的。

2. 市场营销环境分析

（1）市场营销环境分类

市场营销环境可以按照不同的角度分类，一方面，按对企业营销活动影响时间的长短进行分类，可分为长期环境与短期环境。企业营销活动受长期环境的影响一般是指受国家制定政策和对政策进行调整的影响，这些会给社会、经济、政治和技术等方面带来大的变化，这种大的变化一旦形成则会对人们的生活产生较长时间的影响。营销活动受短期环境的影响，一般是指受社会某种流行趋势的影响。由于它往往具有不可预见性，又不能像长期环境那样能够揭示未来，因而对人们的生活产生短期的影响。

另一方面，按对企业营销活动影响因素的范围进行分类，可分为微观环境和宏观环境。

① 微观环境。即直接营销环境（作业环境），指与企业紧密相连、直接影响企业营销能力的各种参与者，包括企业本身、市场营销渠道企业、顾客、竞争者及社会公众。

② 宏观环境。即间接营销环境，指影响企业营销活动的一系列巨大的社会力量和因素，主要是人口、经济、政治、法律、科学技术、社会文化及自然生态等因素。

（2）市场营销环境分析

市场营销环境分析就是要监测跟踪市场营销环境发展趋势，发现市场机会和威胁，从而调整营销策略以适应环境变化。市场机会即对企业营销活动富有吸引力的领域，在该领域该企业拥有竞争优势。环境威胁是指环境中不利于企业营销的因素的发展趋势，对企业形成挑战，对企业市场地位构成威胁。比如，产品的外延从其核心产品向形式产品、期望产品、附加产品和潜在产品拓展，即从核心产品发展到产品五层次。

产品最基本的层次是核心利益，即向消费者提供的产品基本效用和利益，也是消费者真正要购买的利益和服务。消费者购买某种产品并非为了拥有该产品实体，而是为了获得能满足自身某种需要的效用和利益。产品核心功能需依附一定的实体来实现，产品实体称一般产品，即产品的基本形式。

现代企业产品外延的不断拓展缘于消费者需求的复杂化和竞争的白热化。在产品的核心功能趋同的情况下，谁能更快、更多、更好地满足消费者的复杂利益整合的需要，谁就能拥有消费者，占有市场，取得竞争优势。不断地拓展产品的外延部分已成为现代企业产品竞争的焦点。消费者对产品的期望越来越多地包含了其所能提供的服务、企业人员的素质及企业整体形象的“综合价值”。

四、创业模式

创业模式是指创业者为保障自身的创业理想与权益，而对各种创业要素的合理搭配。创业的组织形式、创业的方式确定、创业的行业选择组成了创业模式。

创业者在创业之初，第一个重要选择就是寻找一个适合自己的创业模式。对一个创业者来说，一个真正好的模式，应该是适合自己的，即其有能力操作，而且能把现有的资源有效整合进入。一个适合的创业模式，未必需要投入一大笔资金，未必需要具有很大的规模，甚至未必需要一间办公场所或店面。有志于创业的人也没有必要被理论束缚，只有勇于创新、脚踏实地，方可形成质的飞跃。选择合适的创业模式，可以说是创业成功的关键。

1. 常见的七种创业模式

创业是复杂的，又是灵活的，创业项目的选择需要有创新性，与之伴随而来的就是相应的风险性。项目越独特，风险越大，意味着收益也越高。当大学生创业者发现了创业机会，把握了创业的机遇，选取何种创业方式才能让自己实现创业理想？这是从理论到实践的迈进，也是创业资源得以整合的关键步骤。那么，现在有哪些创业方式呢？哪些创业方式比较适合自己呢？

（1）网络创业

网络创业即有效利用现成的网络资源进行创业。网络创业主要有两种形式：网上开店，在网上注册成立网络商店；网上加盟，以某个电子商务网站门店的形式经营，利用母体网站的货源和销售渠道进行创业。

（2）加盟创业

分享品牌金矿，分享经营诀窍，分享资源支持，采取直营、委托加盟、特许加盟等形式连锁加盟，投资金额根据商品种类、店铺要求、加盟方式、技术设备的不同而不同。

（3）兼职创业

兼职创业即在工作之余再创业，可选择的兼职创业有：教师、培训师可选择兼职培训顾问；业务员可兼职代理其他产品销售；设计师可自己开设工作室；编辑、撰稿人可朝媒体、创作方面发展；会计、财务顾问可代理作账、理财；翻译可兼职口译、笔译；律师可兼职法律顾问和事务所；策划师可兼职广告、品牌、营销、公关等咨询。当然，还可以选择特许经营加盟、顾客奖励计划等。

（4）团队创业

团队创业指具有互补性或者有共同兴趣的成员组成团队进行创业。如今，创业已非纯粹追求个人英雄主义的行为，团队创业成功的概率要远高于个人独自创业。一个由研发、技术、市场融资等各方面组成、优势互补的创业团队，是创业成功的法宝，对高科技创业企业来说更是如此。

（5）大赛创业

即利用各种商业创业大赛，获得资金提供平台，如雅虎、网景等企业都是从商业竞赛中脱颖而出的，因此也被形象地称为创业孵化器。国内典型案例如清华大学王科、邱虹云等组建的视美乐公司，上海交通大学罗水权、王虎等创建的上海捷鹏计算机技术有限公司等。

（6）概念创业

概念创业即凭借创意、点子、想法创业。当然，这些创业概念必须标新立异，至少在打算进入的行业或领域是个创举，只有这样，才能抢占市场先机，才能吸引风险投资商的眼球。同时，这些超常规的想法还必须具有可操作性，而非天方夜谭。

（7）内部创业

内部创业指的就是在企业公司的支持下，有创业想法的员工承担公司内部的部分项目或业务，并且和企业共同分享劳动成果的过程。这种创业模式的优势就是创业者无需投资就可获得广泛的资源，这种“树大好乘凉”的优势成为很多创业者青睐的方式。

2. 当代企业典型的盈利模式借鉴

作为正准备投资创业的人，必须要解决如何获得利润的问题。利润就是创业收益，是支撑创业活动的血液，而企业的“造血干细胞”可以说就是所选择的经营模式，选取了适合的经营模式之后就是细化盈利方式。以下就是当代企业所运用的典型的盈利模式。

（1）客户解决方案模式

客户解决方案模式是一种典型的盈利模式，很多企业都是依靠它进入高额利润区的。采用客户解决方案模式的企业通常要在前期投下一定的资金，用于和客户进行深度的交流和沟通，从而深度了解客户，并让客户认同自己。然后，通过分析客户如何购买和使用产品或者服务，以寻求有效的办法来帮助他们解决问题。因为使用这种盈利模式的企业比竞争对手更加了解客户，所以一般情况下客户忠诚度较高。

（2）产品金字塔模式

所谓金字塔模式，其实就是创业产品的分级呈现。为了满足不同客户对产品风格、颜色等方面的不同需求，以及考虑到个人收入水平上的差异，从而达到客户群和市场拥有量的最大化，很多企业会推出高、中、低各个档次的产品，从而形成一个产品金字塔。在金字塔的底部，是低价位、大批量的产品，这部分产品依靠薄利多销来赚取利润；金字塔的顶部，是高价位、小批量的产品，这部分产品靠精益求精获取超额的利润。虽然利润集中在产品金字塔的顶部，但塔底部的产品仍具有重要的战略作用，它可以有效地阻止竞争者的进入。

（3）多种成分系统模式

在很多行业中，生产和销售系统都不是单一的，它会有若干个子系统，而每一个子系统都拥有不同的盈利空间。对于企业来说，进军高额利润区子系统的业务当然是必须的，否则就会严重浪费资源，并会降低企业的整体盈利水平；但在保证向高额利润区的子系统进军的同时，也不能放弃低利润区子系统的参与，这样才能保证一定的市场份额和品牌地位。正因为上面现象的存在，我们才可能在不同的渠道里看到同一件商品。

（4）配电盘模式

市场永远是复杂的，不可能以单一的形式来运行。当处在复杂的市场环境中时，多个企业和多个客户进行交易的时候，双方都要付出更大的交易成本。这个时候，中介性质的业务就会派生出来。比如，房地产中介市场的繁荣就是因为买卖租赁双方交易的成本比较大。而这种中介业务就像一个配电盘，它可以为交易双方搭建起一个沟通交流的渠道，并且收取一定的中介费用。

（5）卖座“大片”模式

在某些行业，如出版商、影视制片商等，卖座“大片”模式被运用得比较广泛。在这些行业中，所有产品的研发成本基本上差不多，可是利润却有很大不同，因为只有那些发行数量比较高的产品才能够得到高额的利润回报。这就是卖座“大片”模式。

（6）利润乘数模式

利润乘数模式能够实行的前提，必须是先投入巨资塑造出一个强有力的品牌，而这个品牌就会成为盈利的机器，可以被授权用于一系列其他的产品。当然，被授权的一方需要交纳高额的使用费用。这有点像零售行业的特许加盟，交纳了一定的加盟费，才会被授权使用某个品牌。不过，任何事情在有暴利的同时，也会伴随着高风险。利润乘数模式的运作是具有较高技术含量的，而品牌是一个脆弱的东西，稍微有些风吹草动，就有可能受到伤害。

（7）创业家模式

当企业发展到一定规模时，企业就会遭遇到很多麻烦，比如经营成本高了，客户联系疏远了。这些麻烦会导致企业的竞争力衰退。也就是说，伴随着企业规模的增大，竞争力反而降低了。这就是规模经济的弊端。为了抵消这种弊端，有些企业采用了拆分利润中心的方式，把企业划分成几百个小的利润体，并且给予每个利润体的管理者一定的股份。通过这种方式，就能有效地避免“大企业病”，因为每个拆分出来的小公司都独立地面对客户，机制灵活，承担风险能力更强。

（8）专业化利润模式

创业企业都具备一定的专业能力，否则很难在竞争激烈的市场中存活下来。只有专业才能生存。可是，随着企业的逐步发展，业务范围拓展了，客户群体扩大了，原来的专业人才可能就不再适合企业发展的需要，于是就出现了这种情况：企业规模越来越大，利润却越来越少。

（9）基础产品模式

基础产品模式就是先建立一个基础产品，并且这个基础产品具有很强的扩展性。当客户购买了这种基础产品后，必须同时购买其他的后续产品才可以使用，否则满足不了任何需求。比如剃须刀，当消费者购买了剃须刀的时候，还必须购买刀片等附属产品。一般情况下，基础产品的利润并不是太多，而附属产品的利润才是最高的。这种盈利模式的关键点，就在于能不能找到最具潜力的基础产品。

（10）品牌模式

品牌是一种能够产生巨大利润的枢纽。一般运用这种模式的企业在前期需要花费大量的营销时间以塑造品牌，使顾客对该品牌产生较高的信誉度和忠诚度。当顾客愿意为该产品支付品牌溢价的时候，企业就能够获得高额的利润。可以说，运用品牌模式的企业遍布各个行业，所有的企业要想塑造自己的品牌，都想走这条道路。

（11）独特产品模式

独特产品模式就是当企业开发出一种独特的产品时，该企业就可以从这个产品中获得溢价。该模式和速度模式类似，在仿效者跟踪之前，这部分利润都是存在的。一般情况下，使用独特产品模式的企业主要是制药和化工行业类的企业。

(12) 区域领先模式

在很多行业如零售店和食品店等，有很多区域性的企业。它们都是区域领先模式的运用典范。这些企业总是首先在某个区域占领绝对领先的位置，然后再慢慢向其他地方复制。星巴克和沃尔玛便是区域领先模式的典型代表。

3. 当代大学生农村创业的实践案例

当代大学生在农村创业的主体主要分为农村籍大学生返乡创业以及觉得农村市场拥有发展潜力进而在农村投资创业的城镇大学生。由于大学生本身所具有的局限性，农村小本项目是近年来很受大学生欢迎的创业投资方式，这就使项目本身成为创业成败的关键。

(1) 大学生下乡贷款建大棚发展种植业

随着如今乡村休闲风尚的兴起，越来越多的农村地区依据本地的自然特色以及文化特色开办了农家乐。本着“三化三生”的精神，即生产企业化、生活现代化、生态自然化，已经吸引很多的大学生投入了田野间进行创业，实现自己的人生价值。

比如有一部分大学毕业生，因为就业形势不好，大学毕业后就来到农村，组建了农村创业团队，凭借着自己在大学中学到的农业技术以及对市场行情的观察，凭借国家对于大学生自主创业的专项贷款，承包了农村土地，盖大棚发展种植业，取得了可观的收益。在农村发展实业的同时，也把自己在大学中学到的农业技术传到了所在农村，带领村民的共同致富。

(2) 农村小本创业项目：特种野猪

目前国内野猪养殖数量极少，在家猪市场低迷的情况下，野猪作为家猪的换代品种，市场极为广阔。野猪在人工养殖的情况下，青绿饲料可占日粮的60%～70%，所以养殖成本比家猪低30%～40%。野猪的抗病力更强，成活率更高，而其肉质细嫩鲜香、野味浓郁，深受消费者的青睐。2019年，猪肉价格上涨42%，供需矛盾激化下，短期商机明显。据新华社2019年4月17日报道，野猪肉价格在上海虽然比一般家猪肉贵了数倍，但还是难以阻挡市民尝鲜的欲望。而在全国一般的城市，野猪肉每市斤也至少可多卖10多元。有一些农村创业的大学生发现了这个商机，在2019年获利不少。

随着互联网电商的发展，大学生为农村带来了新的致富途径，他们在掌握市场真实的供需状况后，顺应市场，发现商机，依靠本地资源与政策扶持，开展具有地缘优势的创业投资，短期获利不成问题。当然，后期的发展还需对经营规划与策略进行细化探讨，但至少不会让大学生创业因为经验缺乏跌入“投资即失败”的陷阱。

第四节　大学生农村创业的促进机制

大学生农村创业的促进机制主要表现在效果评估方面，因为它直接影响组织的生产率、创业产品的竞争力以及领导者的创业实行决策。而对效果评估的重视程度，也直接决定了效果评估在企业中实施的成功与否。

一、大学生农村创业企业效果评估内容的标准

依据项目管理理论，一个创业项目，如果想要良好运行，就要做到任务明确、权责分明、逻辑清晰，能够把创业领导或者创业团队的主体思想纳入企业的效果评估当中，形成评估指标，以对创业项目的实施进行量化分析、规范性评估。创业企业效果的评估内容主要包括创业项目的实施流程与绩效指标的确定。在创业项目实施流程的评估中，专业负责人员与评估时间是评估系统中众因素的关键，是决定绩效评估系统效果好与坏的重中之重。效果评估中绩效指标的确定直接影响着评估系统的有效性，因为它是评价、衡量员工工作状态的重要指标。

二、大学生农村创业企业效果评估流程的制订

创业企业的效果评估，是通过对员工的工作绩效进行评价，它可以直接反映出创业团队成员的实际工作能力与职位的匹配度。可以将创业项目的效果评估也看作一个项目来执行，引入相关负责人，完成项目任务，进行项目化管理。大学生在农村创办企业，企业的运行在不同阶段一定会遇到各种问题，只有对其进行量化分析，标准化衡量才可以准确地发现问题所在，以应对未来的风险，提升团队协作水平，提高生产效率，一步步实现创业目标。因此，效果评估的流程具有系统性体系化的特征，见图 3-7。

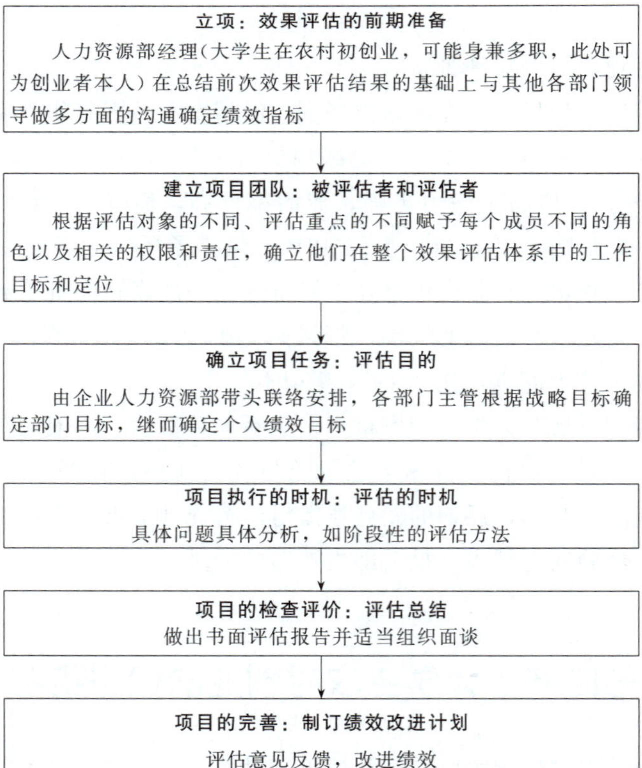

图 3-7 效果评估的流程

三、大学生农村创业企业效果评估的反馈

创业项目评估系统的重要环节，就是效果评估的反馈。反馈的及时性决定了工作效率改变的有效性。效果评估的反馈目的在于发现工作问题，改变工作状态，提高工作效率，实现既定的绩效目标。

1. 绩效反馈的意义

绩效反馈是效果评估的重要环节，它具有动态性、及时性和激励性。不同阶段的绩效反馈，可以让领导与员工清晰地看到自己所做的决定与工作的实施效果，可以针对自己的状况与行为的实施效果弥补自己的不足，使个人与团体得到进步。

绩效的反馈可以让创业企业中的每个人知道自己已做工作的效果与不足，让员工感觉自己受到企业重视与关注的同时为自己定一个更为准确的未来完成目标，这也为领导的下一阶段制订目标提供了决策依据。可见，绩效反馈不仅能提高工作绩效，还能改善工作态度。

企业要想持续发展，本身就要具有生命力，而这个生命力的来源就在于对企业已有的行为的思考与不断的探索实践。没有什么是一成不变的，市场瞬息万变，人员素质瞬息万变，领导者的能力也随着企业的发展逐渐变化，而绩效的反馈就是这些变化的书面表现形式，它甚至比绩效评估更为重要。评估的结果只是简单的量化体现，而绩效的反馈才是效果评估的意义所在。由此，绩效的反馈方式直接影响着行为人的心态与情绪，间接影响着他们的下一步行为，可谓企业绩效反馈研究的重点所在。

2. 绩效反馈的方法

好的绩效反馈方法可以促进员工的积极性，激发员工的创业精神，但是也有很多的绩效反馈，因为方法不当，导致员工情绪受损，进而影响了工作，这有悖于绩效反馈设立的初衷。因此，对于管理者来说，为员工提供绩效反馈是一项重要而又艰巨的任务。一般来说，有效的绩效反馈主要包括以下几点。

① 让员工正确认识自己的绩效。绩效反馈可以很直观地表现出一个员工的优势、缺点以及领导者决策的对与否。作为领导者应当客观地依据绩效给予员工工作意见与建议；而作为员工本人也要从中清楚地认识到自己的潜能与不足，从而为自己定下发展目标。

② 绩效反馈保障考核的公开与公正。绩效反馈可以从制度上保证绩效考核的公平与公正，这样员工才会真心将自己融入创业实践中，创造价值。

③ 绩效反馈是激励员工工作状态的重要时机。绩效反馈让领导与员工进行了一次面对面的沟通，这促进了企业的一体化运行，而不是分阶级运营。绩效反馈中，除了要沟通工作质量问题，管理者也应该借此机会适当地奖赏或惩罚，以激发员工的工作积极性。

除此之外，绩效反馈应当贯穿于创业项目效果评估的整个过程，甚至是各个阶段，是经常性、周期性的，而不应仅在固定的时间点进行。并且在进行绩效反馈时，管理者与下属双方都应将反馈的重点放在解决绩效问题、寻找干预措施上，而非仅仅批判不良绩效表现。

第四章

社会主义新农村建设的城镇化建设

当前我国农村各类各级人才严重流失匮乏的现状同实现全面建设小康社会目标对人才的迫切需求之间的矛盾突出。与此同时，我国大学生的就业形势相当严峻，大学生就业的结构性矛盾突出。如何适应全面建设小康社会的需求，鼓励、引导大学生投身新农村建设，实现农村经济社会发展与大学生创业的双赢局面，是一项值得关注和研究的课题。

1978 年改革开放至今已经有 40 多年的时间，创业对于我国国民来讲，已经从之前的莫敢问津变成了积极投身于其中。而我国也从一个农业大国逐渐走上了中国特色的社会主义经济道路，开辟了一条中国特色的农村工业化道路。我国农村经济的发展，从集体经济到乡镇企业再到民营企业和个体经济的发展，从封闭走向社会化，从制度的不健全不完备到以市场为基准，形成了自己独特的运营模式与经营方式。农村经济如今已经成为我国经济发展的新助力。

在社会主义新农村建设的国情之下，农村已经成为创业的“新宝地”。大学生作为我国经济建设的新生力量，拥有相对较高的文化水平与专业技能，还有青春的活力，不论是从物质上还是精神上，都必然会在农村经济建设中担任重要角色，带动农村经济发展，这是社会发展的必然结果。因此，当想要解决大学生在农村创业的问题，首先就要解决一个基本问题——我国农村创业形成与发展的机制。

大家都知道，创业的结果是新企业的创立，因此，农村创业的结果是农村新企业的创立。因而，对于上述问题的解答，可以概括地理解为是农村新企业的形成与发展。关于企业的成因，笔者在前面已经分析过，基础的理论观点无非是关于几个方面：一是企业的创立由于生产收入不能预先明确，而创立者又无法独立承担这个风险，所以需要有企业作为支撑平台来抵御风险，“平台”（企业）运用所产生的资本用来支出耗损费用，自己获取剩余价值；二是企业是对市场的一种替代性的体现，为了减少市场运作的交易费用，对于力所能及的领域进行市场的替代性生产，不再是人作为中介沟通市场与市场，而是变为市场与企业互动，这其实也是市场经济发展区域性细化的一种体现。当然，基于这些基础性的理论，我们或许还不能理解作为粮食产地的农村为什么可以创建新企业。农村一直遵循着农业化经营或发展模式，企业的成立就意味着其走上了一条工业化发展的道路。其实，这个问题的本质也可以体现为如何让农业实现工业化经营。

发展经济学当中在工业化发展模式研究领域有很多关于新企业成因的探讨。生产的集群降低了资本门槛的准入，让更多企业的建立成为可能。由于任何资本或者拥有创业天赋、有才能的人都可以依据其自身的优势进入、参与工业化生产，建立新的企业，所以产业集群更容易产生新企业，这也就是为什么创业者更愿意选择经济配套发展好的地区进行创业，为什么经济发展会出现全国性不平衡、产业集群地域性不均衡、人才资源结构在全国范围内出现两极分化等问题的原因。这些问题的最终指向都是社会经济发展的不平衡，终将导致社会阶层两极分化越发严重。经济基础决定上层建筑，经济不均衡的问题如果不解决，社会稳定结构就会出现问题。当然，这也是为什么一定要带动农村经济发展，让农民实现创业致富，奔向小康的宏观原因。以上解答了为什么产业集群下更容易创建企业，那么大学生如何在农村创立新企业，这是我们关注的重点问题。

创业现象具有复杂性，从个体行为出发研究创业行为，更容易找到答案。可以从微观层次建构理论视角，从诸如社会文化、社会关系网络、战略决策等方面来审视现今的创业现象，从而构建创业模型。本书前面已经阐述过创业其实是对创业机会的辨识以及开发的过程，新的企业的产生是创业者、创业机会、创业环境和创业过程相互作用的结果。大学生若想在农村实现创业，就要善于把自己与创业机会、创业环境相连接，实现一种和谐的运营模式，即让自己的资本与能力在创业过程中得到有效利用。国外对于创业的研究以及理论成果已经非常丰富，但是西方的创业模型是基于西方国家的创业活动观察研究而得出的，由于国情的不同，对于我国大学生农村创业虽然有一定的参考意义，但并不可直接套用，还需进行本土化。

值得注意的是，西方的创业模型中往往更重视商业计划，创办高新技术企业。而目前我国的创业大多具有模仿与复制性，都是在一个成功参考的标准下进行的创业，缺乏创新性、独特性与计划性。但是在我国国情的基础上，加之农村特有的现实性状况，我国农村的创业活动必然有其独特之处。

相对于一般的创业活动，在农村创业有其独特性。首先表现在农村创业环境的独特性。相对于城市经济的发展需要考虑的因素，农村创业更要注意的是自然环境、文化环境、经济环境与一定的技术环境是否可以协调发展。这四者之间的和谐性是创业能否成功的关键。

其次，我国农村有其独特的文化环境，保持了一定程度上传统中国的集体主义色彩，形成了一种熟人社会的模式。在农村环境中，日常互动具有某种天然性或者说是强制性，而村民社区的文化环境以及形成的共同价值观和在社会规范之下某个乡村区域内形成的规范，就是通过这种日常互动所产生的，具有一定程度上的封闭性。所以在这种具有相对封闭性的价值观下进行创业活动就必须要融入村民社区文化中，并带动农村社区文化的社会化。

前面提到过西方的创业活动更注重体系性的创业，对于每一个步骤的计划都非常关注，但是这对于大学生在农村创业实践可谓是“纸上谈兵”。相对于西方创业的“物性”，我国农村创业更注重“人性”。

第三，当前我国农村经济发展并不均衡，所以我国也正处在脱贫攻坚的决胜阶段。农村差序格局之下，关系本位主导着村民的人际交往。因此，相对于城市居民资源获取的多元，我国农村资源的获取大多是通过社会关系网络。所以大学生要想在农村成功创业，首先就要把自己的创业活动置于农村的社会关系网络之中，这既是信息资源获取的主要渠道，也是人力资源的积攒。

聚焦于我国农村独特的创业环境，解读大学生在农村创业形成与发展的机制，要在基础理论上进行独特性的发展，所以笔者在此借用了社会化理论的框架构建了大学生农村创业带动农村社会化的模式，进而分析构建大学生农村创业的发生与发展机制。所谓社会化理论，就是将个人社会化放到各种社会关系当中来进行合理化发展，即创业者在追求个人利益的同时因为长远利益的考量会保持并维持一种良好的人际关系，这是社会关系中理性人的存在。

前面对于创业者特征、社会关系网络、文化对于创业影响的研究已经进行了比较充分的分析，基本建构了大学生农村创业机理的逻辑框架。因此，本章尝试基于社会化理论探寻大学生从产生农村创业意向、识别创业机会、评估、开发创业机会直到新企业创建成功这个创业过程的关键影响因素出发，揭示我国大学生农村创业的形成和发展机制。

第一节　农村社区中大学生创业的形成和发展

社会结构影响经济行为，我国农村经济仍然发展缓慢，有很大一部分原因是因为农村社区的相对封闭性，所以通过大学生在农村社区中的创业，带动农村社会化，是让农村市场融入世界市场的基础，也是推动经济发展、实现城乡一体化的重要途径。前面已经分析了我国农村创业的独特情况，本章将基于社会化理论，探讨大学生农村创业行为如何推动农村的社会化建设。

一、大学生在农村社区创业要素的社会化分析

1. 大学生农村创业构成要素

大学生农村创业主要是在农村创业机会识别后，产生创业意向（或事先产生创业意向再进行创业机会的识别），然后进行创业机会评估、发现其可行性，进而进行创业决策与创业机会的实践，实践过后进行反馈与评估。在这些构成要素中，机会评估和创业决策是有一定重叠的。从逻辑上讲，当个体识别创业机会以后，就要做出是否开发创业机会的选择，也就是做出创业与否的决策；在这期间，当然会对创业机会进行评估，评估开发这个创业机会的可能性和可行性等，然后才做出创业与否的决策。由此分析，创业决策的过程实际上包括了机会评估。在基础理论篇中，笔者对大学生农村创业的构成要素已经进行了全面分析，这里就不再赘述，本部分将主要关注社会融入的构成要素与二者间的融通视域。

2. 大学生农村创业要素在农村社区的提取与实现

个体的经济行为是在一定社会背景下进行的，大学生农村创业也不例外，也是融入一定的社会情境中的，因此，大学生农村创业的整个过程都会受到社会各种因素的影响。对于大学生农村创业而言，创业者的创业行为会受到知识、经验以及技能等的限制，也就是认知社会化；也会受到其个人关系网络和农村的总体社会关系网络的影响，即网络社会化；再者，大学生农村创业行为受到村民社区集体共享的价值观、社会规范的制约，也就是文化社会化；最后，大学生农村创业还受到国家政治、法律制度的影响，也就是政治社会化。西方学

者强调农村创业这一概念，主要关注农村环境对于大学生创业的影响，西方国家农村创业活动也主要发生在农业领域。而我国学者更加重视创业者本身的特征和创业活动，而且更为关注大学生创业者在农村创办工商企业的活动。本书针对的是我国大学生农村创业的实践活动，因而构建的理论框架适用于解释我国大学生农村的创业现象，不一定适用于其他国家或地区；而政治社会化是指经济行为受到国家政治体制的约束，所以该因素在本书中可以不予考虑。因此，本书中大学生农村创业行为的社会化构成要素是文化社会化、网络社会化、认知社会化。

（1）大学生农村创业活动会受到村民社区集体共享的价值观、社会规范的影响

文化一直被认为是影响创业意向和创业行为的重要因素，大量学者针对不同文化背景下的国家或地区的创业率差异进行了研究。此处所指的文化主要是指农村的创业文化氛围，对于农村创业的影响主要体现在创业意向和创业决策。

（2）农村创业的网络社会化是指农村创业受到其个人关系网络和农村的总体社会关系网络的影响

农村创业的各个阶段都会受到社会关系网络的影响，作为社会关系网络不同的衡量角度，网络结构、网络关系强度、网络活动、网络支持以及创业榜样等会影响大学生农村创业的不同阶段。

（3）创业情境中的认知社会化是指个体创业会受到自身的知识、技能和经验等的限制

从微观层次讲，创业者的认知与其个体的知识、技能、先前经验等密切相关，也就是人力资源因素。需要指出的是，本书中的社会化是一种中间状态，介于过度社会化和社会化不足之间，既强调社会因素对个体的影响，又不能忽视个体在经济活动中的自主性和主观能动性。从这个意义上来说，人力资源在农村创业情景中的认知社会化既是一种约束和限制，又代表了创业者主观能动性的强弱。从创业主体来说，先前工作经历中积累的经验可能是其人力资源的重要来源。农村创业行为融入其所处的社会关系网络中；社会关系网络支持对于大学生农村创业而言也就显得格外重要。而要撬动社会关系网络，就需要在农村创业的创业者具备一定的个人能力，这也是农村创业的大学生一项重要的人力资源。

二、大学生农村社区创业行为社会化的理论架构

笔者基于社会化理论审视大学生农村创业现象，如图 4-1 所示，搭建文化社会化、网络社会化、认知社会化与农村创业过程之间的作用关系理论框架。在该框架中，大学生农村创业按照过程划分为不同的阶段。大学生农村创业活动可以分为不同的过程：先是有创业意向，然后积极地搜寻并识别创业机会，接着要做出是否开发这个创业机会的决策，做出创业决策之后，农村创业的大学生需要完成各项创业任务，其中一项关键的任务是获取创建新企业足够的资源，最后完成了创建工作，新企业形成并产生绩效。在社会化理论中，大学生农村创业过程融入农村的创业氛围、社会关系网络，并受到创业者自身的知识、技能和经验等的约束。大学生在农村创业的活动其实是一个双向的社会化过程，大学生创业者将自己的行为融入农村社区的氛围中，同时影响着农村社区的整体氛围，潜移默化中冲击着农村的“小

社会”状态，侧面促进城乡一体化发展。

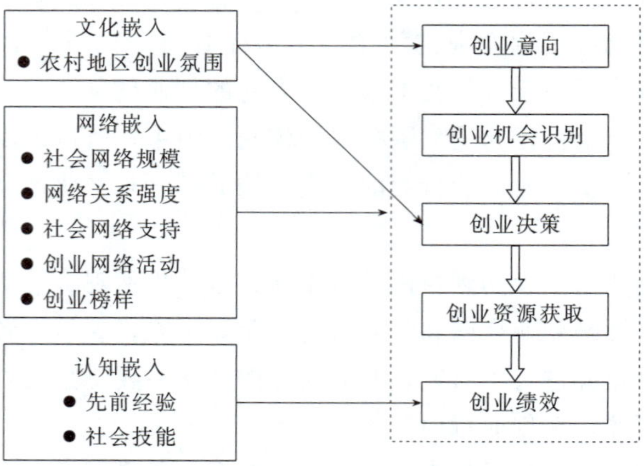

图 4-1 大学生农村创业行为社会化理论框架

大学生农村创业理论框架聚焦于回答“为什么有些人在农村能成功创建新企业”以及“在农村，大学生创业者是如何创建新企业的”等问题。进一步看，基于上文中关于农村创业过程的分析，本书将上述问题具体为：①什么情况下大学生更有意向去农村创业；②为什么只有一部分人能在农村发现创业机会；③发现创业机会后，什么情况下创业者会做出创业决策；④影响大学生创业者在农村获取创业资源的关键因素是什么；⑤影响大学生农村创业的创业绩效的关键因素是什么，以及如何影响。本部分试图通过对这些问题的理论探讨与分析，初步探索我国大学生在农村创业的内在发展机理。

1. 创业意向的社会化

人的行为总是置于一定的环境中而做出的，并时刻受到社会主流价值观的影响。因此，农村社区的社会文化氛围直接影响着在当地创业的大学生的行为判断力。这主要体现在精神层次，如果当地农村社区对于创业的主流思想是积极而又真实的态度，那么就会在当地形成浓厚的创业氛围，从而促进大学生在当地创业行动的发展。

创业意象的产生可能是个体化的行为，但是创业行为的诞生一定是社会化的行为。大学生是否能在农村实现创业，除了个体性的因素，还有就是来自于社会性的因素，比如在农村社会关系网络当中，创业成功的榜样以及家庭成员对于大学生到农村创业的支持态度，都极大地影响着大学生创业意向的生成，这是一个社会化的过程。因此，社会关系网络支持创业与否会影响农村创业的大学生的创业自我效能感，进而影响他们的创业意向。

创业经历有助于提高个体的创业意向。通过企业创建活动，创业者在实践中积累了创业所需的各种知识和技能；即使创业失败，这也是创业者的宝贵经验财富。此外，先前创业经历使得个体有更多的机会接触其他创业者，也就有更多的机会观察和学习成功的榜样，获取有关创业的替代性经验。通过以上分析可以发现，先前创业经历有助于提高创业者的自我效能感，进而增强他们的创业意向。所以，大学生虽然鲜少有创业经历，但是经此一番，不论创业成败都会是未来的宝贵财富。

2. 创业机会的社会化识别

作为信息的重要来源，社会关系网络一直被视为人们获取创业机会信息的重要途径。社会关系网络影响人们接受什么样的信息以及信息的质量、数量和速度，而机会识别是个体获取、解读信息价值的过程，因此，创业者的个人社会关系网络是影响机会识别的关键因素。有意在农村创业的大学生社会关系网络规模越大，进行社会化的程度越深，越有助于其接触到更丰富的多样性信息，从而更容易识别创业机会。在农村关系本位的社群环境下，相对封闭的自然状态让他们缺乏一般社会信任度，“外来”创业者很难从中获取有效信息。而建立在情感、血缘等基础上的社会关系更可能分享有价值的创业信息，帮助大学生在农村发现创业机会。基于历史性原因，在大学生创业群体中，一般来讲，农村创业更适合返乡创业的大学生。

创业路上的人很多，为什么有的人成功了，有的人失败了；为什么有的人能够很快地发现创业机会，有的人一直在想创业，但是并没有行动？就其本质来看，其实就是信息获取的不均等。拥有更多创业资源的人，可以更快地识别创业机会，并为创业机会的具象化提供保障。创业资源既有个体性资源，也有社会关系网络带来的社会性资源，而社会性资源中又有实体性资源与虚拟资源。这都是帮助创业者社会化地识别创业机会、被创业者所利用的资本。

3. 创业决策的社会化

创业决策由创业者做出，会受到主观与客观方面的双重影响。主观影响主要表现为个人偏好与自我认知能力；客观影响主要来自社会层面，创业环境、创业氛围对于创业者的情绪有重要影响。人是社会性动物，人的行为会受到主流价值观的影响，很容易被社会情绪所主导，从而产生行为的趋同性。

在创业决策做出的主观层面中，大学生创业决策的做出与其对于创业项目成功与否的认知有直接关系。在创业决策做出之前，如果创业者认为创业项目预期会产生很大利益，就会做出创业决策。对这个创业项目预期效益的衡量过程的本质其实是创业意向的社会化评估过程，是以个人的能力与社会关系网络提供的信息为支撑而做出的效果判断。创业决策的社会化过程其实就是对创业决策进行社会化分析，做到创业决策更符合情境，降低计划与实践的脱轨可能。

4. 大学生农村创业资源的获取社会化

要实现创业目标，让新企业诞生，就要具备丰富的创业资源与可以合理进行资源配置的个人能力。这其中就涉及了社会关系网络。社会关系网络是大学生在农村创业获取各类创业资源的基础。在农村的社会中，社会关系网络显得尤为重要，它可以为大学生在农村创业提供市场、信息、人力资源、场地甚至是资金等多方面的支持。

社会关系网络需要维持，存在于社会关系网络中的创业资源需要被提取，而这一切都是由创业者的个人能力来完成的。创业者能力的高或低，决定了信息获取能力、资源提取能力与资源配置能力的有效性与合理性。同时，创业者的个人能力又是创业活动的保障。社会关系网络只是为创业者获取资源提供了一种可能性，但是要让这种可能性变为现实，就需要大学生创业者能够运用个人能力进行社会化的提取，这样才能让这些资源真正成为有效的创业资源。大学生创业者需要拓展并加强社会关系网络的开发利用，才能有效地获取所需的各类创业资源。

5. 大学生农村创业绩效的社会化分析

已有研究证明，社会关系网络与大学生农村创业绩效之间存在联系，其中社会关系网络规模、社会关系网络活动、社会关系网络多样性、社会关系连接的强弱等对于创业绩效有显著的正向影响。大学生创业，通过利用个人关系网络获取所需的信息、知识以及其他实体性资源创建企业，在资源上保障了创业成功的可行性。有效的社会关系网络可以提供市场上难以获取的创业资源，减少了创业成本。创业企业绩效很大程度上取决于创业者在创业过程中获取、整合资源的数量和质量。创业者本人拥有的社会关系网络规模越大，就越容易获得更多的资源支持，其新创企业存活与成长的可能性就越高，创业绩效也就越好。

虽然目前鲜有关于大学生农村创业实践的系统性研究，但是关于创业的大量文献已经表明，创业者的经验对于创业本身而言，具有重要的作用，它在很大程度上影响了新创企业的绩效。因为创业能力可以承接，可以转化，多样性的创业经验对于创业活动的进行具有天然的警觉性。新创企业的运营涉及管理、销售、生产、财务等多种职能，这也就意味着大学生创业之前的工作经验越具有多样性，创业企业的绩效也就越高。同理，先前的创业经历增加了职业经验的多样性，也使得大学生创业者能够在实践中学习失败的教训或成功的经验，提高了创业成功的可能性。除此以外，创业的大学生在维持社会人际网络方面的能力直接影响着创业资源的获取，能力越强，在人际交往方面能力越突出，所维持的社会关系网络就会越稳固，这使得创业资源的获取在数量和质量上都具有优势，而这又是创业企业的基础，直接影响着创业绩效。

综合以上分析，笔者认为大学生要成功创建创业企业，需要形成链条式发展，从创业意向形成到发现创业机会，进而做出创业决策，再到获取各种创业所需资源，最后到创立创业企业并获得成功。

第二节　大学生农村社区创业意向的社会化

成为创业者的意向是创业行为的最佳预测指标。本节提出并探索的问题是：在什么情况下大学生更有意向去农村创业？具体而言，本章节聚焦于探究农村的创业氛围、个体社会关系网络对于创业意向的影响。

一、农村社区创业氛围与创业意向的社会化分析

文化是“共享的价值观和信仰”。文化影响创业行为的观点可以追溯到韦伯（Weber，1920）；作为创业环境中的一个独立的维度，文化一直被认为是影响创业意愿和创业行为的重要因素。

文化与创业之间是一种内在蕴涵与外在表现的关系。社会文化环境所形成的主流价值观会直接影响一个人的行为与判断。区域内部如果有浓厚的创业氛围，就会很容易形成创业思维，选择自主创业。在创业意向与行为研究方面，计划行为理论得到了广泛应用。该理论认为，个体的创业意向受到个人态度、主流价值观和行为控制的影响。区域内部创业氛围越浓厚，人们对于创业的接受度就会越高，进行创业的人也就会越多，体现出了环境对于创业行为或者说价值观对于创业行为的正向态度。社会主流价值观对于个体思维在某种程度上具有绝对性的压制。当价值观对某些行为呈现出友好状态时，人们更容易在这个价值观所允许的程度内进行个体选择与判断；当个体的意象与主流价值观产生冲突时，会对个体的选择及判断产生极大影响，甚至放弃个体想法，这体现出了人类对于群体行为的趋同性。与此相悖的是，商机往往产生于市场与技术的空白，这就需要创业者培养创新思维，勇于挑战。

我国农村地区仍然是熟人社会模式，村民们的日常行为互动产生了共同的价值观与区域内的规范，最终形成了农村社区的文化氛围。相同的文化、相同的价值观，可以打破地域的阻隔进行融合，但是如若区域内的价值观与外界的价值观具有冲突，那就会形成不同的文化氛围，产生隔阂，导致市场分化。所以大学生在农村社区进行创业，要将自己的创业意向进行社会化分析，使创业意向可以在大范围内实现融通，不因地域阻挡创业发展，如此才能提高创业成功率。

二、农村社区的社会关系网络与创业意向形成的社会化分析

创业者本身的社会关系网络其实就是由社会关系组成的人际关系网，主要包括个人的社会关系与创业榜样。创业者本身的社会关系网络是获取创业资源、形成创业意向的重要途径，这既包括家庭关系，也包括其他社会人际关系。来自家庭系统的情感与资金的支持，往往可以直接带给创业者本人以信心，增强他们的创业意向；而在个人社会关系网络中出现的创业榜样，根据角色识别理论，当个体认知觉得自己的某些行为特征和创业榜样有所类似的时候，他们就会根据偏好选择性效仿，期待自己也可以成为成功者。创业榜样对于创业者的影响是直接的，因为他可以直接看到创业的成果，所以对有意向进行创业的人就有很强的吸引力。根据社会认知理论，在此过程中通过观察创业榜样，有意向创业的个体也逐渐增长了创业知识与技能，从而坚定了创业信心，强化了创业意向。

相对于城市而言，农村社区是一种关系本位的存在，价值观的形成、信息的获取，都通过社区成员之间的互动而产生的，所以形成了相对封闭的社会关系系统。因而，大学生想在农村创业，首先就要融入农村社区中，把自我社会化处理，获得村民的认可，才能获得创业上的支持，获取有效的创业资源，构建有效的社会关系网络。在农村创业的大学生一旦获得了情感上的支持，融入了农村社区的文化氛围，也就坚定了他们的创业意向。

综上分析，要回答创业意向的社会化过程，应关注大学生农村创业所融入的社会情境因素对大学生在农村创业的社会化作用。由于我国村民社区具有“乡土社会”的特征，村民社区一旦形成支持性的创业氛围，相较于城市社区，会对其成员的创业意向

产生更强的影响。一般创业研究关注的是榜样示范作用，而在农村，家人、亲友这些强关系中的创业成功者是榜样，在农村的其他创业成功者也对其有激励的作用，进而加强大学生创业者在农村从事创业活动的意向。因此，对于相关政府部门而言，要促进大学生农村创业，可以从培育农村创业文化氛围入手，弘扬创业精神，宣传大学生农村创业典型，营造鼓励尝试、宽容失败的良好氛围，从而改变公众的创业偏好，使得大学生更有意向去农村创业。

第三节　大学生农村社区创业机会的社会化识别

上一节探讨了“什么情况下大学生更有意向去农村创业”这个问题，随着国家鼓励大学生到农村创业政策的逐渐推进，更多的大学生有意向到农村社区开展创业活动，但将意向转变为现实的却只是凤毛麟角。是什么原因让诸多有意向进行创业的大学生到最后放弃创业意向而选择了就业呢？最直接的原因就是他们并不觉得自己可以完成创业活动，或者说只有创业意向，并没有抓住创业机会。因此，本节将就农村创业机会的识别问题进行分析研究。

绝大多数研究认同识别创业机会的关键在于获取创业机会的信息，而作为最重要的信息来源，社会关系网络扮演着重要的角色。个体社会关系网络是由个人主要社会关系组成的人际关系网，其中，网络规模是影响人们获取信息的主要变量，它决定着创业者获取信息的数量多少以及有效度，创业者只有将自己置于当地的网络系统当中，把自己进行社会化处理，才可以获取更多的有效信息，有效地识别创业机会。

创业机会的获取与识别来源于创业者的认知系统，而认知系统在极大程度上受到了社会交往的影响。在机会识别过程中，创业者借助社会交往活动，从其他网络成员那里获取与创业机会相关的信息。人脉丰富的创业者获取的相关商业信息更加丰富，也更容易发现难以被其他人发现的创业机会。因此，社会交往能帮助个体感悟并获取有关市场变化、消费者需求等方面的信息，可以更有效地识别创业机会。

我国经济之所以出现两极分化的结构，在相当长的一段时间内难以形成城乡一体化发展，除了我国农村地缘上的问题，很大程度上取决于我国农村仍由关系本位所主导，仍然存在于一种“小社会”的模式当中。相对封闭的社会环境与社群关系系统，让农村很难与城市形成一体化发展。在这个关系本位的社会中，潜在的农民创业者利用以血缘、地缘为中心的人际关系网络实现个人社会关系网络中独立集群之间的信息交流，并进一步扩展其社会关系网络边界，形成独特的运转路径，这让欲在农村创业的大学生更容易获得信息，从而大大提高了识别创业机会的可能。因此，在农村创业的大学生所融入的网络规模越大，越有助于其接触到更丰富的多样性信息，从而更有可能识别创业机会。

在集体主义文化背景下，个体间社会交往的质量高低取决于他们是否属于同一个群体。研究表明，在集体主义文化背景下，一般信任度或者社会信任度是较低的，只有群体内成员的信任度才较高。信任程度影响了信息分享的方式，不同的文化背景也影响了信息的共享。在集体主义文化下，由于缺乏社会信任度，人们倾向于不愿与陌生人分享一些有价值的信息；另一方面，人们也倾向于质疑从陌生人那里获取的信息。因此，在集体主义文化背景下，相对陌生的关系并不能给行为人带来更多的有价值信息，而建立在情感和信任基础上的信息则更具有价值。

我国的人际交往往往呈现出的是以自己为中心的交往模式，把社会分成了“自己人”与“外人”，这其实在潜意识中形成了一个人际交往的闭环，这是一种未社会化状态的表现，而这也是现在我国农村仍然呈现的一种状态。这种相对的封闭状态，导致外来创业的人员在一定程度上很难获取当地有效的资源与市场信息，既不利于本地发展，也不利于创业投资，逐渐地，当地对于创业者与投资者的吸引力就会降低，从而被抛弃，难以发展。因此，社会化是改善封闭的社会关系网络的重要途径，也是沟通内外获取有效信息的重要手段。这是新时代经济发展的要求，也是未来经济格局的必然趋势。

农村社区呈现出了一种熟人关系社会系统。村民内部的日常行为，具有某种强制性，这是一个强制性信息交流的过程，也是价值观交换的过程。每日的日常行为中不断地进行信息交流与价值观的沟通会内生很多创业机会。因此，技能的掌握呈现出了某种区域性，产业也形成了某种区域性的聚集，比如，温州人很会经商，港口地区航运业发达，粮食产地农产品行业发达等。

除了上述所说的创业机会的产生途径，创业领袖或是创业榜样对于创业机会的识别也具有直接性的影响。创业领袖对于大学生在农村创业机会识别的影响主要体现在模仿方面。成功者总是让人崇拜的，因而创业成功的人给了有意创业的人最直观的冲击，让他们直接发现创业机会。但是，在成功案例的效仿过程中，需要一个社会化的过程来进行特殊化定制，这样才能保证成功案例移植后继续生存。

值得注意的是，一味地模仿与效仿可能并不能保证创业活动的必然成功。大学生农村创业有其独特性，行业的创业榜样，可能会因为地域的变化、社会关系网络等条件的变化导致创业结果产生不可预测性。创业者应根据自己的独特性与创业意向，纳入社会关系网络之中，对创业机会进行社会化分析，才能使创业机会具有可行性。

本节探讨了大学生农村创业机会社会化识别的问题。研究表明，创业者的社会关系网络规模、关系强度、工作经历以及农村的创业领袖、行业榜样都是影响欲在农村创业的大学生创业机会识别的重要因素。

第四节　大学生农村社区创业的决策社会化

有意向在农村创业的大学生识别了创业机会之后，就会思考是否做出创业决策，而影响创业决策做出的直接因素就是预期收益。创业机会之所以能被识别，是因为它本身含有潜在的巨大商机。创业者认为，这个商机如果变为现实便可以得到高昂的收益，那么创业者就会极力促成这个创业机会的现实化。当然，这个决策过程，除了考虑到经济收益，也有能力支撑问题。当创业者觉得个人能力不足以支撑这个创业项目的进行，那么就会放弃决策。可见一个创业决策的形成是受到主客观多方面影响的，但是对于他们的思考，都要经过社会化的处理，才具有可行性。

一、创业决策的社会化分析

有别于一般的文化概念，创业氛围是某地区人们关于创业的价值判断、主观规范和态度，是该区域内一种关于创业的社会氛围。

经济行为会融入社会情境，因此地区的文化氛围会影响该区域内人们的态度和行为。社会公众对于创业活动和创业的态度和评价会影响潜在创业者开发创业机会的抉择。创业氛围代表着人们对于创业的价值判断，如果创业者在当地是受到尊重和推崇的，潜在创业者会感觉社会地位得到了提高，即增加了精神收益，因此更有可能倾向于开发创业机会。另一方面，创业是一项风险行为，失败的可能性很大，这使得人们在面对创业机会时往往缺乏行动的勇气。公众对于风险以及失败的态度会影响潜在创业者的信心；鼓励冒险、创新、容忍失败的创业氛围能在很大程度上提升他们的风险偏好，使其在面临创业机会时更倾向于去采取行动而不是放弃。

前面说过，我国农村基本上还是一个熟人社会，农民的日常互动更具有天然性，也就更容易形成共同的价值观和社会规范。因此，农村若能形成支持性的创业氛围，就更能激励潜在的农民创业者做出创业的选择。

二、社会关系网络与创业决策社会性连接

创业的本质其实就是创业者运用自己的社会关系网络来识别创业机会，并开发创业资源的行为过程。大学生创业人群相较于一般的创业者而言，具有异质性高、社会关系规模大、网络资源丰富的特点。而个人社会关系网络对于大学生农村创业决策的影响，主要体现在行业榜样与社会网络知识方面。大学生群体是青年一代，对于市场以及外部环境的敏感度相对较高且积极活跃，所以很容易被行业中成功创业的榜样所吸引，进而去效仿。冲动型的创业者会直接做出创业决策，比较谨慎的大学生创业者会通过观察行业榜样的创业行动给自己以参考，分析其行为与决策的动因，指导自己的创业行动，进行个人的合理化与社会化之后做出社会决策。

社会关系网络主要包括内部网络与外部网络。内部网络主要是指内在认知网络，它帮助创业者做出决策，坚定创业信心，采取创业行动，评估创业行为。而外部网络主要是指人际关系网络与家庭网络。家庭网络是创业者最基本的情感与物质支持系统。大学生创业者因其年龄与所处阶段，家庭支持对其创业行动与创业决策的影响具有重大作用。家庭若是给予情感支持与物质提供，创业决策的做出就会非常快速，反之，则亦然。人际关系网络是创业者除了家庭之外，获取创业资源的另一条重要手段。创业者可以通过外部人际关系网络来获取市场信息、资金支持与人力资本。人际关系网络的规模影响着创业决策做出的速度与准确性。

由于农村社区具有其独特性，邻里关系自行形成了一个内部的人际关系系统，并对外部人员具有相对的排斥性，所以有意在农村创业的大学生，首先就要把自己纳入这个系统中，把自己的创业意向进行社会化的处理，才能够让创业决策具有可行性与有效性。这个社会化的过程是一个内外沟通的过程，要做到大系统与小系统的调和，这样既能减少在农村实施创业活动的阻碍，也能减少把创业产品销往外部市场的障碍。社会化的过程，也会让在农村创

业的大学生感觉到环境支持越来越强，增加创业信心，便于做出有力的创业决策。

第五节 农村创业资源的社会化获取

要成功开发创业机会，就需要有足够数量和质量的资源。由于自身资源不足，农村创业的大学生就需要从外部获取创业所需资源。因此，本节将尝试回答农村创业的大学生如何能从外部获取创业所需的资源这个问题。具体而言，就是主要分析农民社会关系网络、个人能力以及网络活动对于创业资源获取的影响。

创业资源的获取是一个企业能否创立并持续下去的关键。任何一个创业者都不可能拥有完备的创业资源，所以必然要从外部获取。社会关系网络是创业者获取创业资源的重要途径，比如人力资源、资金支持、市场信息等，都是需要创业者通过个人的社会关系网络来获取的。笔者通过研究相关文献发现，在有关创业资源获取方面主流的研究，还是集中于实体创业资源的获取，比如资金与人力，而其他创业资源，比如知识培训、情感支持方面研究较少。中国是一个具有集体主义文化特质，以“情”维系的国家，所以精神层次创业资源的获取，对于中国人创业而言是不可或缺的。中国农村是一个关系本位的社会，农民创业者通过撬动社会关系网络中的网络资源来获取有价值的创业资源，拥有更多社会关系网络的农民有更多的民间借贷渠道。

关于社会网络活动对于创业企业创建的影响，研究认为社会网络活动对于创业企业创建和绩效的影响呈正相关态势。但是，基于边际效益递减的规律，研究也发现更多的社会网络活动对于获取创业资源以及创业绩效的影响是负面的。究其原因，维持人际关系需要花费时间与精力，使创业者减少了在创业其他任务上的投入，影响了创业绩效。因此，社会网络活动对于创业资源获取和创业绩效的影响并非线性呈现，而是倒 U 形关系。除此以外，个人能力也在影响着创业者创业信息的获取以及其他资源的获取。本节主要关注两个重要问题，即大学生农村创业资源获取的关键因素与社会网络活动对资源获取的社会化分析。具体来说，本节将聚焦于大学生农村创业问题中大学生创业者个人的社会关系网络规模与个人能力对于创业资源获取的影响，以及大学生在农村创建企业对于创业资源获取的社会化分析。

一、创业资源获取的社会化分析

社会关系网络就是创业者自身的人际关系网络，是影响创业者获取创业资源的主要变量。根据社会资本理论，社会关系网络的规模与质量显著影响着大学生创业资源的获取。创业资源既包括实体化资源，也包括虚拟性资源，比如市场信息与专业知识等。我们可以把社会关系网络看作是一个房子的基本结构，在这些结构中蕴涵着无数的资源，可以被创业者提取并加以利用。社会关系网络规模越大，资源量就越丰富，对于创业者而言越有利。

在我国农村社会关系网络更具有重要性。城市居民因为网络与资源平台众多，获取资源的方式途径具有多样性，也就具有了创业者个体之间的相对平等性。而农村呈现出了一种集体主义色彩，社会关系网络会主导创业者的创业活动。在农村创业，创业者的社会关系网络规模越大，获取的资源就会越丰富，也就意味着在某种程度上降低了生产成本。在集体主义文化背景下，一般信任度或者社会信任度是较低的，只有群体内成员的信任度才较高。创业是一项高风险的活动，个体往往不太愿意为创业者提供物质帮助，因此，只有那些对创业者高度信任的关系才能提供支持。

我国农村由于保持着传统中国的集体主义文化特征，大多呈现出社会信任感的缺失现象，农民更愿意相信家人、亲属、朋友，而非“陌生人”。因此，建立在情感和信任基础上的关系能够有助于农村创业的大学生获取创业所需的各种资源。社会关系网络关系强度代表着交往频率、信任水平、亲密程度等，通过频繁的交往，创业者能够与网络成员间分享信息和知识。基于情感、信任的网络关系能够更有效地从网络成员中获取有价值的资源。因此，在大学生农村社区的创业过程中，创业者所利用关系强度越高，就越有可能从社会关系网络中获取创业所需的资源。

需要注意的是，社会关系网络的存在是创业者获取创业资源的重要途径，但并不意味着创业者可以全权无条件使用这些资源。前面说过社会关系网络越大，可获取的创业资源就越多，但是这个提取过程需要创业者进行投入，这也是一个创业损耗的过程。只有当创业者的社会关系网络与在其中的投入成正比的时候，创业者才可以获得更多的资源。

创业者在社会关系网络中的投入，其实也就是维持社会关系的问题。社会关系维持对于创业活动而言，既有正向影响也有负向影响。正向影响主要表现在越多的社会关系网络维持的投入，会为创业者带来更多的可使用的创业资源，但这同时就会滋生创业成本，产生创业损耗。只有当维持社会关系网络产生的利益价值超过维持投入时，创业才可以获利，才算成功。

综上所述，在农村人际交往中更加体现出关系导向的特点，社会关系网络更有可能成为农村创业的大学生获取资源的途径；而农村的集体主义文化使得人们更愿意相信家人、亲属、朋友而非“陌生人”。因此，农村创业的大学生可能会花费主要时间和精力在强关系上来获取创业所需的资源。在某种情况下，社会网络成员已经有足够的动机愿意提供各种资源，农村创业的大学生额外的网络活动，花费更多的时间和精力并不能带来额外的效益。

二、个人能力与创业资源获取的社会性连接

前面分析过社会关系网络对于创业的影响，此处创业者的个人能力与社会关系网络其实是整体与部分的关系。个人关系网络在某种程度上可以认为是个人能力的一部分显现成果。个人能力既包括专业能力，也包括社交能力，即实现专业目标的技能与影响他人来实现自己目的的能力。个人能力较强的人，往往能够成功实现自己的创业计划目标，同时维持着良好的社会关系网络。

在中国的文化背景之下，对于个人能力的要求尤为深切。产生结构转型中的中国充满了创业机遇，一直伴随的就是各种困难挑战，创业者势单力薄，是难以以个体的形式对抗市场的，如若经不起市场的敲打，就意味着创业会产生失败的效果。这就需要创业者本人构建社会关系网络来抵抗外部风险。而个人能力与创业资源的获取，也呈现出一种正相关关系，创业者的个人能力越强，所获取的创业资源就会越丰富，创业成功的概率就会越大，社会关系网络的规模如果定型就更为可观，越能保证创业项目的成功实施。

综上可知，在农村创业的大学生的个人能力直接影响着其创业资源的获取与创业行动的

实现。创业者的社会关系网络构成决定着个体可以从网络中获取创业资源的数量和质量，但这并不意味着具有相同社会关系网络的个体能够获取同样的资源，社会关系网论资源的开发能力由创业者的个人能力决定。可见，在农村创业的大学生的社会关系网络规模、社会关系强度、个人能力以及网络活动是影响其获取创业资源的重要因素，具体总结如下。

首先，农村创业的大学生的社会关系网络特征影响其对创业资源的获取。网络规模影响着资源获取的效果，农村创业的大学生的网络规模越大，融入网络中的资源就越丰富，使得农村创业的大学生能够获取足够数量的创业资源。网络规模更大的农村创业的大学生往往更容易获取更丰富的资源，但不一定能以较快的速度获取资源。关系强度是影响资源获取效率的主要因素，建立在情感和信任基础上的强关系有助于农村创业的大学生更迅速地获取创业所需的情感支持、信息和物质帮助。虽然通过其他途径或者弱关系也可能获得创业资源，但是效率相对较低。此外，网络规模、关系强度对于获取不同创业资源的作用是不同的，前者对获取物质资源和信息资源都有影响，而后者则作用于物质资源的获取。农村创业的大学生的人际关系越广泛，就越有可能获得创业所需要的物质资源和信息资源；而能提供实质性物质帮助的一般是强关系，所以，农村创业的大学生所利用的关系强度越高，就越有可能获取物质资源。

第二，农村创业的大学生的个人能力影响着其对创业资源的获取。农村创业的大学生希望从社会关系网络中来获取创业所需的各种资源，就需要具备一定的个人能力。社会关系网络为获取资源提供了一种可能，只有农村创业的大学生充分利用自己的个人能力，积极地构建与拓展各种网络关系来帮助其突破各种障碍，才能有效地获取所需的各种创业资源。

第六节　大学生农村社区创业绩效问题的社会化分析

大学生农村创业中，创建企业并不是最终目的，创建企业后能够在最短时间内实现盈利，是创业成功的关键所在。我国学者在对大学生农村创业进行研究中，曾运用多种理论分析和研究大学生农村创业的成败原因。其中成熟企业的绩效理论和方法是我国学者研究大学生创业成败的重要方法。本节将对大学生农村创业企业的绩效进行社会化分析。

一、社会关系网络与创业绩效的社会化分析

纵观大学生创业，创业绩效与创业者在创业过程中获取、整合资源的数量与质量有关，大学生在创业过程中所整合的社会资源越丰富，获得的资源性支持越多，大学生创业企业的存活率越高，相应的创业绩效的表现也越好。

大学生农村创业者普遍缺乏自创业资金支持以及符合银行要求的抵押物和质押物，难以从市场上获得创业资金支持。在这种条件下，社会关系网络作为创业资源成为关系到大学生创业成功与否的关键。对大学生创业者来说，社会关系网络的重要性主要表现在两个方面。一方面，社会关系网络的规模与质量直接关系到大学生创业的资源的数量和质量。一般来说，大学生农村创业者所构建的社会关系网络越广泛，质量越高，那么其从中所获得的有效的或可用的社会资源越多，或者能够以较低资金获取创业过程中必不可少的资源。另一方面，大学生农村创业者所构建的社会关系网络越广泛，那么其接触到的市场信息越多，越有

利于创业者根据市场信息及时调整经营策略，与客户、供应商等建立起良好合作关系，从而达到不断提高创业效益的目的。

我国农村社会关系网络中的社会关系强度的内核为信任度，社会关系强度较高，信任程度较高，人与人之间的关系越亲密，而这种在社会关系网络中建立起来的较强的信任度对大学生农村创业者获取创业中必需的情感支持、信息、知识和物质帮助等提供了便利，有利于创业企业提高创业绩效。

大学生农村创业中的社会关系网络一般可分为两种类型。一种类型是基于血缘亲情为纽带形成的社会关系。家庭既是大学生农村创业者获得资金支持的首要来源，也是大学生农村创业者获得情感支持的首要来源。建立在血缘亲情基础上的家庭关系，使得家庭成员觉得有责任和义务帮助创业企业发展，并为大学生创业者提供资金、情感以及劳动、信息等种种支持。这种基于血缘亲情为纽带形成的社会关系在大学生创业绩效中起着极其重要的作用。另一种类型是基于商业关系而形成的社会关系。任何企业，包括大学农村创业企业在激烈的市场竞争中生存和发展均离不开商业伙伴的支持，而与商业伙伴之间的关系越亲密，两者之间的信任度越高，越容易获得商业伙伴的种种支持，从而帮助大学生农村创业者不断提升创业绩效，推动创业企业发展。

大学生农村创业过程中，社会关系网络对创业绩效的影响还体现在创业榜样方面。如果大学生创业关系网络中，有先期创业成功者则可对大学生创业者提供较大的创业帮助。具体来说，大学生农村创业者可通过与创业榜样的接触，学习创业相关的知识与技能，以提高大学生农村创业者的综合技能；在创业遇到困境时，大学生农村创业者还可向创业榜样寻求建议和指导，以使创业活动顺利开展；除此之外，家庭关系网络中的创业成功者还可为大学生农村创业者提供资金、场地或物质帮助，以及分享信息、介绍商业关系等，以增强大学生农村创业绩效，提高大学生农村创业的成功率。

综上所述，社会关系网络在大学生农村创业过程中发挥着极其重要的作用，不仅可以为大学生创业者提供创业所必需的资金、物质、场地等支持，还可为其提供信息支持、扩展社会关系网络，建立有效人脉资源，以及在创业过程中的经验分享等，均在提升大学生创业绩效中起着重要作用。

二、个人能力与创业绩效的社会化分析

个人能力是指大学生农村创业过程中所必需的综合能力。创业者的个人能力高低直接关系到创业资源的获取以及创业绩效的提高，对创业成败起着最为关键的作用。

大学生创业者的个人能力涉及各个方面，从社会关系网络的构建来看，大学生农村创业者在构建社会关系网络中的能力越高，则不仅可以构建起各种类型的社会关系网络，还可以不断提高社会关系网络的广度与质量，加强与社会关系网络成员之间的关系，并从中获取创业过程中所必需的知识、信息、资金及其他资源，从而提高创业绩效。大学生农村创业者在创业过程中必须与客户、供应商、员工等进行交往，并建立融洽的关系，以达成合作。除此之外，还需与各级各类政府部门或村镇干部、银行等金融机构建立起良好的关系。在这一过程中，个人能力扮演着重要角色。一方面，个人能力在农村创业中对建立和拓展社会关系网络起着决定性作用；另一方面，个人能力越强，越易与商业伙伴、供应商或客户等建立起良好的互动关系，从而获得良好的资源支持，进而提升创业绩效。

第五章

创业型经济发展——共享经济下农村创新创业

目前如何提高落后地区的经济发展水平、让贫困地区的农村居民共享经济发展成果，已经成为各国政府和学术界共同关注的热点问题，这也是创业实务中急需探索解决的问题。笔者认为，区域性共享式发展不仅仅是全民共享经济发展成果的问题，更是全民有能力和有机会参与经济建设并能平等分享经济发展成果的问题。传统的扶贫开发模式只是给予贫困人口一定的物质资助，对他们的资源开发能力、就业能力关注不够，虽然解决了贫困人口的暂时困难，但是无法从根本上解决农村经济区域性共享式发展的问题。因此，只有找到一种能够促进农村居民依靠自己的能力增收致富的模式，才能够挖掘农村地区的资源优势，形成产品的特色和品牌，提高农村资源的竞争优势，最终形成农村和城市共同进步这样一种可持续发展的局面。农民本身文化水平相对较低，且所处环境相对闭塞，改变这些的重任就交给了大学生。他们从外面带来新技术、新手段、新方式，能够更好地利用本地地缘、资源优势发展农村经济，让闭塞的农村经济融入外面的市场，参与到共享经济发展当中。

第一节　创业经济——农村经济自我发展能力提升的迫切需要

一、提高农村自我发展能力的重要性

20 世纪中期以来，有 13 个经济体利用第二次世界大战后百废待兴的后发优势在 25 年或者更长的时间内实现了年均 7%以上的经济增长，致使贫困人口大幅度下降。但这只是从宏观层次的观察。从各个国家和地区来看，经济虽然在整体上飞速发展，但其经济成果，其实并没有被绝大多数人分享，国家间以及国内的两极分化逐渐加剧。经济不平衡的增加，导致贫富差距不断扩大。近些年来，我国经济的转型发展带来了 GDP（国民生产总值）飞速增长的同时也带来了各种矛盾，收入差距的不断扩大，导致二元经济结构明显，城乡差距也带来了各种经济均衡发展问题。

本书绪论中比较了城乡收入差距，看到农村居民收入增长非常缓慢，城乡居民收入差距在不断扩大，虽然近两年有所改善，但二元结构仍然非常明显。基于现如今全球经济的发展境况，经济学家们不再是一味寻找致富的道路，而是着眼于贫困问题的解决。对于贫困也不再是以三方视角或是理论研究者的角度进行分析与探讨，而是切身带入于其中，从穷人的角

度看待贫困，将贫困的概念范围扩大化，不仅从收入与劳动能力方面进行探索，而且从权利方面进行宏观探寻。从此种层次出发，亚洲开发银行在 2007 年首先提出了包容式增长共享式发展的理念，这是在总结了发展中国家经济增长的实践经验基础上提出的新增长理论——促进就业，扩大和收入平等的经济增长。

包容式增长其实提供的是一种平等机会，通过消除与生俱来的不平等因素而缩小结果的不平等差距。其本质就在于让弱势群体得到保护，使更多的人享受到全球化经济成果，保护中小企业并提升它们的能力建设，致使在经济增长过程中不至于过于倾斜。我国政府已经充分认识到共享式发展的重要性，并在实践中不断强化共享式发展的理念。

如今随着创业对经济社会发展的驱动作用日益突出，我们不得不承认创新创业精神是经济发展的灵魂与活力源泉。创业不仅促进了经济的飞速发展，也带来了社会分工和生产方式的转变。笔者认为，创业型经济应当是现时代中国农村经济发展的主流。它是一种建立在创新创业基础上的经济形态，从制度、政策和战略上保证实体经济的创新。可以说创业活动目前是各国经济持续性发展的原动力，是保持经济活力的有效方式。

新常态下，我国经济正在进行结构转型，因而面临着诸多变化与挑战。以生产要素为例，由于我国之前的主要产业是劳动密集型产业，所以劳动力的成本拥有较强优势，当技术和管理跟上了经济发展的步伐与结构变更的步调，我国的劳动力就会迅速地变成生产力，推动我国城乡建设发展。我国的经济发展经历了几个阶段，由最初的劳动力需求向科技与管理人才的需求转变。如今随着实体经济的不断发展，廉价劳动力的需求又开始攀升，但是如今的国情已与之前大不相同——人口老龄化严重，剩余劳动力逐渐减少，因而生产要素的规模也就逐渐减弱，劳动力的质量和技术的进步成为经济增长的内生动力。这也是为什么必须要强调让创新创业成为驱动经济发展的新引擎。目前市场竞争的新机制是质量化与差异化，所以高效的资源配置是现阶段经济发展的内在要求。

回归到我国农村经济发展所面临的问题，我们可以发现，农村经济与社会发展的客观实践都已表明，以家庭联产承包责任制为特征的经济增长功能已基本消耗殆尽，农村大量优质劳动力的流出使得农村土地大量闲置，或者是进行着低水平的经营，难以发挥其本身价值。至此，城市人力资源溢出而农村缺乏劳动力，是农村和城市经济发展都面临着的尴尬局面。这对于我国经济最直接的影响就是粮食供给受到了挑战。越是贫困的农村地区，劳动力的外流越是严重，农产品供给越是困难。随着人口的不断增长，城镇化建设进程的不断加快，以粮食为主的农产品需求持续增长，供给矛盾加剧。这就提醒我们，赶上经济发展洪流的同时，首先应当牢牢抓住自己的饭碗，没有基础产业为支撑的经济是难以向更高层面进行发展的。相对于第一产业带来的微薄经济收入，第三产业的暴利吸引了更多的人投入其中。不仅种粮的人少了，种粮的地也少了。城郊土地大量向城市转移，粮食安全的保障重任就交给了大部分的边远地区或是天然的粮食产地。可见，农村的每一寸土地都变得非常有价值。创新农村经济发展模式，促进农村产业结构的优化升级、是保障农村经济发展、提升农村经济生活水平的新常态。若想缓解如今的粮食供给的供需矛盾、迎接新常态的需求，首先就要提高农村的自我发展能力与市场竞争力，这是农村经济发展的核心驱动力。大学生作为社会群体的新生力量，也是经济发展主体的新生力量，由他们来创办的私营、个体以及微型企业是推动农村经济对外接轨的重要力量与手段。

二、创业经济是农村提高自我发展能力需要的几点体现

近年来，我国地方政府通过各种方式扶持大学毕业生到农村创业，大学毕业生也在积极响应。以效果来看，创业带动就业促进农村经济发展的效果已经开始显现，农村各种新型创业实体，如特色产品生产、加工和销售，特色旅游企业不断涌现。大学生自身价值得到实现的同时，也带动了当地的农民增收。

支持大学毕业生到农村创业，不仅是解决大学生“就业难”的结构性问题，也是一个关乎国家整体经济社会发展的经济问题，更是一个事关国家社会稳定的政治问题。根据农村的经济低发展所导致的相对贫困现象，可以分为资源或条件制约型贫困和能力约束型贫困。

实践证明，我国农村经济发展水平既受到条件的制约，又受到能力因素的制约。在资源贫困方面，表现为资金制约和交通制约两类。能力约束主要是受到农村人力资源和质量的影响。加快农村的发展单靠外界投入是不够的，更重要的是要注重其自身“造血功能”的培育，而“造血功能”的重要载体就是农村自身的产业发展。因此，发展创业经济是农村提高自我发展能力的需要。主要体现在以下四个方面。

1. 提高农村人力资源存量的需要——创业带动就业

我国是人口大国，而人力资源本身也是一个经济发展优势。所以当一个地区没有其他优势资源发展，但人力资源充沛的时候也是具备发展潜能的。但是，如果所拥有的人力资源不符合当地经济发展需求，那它就会变成一种束缚。20 世纪末期，我国农村人口占总人口比例不断下降，一是因为教育水平的不断提升，让更多的农村孩子走出了乡村，但他们也大多选择留在了城市发展；二是当时我国经济正处于劳动密集型产业蓬勃发展时期，大量的农村优质劳动力发生转移，变为了城市人口。农村留置人员过半数不具有劳动能力，而且其中大部分文化水平较低。这样的现实情况导致了农村生产经营技术含量偏低，难以持续发展。

农村大量耕地被荒废，土地资源得不到充分利用，导致农村地区经济发展水平持续降低。而农村经济的低水平发展难以吸引人才资源。随着城市经济如火如荼发展，乡村经济却停滞不前，甚至有倒退的潜在危险。农村高素质劳动力的外流，相对闭塞的经济环境又让人才难以注入，造成了农村人才资源的枯竭。要想发展农村经济，首先要解决人的问题与人才的问题。营造良好的人才回流环境，创造更多的创业与就业机会成为必然。

2. 挖掘农村土地资源的潜在价值的需要——农业经纪人

我国是一个典型的农业国家，数千年来，农业始终是最重要的产业。进入现代社会以来，我国的第二、三产业逐渐发展起来。尤其是改革开放以来，我国的产业结构进行了较大调整，然而农业仍然是国家建设和发展的根本。当前，我国农村和农业人口仍然占社会的绝大多数。我国农村大部分位于山区或半山区，所在环境普遍山多地少。而在山地上种植粮食的收益较之平原或丘陵等肥沃的土地上的收益相对较少，然而所需的劳动力却并不少。与平原相比，山地更适合野生水果、香料、药材和特种林木等农林作物的生长。如果在山地上成规模化地栽种特色农林作物，那么其收益将远超普通的农作物，而山地的土地价值也会被充分挖掘出来。近年来，随着我国“三农”政策的不断深化，农村中的特色农产品种植或养殖逐渐成为农村经济新的驱动力。而农村特色农林产品的大规模种植或畜牧产品的规模化养殖

极大带动了农村基础产品加工企业以及生态旅游的发展，为大学生农村创业创造了更多的机会和更佳的创业环境。当前，我国农村特色产品的种植和加工已取得了初步发展，然而距离真正的商业化运作和品牌化经营还相距较远，而这也为大学生农村创业者提供了较大的机会。因此，大学生农村创业者要想在创业中脱颖而出，不仅要具备一定的农业知识，成为研究型农业专业人才，同时还要掌握市场营销知识，成长为真正的农业经纪人，此外，还需具备一定的科研能力，通过科技研发寻找农业经济的新出路。

3. 提高农村矿产资源开发的共享性的需要——企业统筹发展

我国幅员辽阔，农村地区特产丰富，然而只有合理开发农村资源，才能实现农村经济社会全面发展，而这一点也是农村经济发展的基本途径和必然要求。我国农村中分布着大量的矿产资源，这些矿产资源的开发既带动了农村的工业产业发展，同时也增加了农民的整体收益。当前，我国农村地区的矿产资源的开采多处于初级水平，即对矿产进行开采以及粗加工。且多将矿产资源承包给有资质和实力的开发商。然而这些开发商将矿石开采出来后，较少在当地直接加工，一般多运往外地集中加工。这种矿产开采方法无法使得周边农村的老百姓直接受益。大学生农村创业者若能够与有资质、有实力的矿产开发商合作，在当地建立起采矿、选矿、加工和冶炼一条龙的企业，即构建农村矿产开发产业体系，不仅可以将矿产资源的价值最大化，还可为农村地区创造更多就业机会，增加地方税收，取得一举多得的效果。

4. 发展旅游资源的需要——特色旅游

我国农村地区虽然多处于山区或半山区，然而乡村的风光却别具特色。过去，由于交通不便，我国乡村地区尤其是位于山区的乡村旅游资源开发较为滞后。近年来，随着我国乡村地区交通越来越便捷，许多城市生活的居民渴望到农村旅游，欣赏自然风光。尤其是近年来我国农村建设中提倡“金山银山不如绿水青山，绿水青山就是金山银山”，坚持生态化发展，大力开发乡村旅游，使得乡村的旅游资源逐步开发出来，而乡村旅游也成为提升农村地区经济发展水平的重要策略。乡村旅游的发展极大地带动了乡村的餐饮服务业、农产品加工和销售等一系列传统或新兴行业的发展。乡村旅游的开发与建设不仅使我国的乡村传统文化得到了保护和弘扬，还极大地带动了农村的工艺品、特色食品、农产品的生产、加工和销售等创业机会，为大学生农村创业提供了更多商机。然而，纵观当前我国的乡村旅游，山寨和模仿现象比比皆是，为我国的特色化乡村旅游的发展造成了巨大障碍。对此，我国乡村旅游应注重前期的规划与建设，找准特色，跳出一味地模仿之路，从而使我国乡村旅游走上健康的发展之路。

综上所述，在我国社会经济快速发展的今天，推动农村地区的健康发展离不开创业，而通过乡村创业带动我国乡村地区各个产业的均衡快速发展，既是推动我国乡村经济发展、缩小城乡差距的重要途径，同时也为我国大学生就业难的问题提供了解决思路。近年来，我国十分重视农村地区的发展与建设，大力落实农村扶贫政策，实行精准扶贫。2020 年，我国现行标准下农村贫困人口将全面实现脱贫，贫困县全部摘帽，解决区域性整体贫困，让所有贫困地区和贫困人口一道迈入全面小康社会。在国家政策的大力扶持下，我国农村地区的发展正全面步入快车道。在这一时期，我国农村尤其需要那些将资源、技术和人才整合在一起的创业企业，带动农民在新机遇面前抓住增收致富的机会。而大学生群体既掌握了一定的专业技术，又能获得农村的资源支持，是农村创业群体中不可忽视的重要力量。

第二节 农村经济发展的动力研究

我国农村经济发展的动力主要体现在两个方面，一为外部输血，二为内部造血。所谓外部输血是指在农村经济发展中，通过国家和地方政府的政策性援助而推动农村经济的发展。自中华人民共和国成立以来，尤其是改革开放以来，我国为了发展农村经济出台了若干政策，然而城乡差距却仍然呈现出不断扩大的趋势，因此亟须农村内部造血。所谓内部造血，即是通过农村创业等带动农村发展，通过不断挖掘和整合农村地区的优势资源，推动农村不断发展，使我国农村从依赖外部政策支持，到主动借助外部政策提高农村的自我发展能力，使农村发展从外部输血向内部造血转变。而在农村创业群体中，大学生作为掌握先进知识和先进技术的群体，担负着不断提高农村造血能力和水平的重任。在我国新农村经济建设中，新产品和新要素作为一种外生变量能够有效推动农村经济的发展。新产品既可在外部力量的推动下，作为一种输血的方法引入到农村，例如，通过政府相关政策、外部投资者需求等实现引进，同时，也可作为一种内生的造血方法，由大学生农村创业群体或农村经纪人在开发出新的农产品后，为其配备一系列相应的技术，为新产品的规模化发展提供必要条件，促进农村经济的全面发展以及农村生产力的提高，实现农村增收致富的目的。

一、经济发展与产业结构的关系

现代经济学观点认为，现代经济的发展与产业结构之间存在着极为密切的关系。从现代经济发展的本质来看，现代经济的发展是产业结构变动的结果。经济增长离不开产业结构的调整，同时也对产业结构的变动产生了一定的影响作用。而产业结构对经济增长的作用主要表现在两个方面。一方面，产业结构的合理性是经济健康增长的必要条件。我国农村经济始终坚持农业作为第一产业的地位不动摇，同时大力发展现代工业和服务业，以确保在产业结构合理的前提下大力推动我国农村经济的发展。另一方面，产业结构的升级所产生的结构效应在一定程度上也促进了我国经济的迅速发展。我国农村的产业结构调整的过程，即是农村地区生产要素等资源重新分配的过程，同时也是农村技术不断进步、产业不断升级的过程。

产业结构与经济发展之间存在着相互依赖和相互影响的关系。而这两者之间谁处于主要影响地位，谁处于次要影响地位，传统经济学理论的结论分为两个方向；第一个方向为产业结构变化引起了经济总量变化；第二个方向为产业结构变化是经济总量变化的结果。一个国家或地区的经济发展需具备三个条件，即较高的经济积累比例、建立发展较快的管控部门、制度上的改革。依据罗斯托理论，产业结构变化对经济总量的变化的影响主要通过管控部门进行驱动，即管控部门通过采取各种手段，确保国家或地区经济总量的增长。从发达国家GDP的增长规律来看，每个发达国家的经济增长几乎均伴随着人均产出的提高和人口高增长，从而导致生产率不断提高，经济结构与经济增长相适应等特点。而这些特点背后的逻辑连接即为劳动生产率的不断提高。由此可见，发达国家GDP的提升与人们持续增长的消费需求有关。消费需求引发社会产业结构的变化，从而推动国家或地区的产业结构不断升级，极大地带动了经济的发展。

综上所述，当产业结构变化在某个国家或地区的整体发展中起主导作用，那么，该地区的经济则大多属于技术导向型经济，通过技术创新不断促进经济的增长。与技术导向型企业相对的是消费导向型经济，即通过大力度地刺激消费促进产业结构的变化，实现产业升级，并最终实现促进经济增长的目的。我国农村分布十分广泛，不同农村地区所处的地理环境和区位不同，所拥有的区位优势和资源类型不同，因此在具体发展中，应本着因地制宜的原则，选择适合当地的经济发展，只有这样才能正确判断经济增长和产业结构变化之间的关系，才能寻找到适合农村发展的自身特色与特点。

二、经济发展的要素分析

随着产业结构的逐渐优化、升级，经济增长已经成为不出意外的必然，经济增长的质量如今已经逐渐取代如何实现经济的飞速发展成为中心议题。关于质量的研究，我们必然要从要素研究入手，关于经济增长的影响因素已经从单要素投入向多要素投入转化。

要发展农村经济，必须引入新的生产要素，要素投入数量的增加对经济的增长具有拉动作用。经济发展中运用新品种和新技术是新时代经济发展的要求，所以大学生在农村创业的最优方式便是运用这些新品种和新技术的方法，通过要素的重组来提高生产效率，打通市场。新品种、新技术和人力资源可以说是如今农村经济增长新生驱动力与“造血机制”。新要素和多品种的经济增长理论指出，在完全竞争的市场中，新要素和新品种是决定在农村创业的大学生收入的唯一因素。新要素和新品种是通过它们在市场中的竞争优势实现价格的增长，从而给在农村创业的大学生带来经济收入。农村经济发展的新方向应该要通过引进新的品种和新的生产要素，实现产品竞争异质化的优势，通过提高产品的品质、特色来提高产品的市场竞争力，从而提高在农村创业的大学生的创业成功率与当地居民的收入水平；经济增长和产业结构关系理论告诉我们，经济增长的原因是多种多样的，不同的地区表现出不同的经济发展特点，有些已被证明成功的发展模式，在不同的地区也许有不同的效果。所以，结合区域经济发展特点选择具体的发展模式，将会大大提高农村经济建设的效果。

显然，在我国新农村经济建设中，新要素作为一种外生变量能够有效推动农村经济的发展。新要素既可在外部力量的推动下，作为一种输血的方法引入到农村，例如，通过政府相关政策、外部投资者需求等实现引进，同时，也可作为一种内生的造血方法，由大学生农村创业群体或农村经纪人在开发出新的农产品后，为其配备一系列相应的技术，为新产品的规模化发展提供必要条件，促进农村经济的全面发展以及农村生产力的提高，实现农村增收致富的目的。

三、农村经济区域性共享式发展的内生动力来源

前面已经分析过，人力资源和技术创新是农村经济区域性共享式发展的内生动力。大学生在农村创业可以实现对农村人才资源与人力资源的储备，所以积极发展农村创业型人才是农村经济区域性共享式发展的源动力。

1. 创业领袖和科创典型是农业新技术推广运用的领导者

目前农村的土地面积和家庭劳动力数量在家庭增收中作用已经不大，要实现农村经济快速发展必须发展规模化和现代化农业。通常采取两种方法：一种方法为解放劳动力，即通过大量劳动力的加入实现农业致富；另一种方法为提高土地资源的生产力水平。大学生农村创业群体的领袖和科技致富示范户作为农村经济改革的领军人物，在生产和加工过程中，常通过使用现代化先进技术开展规模化经济作物种植或规模化养殖，从而不断提高生产效率。此外，大学生农村创业群体在创业过程中，为了发展生产的需要，常将农村中分散在各家各户的土地资源集中起来，通过土地流转或建立专业合作社等方式，提高农村土地的利用率，建设规模化农业创业基础，不断提高农产品的规模化种植和总价水平。而对我国农村的养殖创业者来说，则常通过引进现代先进科学技术，推动农村地区的现代化特色养殖业的规模化发展。当前，我国农村地区的规模化养殖大多采用“专业合作社＋公司＋基地”的模式，通过在现代化养殖中吸引有实力的公司加入，建设农产品生产和加工基地，推动农产品加工和特色养殖产品加工行业的发展，并逐渐健全特色农业和养殖业产业链。大学生农村创业者在创业中，也可朝着建设农村专业合作社的方向，不断带动周围的农民共同创业，建立健全农村农业和畜牧业生产和加工生产链，带动农民共同致富。此外，大学生农村创业者还可作为农业经纪人，一方面通过及时收集和整合市场信息，在农民和销售商之间架起沟通的桥梁，确保特色农产品和特色养殖的销售渠道畅通无阻；另一方面，大学生农村创业者通常掌握着较先进的农业科技，可通过项目引进的方式，推动我国农村的现代化农业和畜牧业发展，实现农村现代农业和畜牧业的升级改造，不断推动农村经济的市场化发展，带动农村消费升级，最终实现农村经济的全面发展。

2. 创业团队是带动农村经济发展的核心竞争力

我国农村的物产极为丰富，具有各式各类矿产资源、旅游资源和特色文化资源等，然而在我国传统农村经济的发展过程中，由于缺少专业人才和资本导致我国农村的特色资源没有得到有效开发，没有成为农村经济发展的优势所在。我国特色农业和特色养殖业的规模化发展，均离不开专业人才、管理人才和大量的资金投入。大学生农村创业者或为专业技术人才，拥有一定的专业知识，或掌握了一定的管理知识和管理技能，在创业过程中，常常还需要通过招商引资来获得充沛的资金，以实现农业的规模化生产。

除了丰富的物产资源外，我国农村还遍布丰富的旅游资源和特色文化资源，开发农村的旅游资源需要大批旅游开发人才，还需要大力发展旅游服务业，因此需要大量旅游服务创业人才，通过创业在旅游景点或周边建立家庭旅馆、农家乐、特产销售、景点开发以及文艺服务等，使农村旅游产业链更加完善。

3. 研发型人才引导农村产业结构调整

我国农村产业结构普遍以农业为主，工业生产和服务业为辅。改革开放以来，随着我国农业科技的发展，农业生产逐渐朝着机械化的方向发展，农业生产所需的劳动力大大降低，农业产出量不断增加。大量农村剩余劳动力纷纷进入城市打工，农村经济与城市经济之间的差距越来越大。近年来，随着我国农村产业结构的优化和调整，我国农村的工业和服务业发展迅速。农村产业结构的调整和升级一方面减缓了农村进城务工人员人数，增加了农村地区的就业率，使农村地区和城市地区的劳动力市场保持相对平衡；另一方面有利于促进我国城乡经济的平衡发展。农村产业结构升级并非仅限于产业链的升级，而是需要大量掌握先进农业科技的知识分子，包括大学生在内，通过在农村创业的方式，不断研发出新项目，以此带动农村产业链和产业结构的升级。而对于大学生农村创业者来说，在农村创业中，只有通过开发新项目或开发新产品，并在此基础上形成独具特色的品牌，才能在激烈的市场竞争中获得一席之地。

4. 外向型人才让农村走向国际

自改革以来，我国市场逐渐与国际市场接轨。近年来，受经济全球化的影响，我国的改革开放政策不断深化和深入发展，我国经济的国际化程度越来越高。我国农村经济的良性可持续发展也必须坚持国际化道路。我国农村经济在迈向国际化的过程中，需要大量国际化人才。当前，我国许多农村地区的国际化人才以及对外销售人才严重缺乏。大学生作为我国重点培养的高级知识分子，大多具有较为广阔的视野，尤其是具有国际视野并精通多国语言的外向型创业人才，在我国农村走出中国、走向国际的过程中起着极为重要的作用。外向型人才通常能够将国际市场的需求与农村的特色农产品结合起来，通过不断提升农产品的附加值推动农产品的国际化经营，让农村的特色农产品走出农村，走向世界，以此推动我国农村经济的发展。

总之，农村经济区域性共享式发展，是新的经济发展模式，主要表现在通过特色产品和特色文化的发展，形成地方产业品牌，从而促进农村经济的产业化调整。这表明新型农村经济发展需要有经济实力的企业家来投资开发，更需要技术型和管理型人才参与到其中。大学生拥有充当这个媒介的天然潜质。在农村创业的大学生大多希望扎根农村，开发资源，带动创业型经济发展，促进农村创业基地的建设，带动农民增收致富。他们相较于一般人拥有较强的市场挖掘能力和语言交流沟通能力，是不需要过多培训的外向型创业人才，在将农村市场与城市市场、农村市场与国际市场有机地结合起来，实现农村经济参与国际竞争，提高市场份额，推动农村地区经济的快速健康发展中扮演重要角色。

第三节 农村区域经济联动式发展——产业化创业

一、创业驱动区域性农村经济共享式发展

创业活动是将社会资源、资金、技术和人才融合在一起的社会活动，是提高社会效益、促进社会和谐发展的新生动力。大学生在农村创业可以有效促进农村非农产业的发展，提高创业者自身收入水平的同时提高当地农民的收入，带动当地农村经济发展。区域性农村经济共享式发展包括两个基本要求，即农村经济发展水平提高和农村经济发展水平的增收。除此之外，农村地区劳动力素质以及就业机会的多寡则是实现区域性农村经济共享式发展的条件。本节主要从大学生农村创业驱动农村经济发展、农村人力资源开发、农村劳动力就业和农村居民增收四个方面对创业驱动区域性农村经济共享式发展进行分析和阐述。

1. 大学生农村创业驱动农村经济发展

产业结构升级的过程即是用新生事物代替旧事物的过程，这一过程与创业具有一定的相似性。新常态下的创业过程即是通过研发新品，或将新技术应用于生产中，代替旧产品和旧技术，以带动产业结构升级，促进经济结构优化。大学生农村创业群体即通过研发新技术或开发新产品，以及通过资源整合、技术创新和文化传播等方式促进农村经济结构的调整。本部分主要以大学生农村外向型创业企业为例，对大学生农村创业在农村经济发展中的驱动作用进行解读。

(1) 大学生农村外向型创业促进城乡经济一体化发展

所谓外向型创业是指大学生农村创业群体在国家或地方有关政策或制度的激励下，以农村地方特色产品的加工、销售、农村特色文化经营、特色餐饮服务为创业依托，在农村区域之外的城市或在国际市场建立销售渠道、开创事业的创业方式。大学生农村创业外向型企业的发展通常是对本土创业产业链的承接，即在现有本土特色农产品产业链的基础上进行升级和延伸，从而达到吸引资本以及扩展农产品的销售渠道的双重目的。大学生农村创业外向型企业在推动农村经济发展时的路径主要有两条（如图 5-1 所示）。

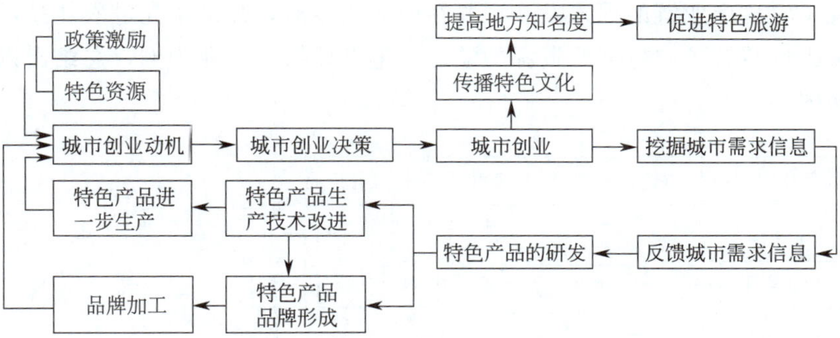

图 5-1 大学生农村外向型创业对城乡经济一体化发展的驱动机制

路径一：外向创业—外部市场信息挖掘—信息反馈到农村市场—特色产品的研发—特色和品牌形成—外部市场需求上升—农产品（原料）价格上升—生产规模进一步扩大—科技含量进一步提升—农村创业的大学生受益—经济增长。

路径二：外向创业—特色文化传播—特色旅游—特色产业发展—本土创业—经济增长—大学生农村创业成功及农民增收。

农村特色农产品在激烈的国际市场竞争中的优势在于产品特色和品牌优势。大学生农村创业中的外向型企业的动机即为通过对农村特色产品或特色产业的经营而在市场中获得一席之地，抢占外部市场份额。一般来说，创业企业在激烈的国内外竞争中的盈利机会在于特色产品的竞争力，产品竞争力越强，所占市场份额越大，获得盈利的可能性越大。大学生农村创业者常通过整合外部市场的需求信息，并根据外部市场需求，不断改进特色农产品的生产和加工环节的研发，推动农村特色农产品生产技术的改进与创新，从而将特色产品打造为适应外部市场需求的农产品，进而在激烈的市场竞争中获得一席之地。而在特色农产品的加工与生产过程中，可以改进生产技术，创新产品，推动农村产业链升级；除此之外，特色农产品的升级和更新还可增加新的就业机会，推动农村经济发展。大学生农村创业者在对外销售特色农产品或开发特色旅游产品时不仅能够获利，还可以在无形中传播地方特色文化，提高当地农村的知名度，从而推动地方特色旅游，进而带动旅游相关服务产业的发展，促进农村产业结构调整、农民致富增收。

大学生农村创业外向型企业对农村经济区域性共享式发展的主要影响体现在以下几个方面。

①大学生农村创业外向型企业不仅能够解决大学生的就业问题，还能够带动农民就业。②大学生农村创业外向型企业在形成特色品牌的同时，还能够不断提升产品价值，提高产品的竞争优势。③大学生农村创业外向型企业在打造特色农产品品牌以及对外销售特色农产品时还可传播地方特色文化，扩大特色农产品所在农村地区的知名度。④大学生农村创业外向型企业在打通国内外市场的过程中，在激烈的市场竞争中不断提高特色农产品的价值，使特色农产品的价格保持在一定的合理范围内，从而保护了生产者与创业者的利益。

（2）大学生农村引进型创业驱动农村产业结构优化升级

我国农村特色经济的发展中，政府或农业经纪人在相关制度和政策的推动下，可通过招商引资的方式引进特色专业人才或先进技术，通过外部力量推动农村经济的发展。大学生农村创业群体通过将先进技术或资金引入农村，有效促进了农村资源的开发与产业结构的调整，从而实现了农村产业链的深入发展，并在引入资本时，吸纳了先进农业技术，并引进了专业人才，极大地缓解了农村创业资源的缺乏。笔者以第一产业为例，总结出以下三条主要实现路径（如图 5-2 所示）。

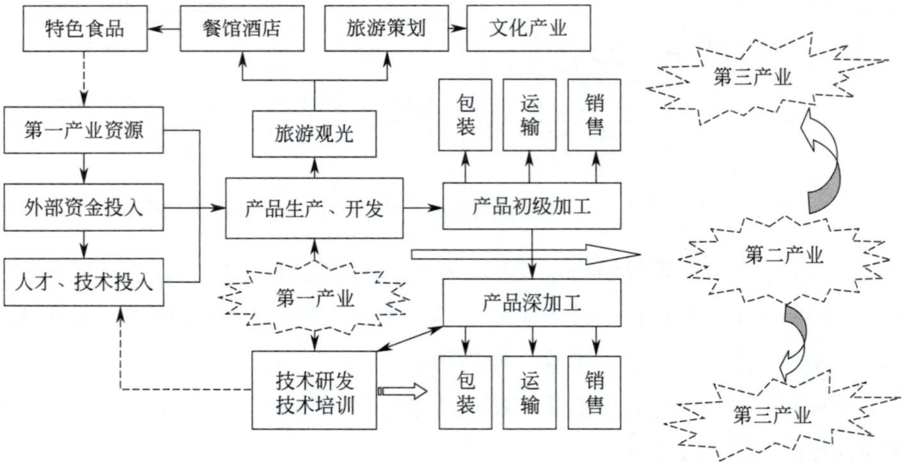

图 5-2 创业对农村产业结构优化升级的驱动作用

路径一：资源吸引—产品生产—产品加工—产品包装、销售、运输。

路径二：资源吸引—产品生产—产品研发—产品加工—产品技术转化—产品出口。

路径三：资源吸引—产品生产—旅游观光—旅游策划、餐饮酒店服务—特色食品、特色文化。

显然，具有潜在价值的农村资源是大学生选择农村创业的动力源泉。他们利用自身的技术优势、专业优势或是资金优势在农村发展产业化经营，并根据市场需求进行调整与对接进行销售，实现生产包装运输销售一条龙，这也促进了第二、第三产业的发展。这是第一条路径的运作机制。

第二条路径是通过提高产品质量来实现的。通过提高产品质量来提高产品的市场竞争力，进而提升农产品价值，创造出品牌效应，将产品销往外部市场，并提升产品附加值。产品质量的提升虽然增加了成本，但是也增加了它的内在价值与附加值，创业者采用先进的技术，注重各环节生产，为品牌性专业化经营起到了奠基的作用。整个过程中，产品的生产、加工和研发同步进行，促进了农村第一产业的规模化和科技化发展，而贯穿于其中的技术培训带动了区域性的科技化生产。另外，产品价值的增长过程实际上也是产业链条的延伸过程。在农村创业的大学生要想获取更多的利润，则需要不断整合资源，与更多掌握优势资源的人合作，建立起优秀的创业团队，不断促进创业所在农村地区的加工工业、国际物流、产品销售业的发展，推动农村产业结构的调整和优化升级。

第三条路径，从市场需求出发，将市场需求与本地特色相结合，打造具有特色的创业企业。例如，近几年来十分火爆的乡村旅游项目。从市场需求角度来看，近年来，随着我国国民生产总值的提高，人民的经济水平普遍提高，城市消费者产生了极强的旅游需求。农村的自然山水与淳朴的生活方式、慢节奏的生活与城市环境截然不同的地方，成为城市人抛却焦虑与压力、远离城市喧嚣的身心放松之地。而农村地区在进行特色农产品或特色花卉的规模化种植中，可利用特色农产品或特色花卉的观赏价值，在农产品或花卉最具观赏性的季节开展季节旅游，让城市中的游客饱览与众不同的农村风光。而在开展农村旅游过程中，还可带动餐饮、住宿等相关产业一并发展，大力促进农村地区经济的发展。除此之外，还可针对农村地区独具特色的物质或非物质资源，开发特色文化与特色产品项目，从而促进农村地区的品牌性发展，以品牌化的经营吸引更多创业者到当地创业或者投资，最终达到推动本地的创业与就业、提升当地整体经济价值的效果。

（3）本土化创业对农村经济可持续发展的作用机制

所谓本土化创业，即指农村本土人才在本土从事专业种植、养殖、个体经营、农产品加工或销售等的创业活动。本土化创业是农村经济发展中的内需力量，也是推动农村经济增长的基础力量。农村本土创业领袖在创业过程中，可带动周围的众多青年、老百姓共同创业，一方面有利于充分激发本土人才的创业热情，极大地增强本土经济发展的内需力量；另一方面，可带动当地经济朝着产业升级的方向前进，达到带领本土人民共同致富的目的。就研究的主体而言，这种类型主要针对返乡创业的大学生。其驱动机制如图 5-3 所示。

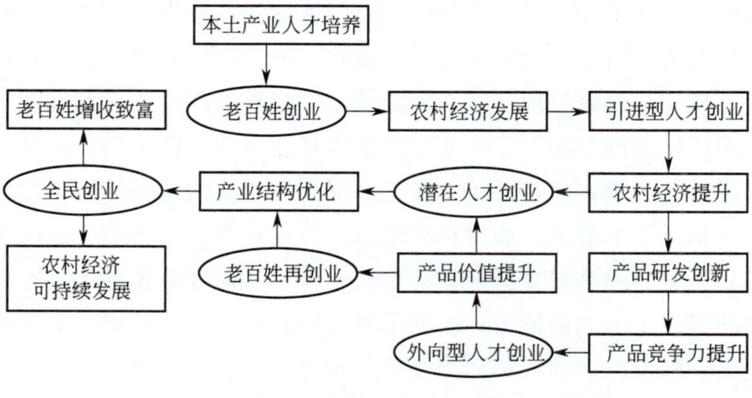

图 5-3　创业驱动农村经济可持续发展的作用机制

在社会舆论与政府政策的鼓舞下，每年有大量的大学生投身于农村进行创业。他们的创业，带动了当地农村的各产业链条发展，让大学生创业者实现自身价值的同时，也为当地提供了更多的就业机会。优势的资源与优惠的政策带来了可观的外部投资，这也解决了一些有意向在农村创业的大学生的资金缺乏问题。引进创业人才、吸纳大学生在农村创业实现了农村经济的产业化经营区域性发展，将相对封闭的农村逐渐吸纳进了大市场，打破了农村地区的垄断，也对曾经具有绝对优势的城市市场带来了竞争，实现了本地产品的价值升级与脱贫致富。在农村创业的大学生作为农村经济发展的主动力量，是推动农村发展的主要力量，也是农村财富的追求者和主动创造者。大学生农村创业者的各项素质在创业和就业过程中得到充分发展。在这一模式中，农村地区的引进型创业人才、外向型创业人才以及本土创业人才优势互补，共同促进农村产业链升级，并对产业价值链的价值进行分配，从而推动了农村地区的总体经济发展，使得农村收入水平与社会经济发展水平同步提高。

大学生农村创业在提高创业者的素质、实现创业型人才结构的优化配置的同时，还在一定程度上推动着农村经济社会整体健康发展，推动了社会各方面的和谐发展。从微观来看，大学生在农村创业可以将学到的理论转化为实践，也逐渐弥补了大学生的经验空白，让大学生在创业过程中得到能力与价值的提升，增加自我效能感。从宏观方面来看，大学生农村创业者不仅为农村产业结构的优化和升级做出了一定贡献，同时还推动了农村经济社会的健康和谐发展，实现了农村经济与城市经济、农民居民与城市居民共同发展，并为农村地区的人民提供了大量的就业和发展机会，极大提高了农村居民的收入水平，增强了农民的创收能力，推动了农村经济区域性共享式发展。

2. 大学生农村创业驱动农村人力资源的开发

人力资源开发的途径和方式主要包括教育、培训、劳动力迁移和卫生保健四个方面。通过大学生农村创业者对农村人力资源的开发研究可以发现，大学生农村创业对劳动力迁移的影响，尤其是第二、第三产业对于劳动力的回流有积极作用。而从创业企业来看，劳动力创业或就业的过程即为人力资源开发的过程，在这一过程中，劳动的专业技术水平和整体工作能力普遍得到提高。从总体上来看，大学生创业对农村人力资源开发的作用主要以下几个方面。

（1）农村劳动力在大学生创办的农村企业就业中形成人力资源

不同于城市中的专业技能人才，农村劳动力的就业弹性较大。大学生农村创业企业在创业过程中，不可避免地吸纳了部分农村劳动力就业，并带动了身边一部分农民共同创业。而就业者与创业者参加工作的过程即是人力资源开发的过程，其运行机制如图 5-4 所示。在我国社会主义市场经济体制的影响下，企业之间的市场竞争性不断增强，而企业出于提升工作效率、带动工作绩效的考虑，通过对企业员工开展各种形式的培训活动，充分培养和提高员工的技术水平，挖掘员工的潜力，激发员工潜能，从而使得员工在这一过程中不断增强和积累专业能力和知识经验，提高自身的经营、管理水平，从而在整体上培养和提高了员工的各项技能，甚至培养了员工的创业能力，激发了员工的创业意识，使得员工的个人素质和技能水平得到极大提高。随着时间的推移，当员工的创业意识逐步增强，创业能力不断提升时，在合适的时机就会产生创业动机，从而不断朝着创业的方向进行考察，做出创业判断与创业决策，最终促成创业行动的实施。从员工个人能力来看，每位员工均具备一定的创业潜能和创业素质，有的员工创业意识较强，创业才能较为显著；有的员工一开始创业才能不足，创业意识较弱，在开始工作时大多选择先成为雇员，在工作过程中通过近距离观察创业者，了解企业运作机制和管理方式，不断学习市场营销，掌握先进生产技术，积累创业才能，当创业才能积累到一定程度时，即会产生创业意识，从而朝着创业方向有意识地建立社会关系网络，并在合适的时机从企业雇员转化为自我创业者，开始创业。大学生在农村进行经济经营性活动，或者是生产性活动，既是一个创业的过程，也是一个就业的过程。

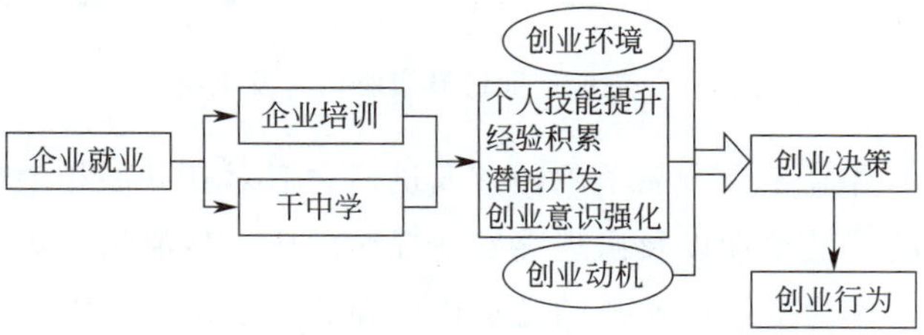

图 5-4　劳动者在就业中形成人力资源的动力机制

(2) 创业企业在产业链升级中促进人力资源的开发

为了应对变化万千的经济形势，创业者需要根据发展需求，选择、配置人员组成内部员工，并且要通过各种途径来提升他们的专业素养，以让企业发展的效率最大化，个体上人才得到了深层次开发，宏观上也让企业与地方经济得到了充分发展。当然，这个过程是与产业链升级相融合的，是产业驱动模式。所谓产业链其实是建立在价值理论基础之上的企业进行聚集地新型空间组织形式，它表现为产业集聚的企业聚合，聚合的企业也形成了一种长期的战略同盟关系。产业链升级，其实也是优化了联盟企业间的竞争与合作的关系，提高了它们应对风险的能力，具体可以表现为提高生产效率、缩短开发周期、降低生产成本、减少市场开拓成本、提高市场份额与自身收益。

新创企业要想在市场竞争中立足，最基础的就是要进行人力资源的积累与投资，不断地进行自我发展，促进员工成长。以产业链为例，产业链上游的企业为了应对竞争风险实现创业计划，让企业可以可持续化发展，首先就要顺应时代需求，创业者自己就要不断地学习与提升技能，不论时间管理能力、信息挖掘能力还是风险规避能力都需要得到提升。这是企业得以运行的保障之一。与之同时，重要的就是提升企业内部员工的整体素质。整体素质高的企业才能够运行得长久，否则就会被市场所淘汰。这就要求企业要对内部员工不定时地开展培训，让他们与社会发展的步调相适应。同时，上游企业可以不断地寻找价值点对潜在的创业合伙人进行开发与引导，推动新的创业人才的形成，也为自己培养合作伙伴。

通过上述分析可以发现，产业链的升级其实也是人力资源投资的过程，在农村产业开发方面，伴随着农村产业链的横向与纵向的延伸而实现。产业链条上不同位置的企业，若要提高市场份额以及产业链条的分配份额，物资资本投资与人力资源投资需要双管齐下，才能达到产业链升级与人力资源开发的双向互动效果。其驱动机制可见图 5-5。

以大学生在农村创办农产品种植类企业为例，产业链上游企业为了挖掘新的创业资源，需在农村进行充分的市场调查，并对整个产业链进行考察，在考察中充分收集和掌握各种信息。例如考察农村地区的气候资源、土地资源、人力资源等并将其与市场需求结合起来，设

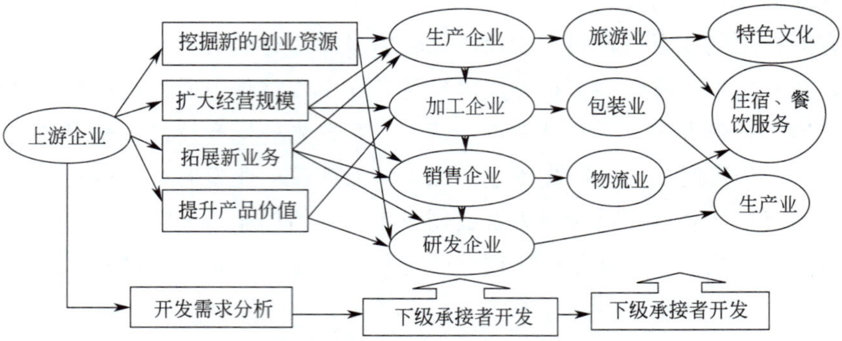

图 5-5 创业产业链升级驱动开发机制

计出有效的创业方案，并确定农产品基础种植人员，之后对其开展相关特色农产品的种植技能培训、农产品生长的习性培训以及出现突发状况时的应对技能培训等。

从纵向角度来看，作为上游产业链的肥料供应商和农药供应商需针对当地种植的特色农产品进行充分了解，尤其是特色农产品所需的主要营养元素以及可能出现的病变进行了解，并在进行农药和肥料销售时，充分告知生产者使用方法和使用剂量，以确保特色农产品的健康生长。特色农产品的种植者在种植过程中应不断对农产品进行研究，提高农产品的产量和质量。特色农产品成熟后即进入销售与加工环节，此时特色农产品加工和销售链条上的创业者需根据特色农产品果实的品质与特点进行销售与加工，在此期间即会产生包装、物流和研发等业务的需求，同时也是潜在创业者机会最多的环节。潜在创业者可通过对特色农产品的研究，提高特色农产品的附加值，并在确保特色农产品品质的基础上，积极开拓特色农产品的国内外市场。在此过程中，通过专业的农业科技人才引进与培养，不断升级农村产业价值链，在创业者的不断推动下，不断延伸特色产品的产品价值链。从横向上来看，特色农产品创业者和生产者在创业过程中还可结合当地交通、自然风光、周围人口等资源，开发特色旅游项目，以增加收入，带动农村旅游业的发展。在此过程中即可实现上游企业对下级承接者的开发以及各级创业者的自我开发的双重效果。

（3）农村经济合作组织对农村人力资源的开发

农村经济合作组织是现阶段在农村开发和创业中常使用的创业模式。从我国农村经济的总体创业水平来看，农村的创业水平伴随着农村经济合作组织的发展取得了质的飞跃。农村经济合作组织中的农民专业合作社模式近年来普遍受到农村创业者的欢迎和支持。农民专业合作社在农村创业过程中能够帮助生产者获得农产品加工与销售环节的利润，保障了生产者的利益，因此在现阶段农村发展中具有较为广泛的生存空间和发展潜力。现阶段农村经济专业合作组织在农村创业活动中的具体运行模式主要包括以下四种：“政府＋合作社＋农户”模式，“政府＋公司＋基地＋农户”模式，“公司＋协会＋基地＋农户”模式，以及“创业领袖＋合作组织＋基地＋农户”模式。农村经济专业合作组织使得农村创业人才得到了循环开发，这种创业形式十分适合返乡大学生进行农村创业。下面以“公司＋协会＋基地＋农户”模式以及“创业领袖＋合作组织＋基地＋农户”模式为例，对这两种模式的作用机制进行分析，如图 5-6 所示。

“政府＋合作社＋农户”模式是我国特有的一种经济运行模式。这种农村经济合作组织

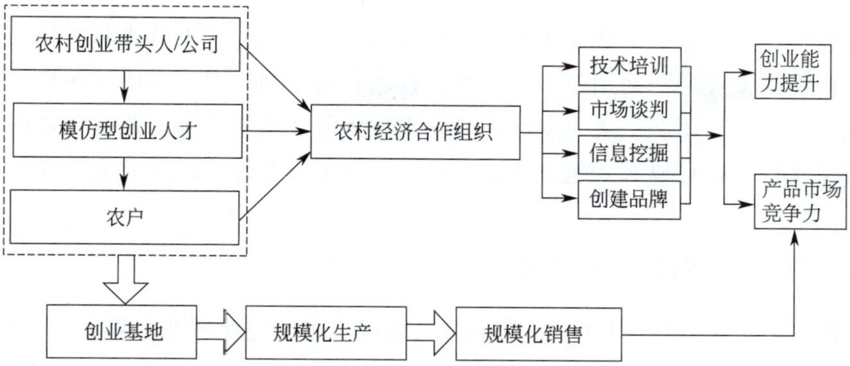

图 5-6 农村经济合作组织引导市场开发

模式以提高特色农产品的农业生产的规模化和科学化管理为目的，在政府有关部门的组织和号召下，农民以自愿的形式建立专业合作社。这种模式通常由于经费有限，农民参与的积极性不高，效果一般。“政府＋公司＋基地＋农户”模式是社会上有实力的公司在政府相关部门的引进下，在农村地区建立生产基地，开展创业活动。在这种模式中，公司组建的创业基地与农户签订合同，并对农民所种植或养殖的农产品进行统一收购。这种模式与前一种模式相比，在一定程度上保障了农民的利益，因此参与者较多。然而这种由一家公司统一收购的模式易在当地形成市场垄断，导致一些农民无法公平分享到产品附加值升值的好处。在“公司＋协会＋基地＋农户”模式以及“创业领袖＋合作组织＋基地＋农户”模式中，政府退出主导地位，只在创业过程中起规范管理和政策服务的作用。创业领袖与公司的创业活动在取得一定的效益后，会带动周边地区的模仿者陆续跟进，从而带动一定区域内农村创业氛围，在当地形成具有一定生产规模的创业基地。此时，创业领袖或者企业老板为了提高产品的市场竞争力，防止出现恶意竞争，降低产品的投资风险，即可牵头成立农民专业合作社或者协会，吸引模范型创业者和在农村创业的大学生自愿加入组织，由合作组织对产品质量和产品销售等进行统一管理。通常来说，加入农民专业合作社即可享受更加精准的市场信息，提高生产和销售技能，获得创建品牌、种植特色农产品的权利等。因此，后两种模式在一定程度上提高了产品的市场竞价能力，有利于产品保值、升值，确保了创业者和农民的权益。后两种模式相对于前两种模式来说，对领导者的素质要求较高，而领导的能力与素质在很大程度上影响着合作社的运行与市场的开发。

这种开发模式基于农村经济合作组织，其实是适应本土性创业人才的路径，也就是说返乡创业的大学生更适用于此路径，这个模式强调的是合作能力，在合作中形成资源共享、优势互补，在某种程度上规避了个体创业的风险。以农村经济合作组织为主导的开发模式，更具有本地性，更有利于创业基地的建设，以及进行规模化的特色化经营与品牌型创业。提高产品的附加值。合作组织拥有集体的力量，是优势互补的载体，可以及时有效地获得信息，并对创业危机进行及时预警，为农村本地的生产跟经营活动提供保障。在创业过程中，领导者的领导能力、沟通能力、决策能力和谈判能力不断得到提高，同时还通过技术培训、信息共享培养创业团队的整体智慧水平。可见，此模式也是农村人力资源开发的重要手段。

但是，这种模式的弊端就是会受到合作组织的领导者以及主管成员的限制。领导者的决策能力与管理能力直接影响合作组织之下的各个企业对市场的判断力以及经营活动。领导团队的决策失误将会使整个发展链条受到影响。目前，在农村使用此种模式进行创业的还较少，大部分合作组织也是针对链条中的某个部分比如销售或生产部分进行合作。所以这种模式目前在我国农村创业中的运用还不太成熟，技术含量不高，对资本的依赖性也比较大，其实这主要就是由于领导团队缺乏专业性人才，素质水平还不是很高。返乡创业的大学生了解本地的经济文化情况，可以有效地改善这一局面，利用起合作组织这条发展路径。

二、大学生农村创业驱动就业

有关数据研究发现，大学生农村个体创业公司或者集体创业公司在吸纳和推动农村就业方面具有明显优势。大学生农村创业者在创业过程中对产业链的优化必然带动产业结构的升级，从而带动农村劳动力就业结构发生变化，实现农村劳动力的自由迁移，推动农村劳动力市场向着更加完善的方向发展。大学生农村创业对农村就业的驱动主要表现在以下几个方面。

1. 大学生农村创业为农村劳动力创造就业机会的驱动机制

大学生农村创业大多围绕第一产业展开，同时兼顾第二产业和第三产业。从近年来大学生农村创业的效果来看，大学生农村创业过程中不仅带动了当地产业链优化和升级，同时也创造了更多的创业机会和就业机会。

大学生农村创业为农村劳动力创造就业机会的驱动机制如图 5-7 所示。

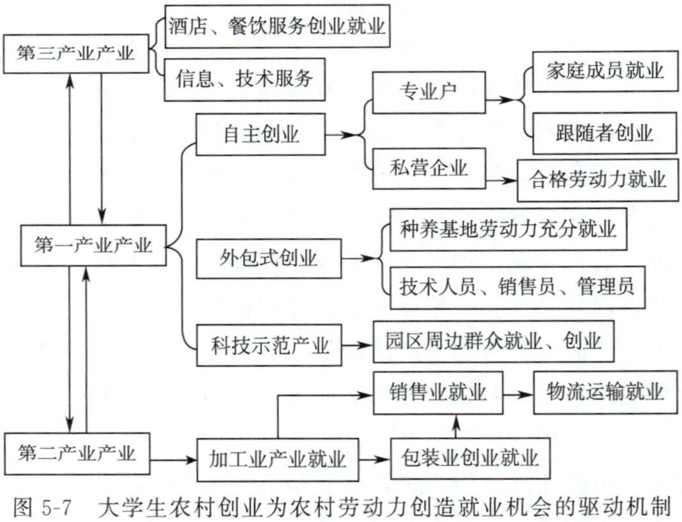

图 5-7 大学生农村创业为农村劳动力创造就业机会的驱动机制

大学生农村创业中，选择第一产业进行创业，能够为农村劳动力提供多种形式的就业机会，通常表现为农村自主创业、业务外包式基地创业、科技示范园区创业三种形式。其中，大学生农村自主创业形式主要指大学生自主从事专业化的规模种植和养殖。在自主创业中，大学生自己及其家庭成员的就业得到了解决，而随着自主种植和养殖规模的不断扩大，对劳动力的需求也越来越多，在这一过程中，通过雇佣等方式可吸纳更多的劳动力就业。此外，大学生自主创业取得一定成绩后，必然引发周围一部分具备创业条件的人模仿，从而带动更多人开展创业活动，促进农村就业。大学生农村外包式创业主要指大学生在农村创建农业基地，利用农村劳动力较为廉价的优势，雇佣农民进行规模化养殖或种植，这种养殖或种植方式相当于将产品生产业务外包给农民。此外，大学生农村创业公司免费为农民提供相关技术服务，而农民在与创业基地签订合同后，利用自家土地资源，借助创业基地提供的农作物种子或养殖动物开展标准化种植或养殖，当农作物丰收后再将所收获的产品统一卖给创业基地。基地化的外包式创业在无形中充分利用了农村劳动力资源，为农村劳动力就业提供了较多机会。农村科技示范式创业相对于前两种创业方式，对农业技术的要求较高，即地方政府与大学生农村创业企业合作，引进国内外先进的农业技术，再通过租用农民的土地，开展规模化的现代农业生产活动。在这一模式中，大学生农村创业企业不仅能够吸纳大量农民从事农业生产，还可进一步拓展和延伸农产品的加工生产链，吸纳一部分农民到非农行业就业。

据有关资料表明，大学生农村创业过程中，在进行第二、三产业的创业活动时，吸纳的农村劳动力较从事第一产业创业活动时更多。这是由产业性质决定的。大学生农村第一产业创业，大多为规模化的种植和养殖，所需劳动力有限。大学生在农村从事第二产业创业，大多为农产品的初级加工或深加工，可带动农产品加工、包装等一系列产业的发展，吸纳劳动力的数量较多。大学生在农村从事第三产业创业主要包括农产品的销售、运输物流、生态农业和自然风光的观光旅游、酒店餐饮服务等。这些创业活动在吸纳和带动农村就业方面的作用较第一产业更加突出。大学生农村创业活动中对农村劳动力的就业吸纳和带动基于大学生对外部市场需求的了解，以及城乡差距，并形成的种种商机。

2. 大学生在农村创业改善农村劳动力就业结构，带动农民脱贫致富

农村劳动力就业的结构不仅包括农村劳动力就业产业机构，还包括农村劳动就业的城乡结构。农村劳动力就业结构的变化是伴随农村创业产业链的优化和升级而变化的。农村创业活动对农村产业链的升级优化起着积极的促进作用。大学生在进行农村创业活动中，不仅直接吸纳了农村劳动力，同时推动了农村产业链的深化，从而推动了农村产业结构的变化，相应地影响了农村就业结构的变化，如图 5-8 所示。大学生在农村从事第一产业创业时，在直接吸纳一部分劳动力就业的同时，还可解放更多的劳动力，使富余劳动力转移到第二产业和第三产业就业。而当大学生在农村从事第二、三产业创业时，可直接吸纳从第一产业中迁移出来的劳动力。从城乡结构上来看，大学生在农村从事第一产业时，由于先进科技的应用，使得劳动力资源节省，劳动效率获得极大提升。第一产业富余劳动力解放出来后，可进入城市发达地区就业，或在农村开展非农产业创业，从而促进农村中从事第一产业的人口比重降低，而从事非农产业的人口数量增加。此外，随着农村大量第一产业富余劳动力进城，使得城市中对食品数量和种类的需求越来越高，反过来促进了农村农产品规模化生产和加工的需求增大。大学生农村创业中生产或销售特色农产品，或其他创业活动则进一步推动城乡劳动力的双向流动，进而使农村劳动力就业结构得到改变，进一步推动农村地区农民脱贫致富，如图 5-9 所示。

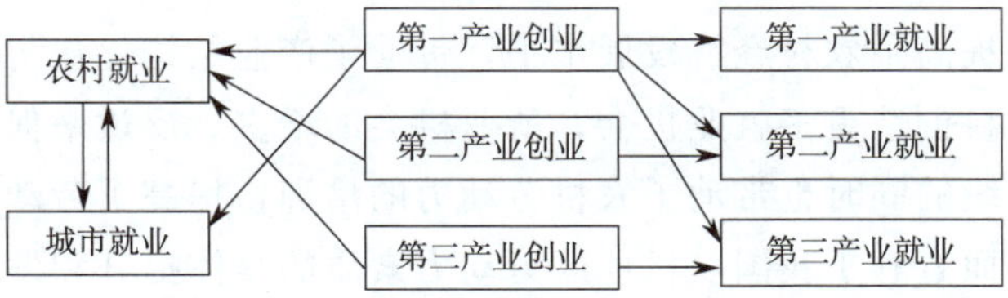

图 5-8　大学生在农村创业对农村劳动力就业结构变化的驱动机制

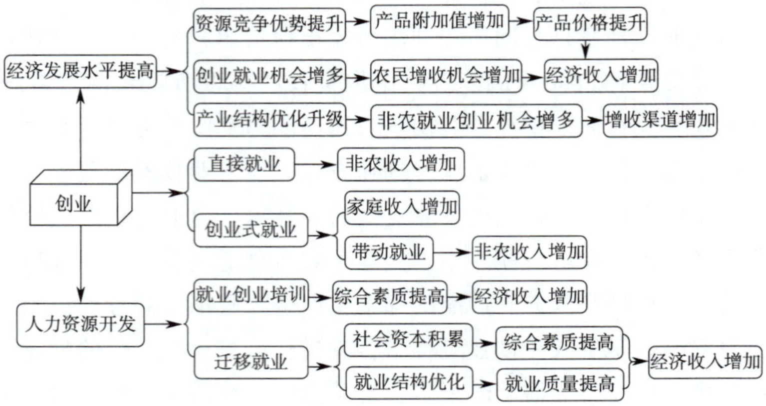

图 5-9 大学生农村创业驱动农民增收致富的作用机制

第四节 农村区域共享式发展对于大学生农村创业活动的启示

一、小结

通过以上分析和阐释可以看出：大学生农村创业活动能够提高农村经济发展水平、增加农村居民就业机会、提高农村居民就业能力、增加农村居民收入，因此对农村经济发展的驱动作用是全方位的。而大学生农村创业活动对农村经济发展的驱动作用之间的相互关系是农村经济区域性共享式发展的实现机制。在这一理论基础上，本章内容可以归纳为以下几点。

1. 大学生在农村创业的周期更替是农村经济区域性共享式发展的动力源泉

大学生农村创业活动通常需经历试点期、推广期、扩张期和转型期四个阶段。在这四个发展阶段中，创业企业的经营模式从小农经济向规模经济跨越，同时，随着新技术的研发和新产品的开发，不断提高生产效率，突出产品的特色优势，从而达到带领农民共同致富的目的。由于创业企业的发展具有一定的周期性，当新创企业发展到一定规模后，由于市场对产品的需求量逐渐缩小直到达到饱和，即会产生供大于求的现象，这时如果不采取相应的措施就会使农村经济遭受严重冲击，甚至倒退。因此，大学生农村创业活动中应不断研发新技术和新产品，结合市场需求，不断升级产品，淘汰旧技术和旧产品，在此过程中通过资源整合，不断促进农村经济产业化和专业化发展，带动农村产业结构优化和升级，促进社会分工更新与生产力提高。

2. 大学生在农村创业是农村经济区域性共享式发展要素的连接点

农村经济区域性共享式发展的四大要素之间存在着相互关联、相互促进的关系。大学生的农村创业活动直接提高了农村经济发展水平，带动了产业结构优化与提升。而产业结构的调整和优化必然为农村创造更多就业机会；就业机会的增多，反过来促进了农村经济的进一步发展。农村产业升级的同时也带动了农村劳动力的培训，提高了劳动力的综合素质与参与社会建设的能力，进而有利于我国农村地区劳动力素质的整体提升和发展。而在农村从事创业活动的大学生了满足市场需求，获得更多市场份额，势必对新产品和新技术进行研发与创新，而新技术与新产品的创新又会进一步推动农村产业结构的优化，从而相互影响，不断推动农村经济的持续发展。大学生农村创业活动既扩大了农村劳动力就业，又对劳动力进行培训，提高了农村劳动力资源整体素质和能力，实现了人力资源开发功能，增加了农村劳动力的就业机会，丰富了农民收入渠道，最终推动农村实现脱贫致富奔小康的目标。

3. 大学生在农村创业促进城乡一体化发展

大学生农村创业活动不但促进了农村经济的发展，还推动了城乡经济的互动发展，这一点主要表现在以下两个方面。一方面，大学生农村创业外向型企业在发展中，需要精准整合外部市场的反馈信息，从而促进新技术的研发和特色产品的规模化生产。特色产品的研发和销售在将城市的特色产品输入城市的同时，也将农村的特色文化带到城市，从而推动了农村特色文化在城市的创新与弘扬。而以农村特色种植和养殖基础产业为依托构建的乡村旅游，则直接吸引城市人到乡村旅游，促进了城乡之间的沟通，同时也为农村提供了更多就业岗位和致富机会。另一方面，大学生毕业后，回乡开展创业活动，或以农村特色农产品资源作为依托在城市开展加工、销售等创业活动，均推动了城乡之间的互动与发展，促进了城乡一体化发展。

二、展望

区域性共享式发展是一种新的经济发展理念，这种发展理念在概念界定和理论系统上还不够完善和成熟。从近年来的学术研究成果来看，从大学生农村创业的视角研究农村经济区域性共享式发展的论文和著作十分稀少。因此，本章的研究与分析并非尽善尽美，其中存在许多值得完善的地方。

本章主要从经济区域性共享式发展的理论入手，对大学生在农村创业活动对农村经济发展、农村人力资源开发、农村劳动力就业、农村居民增收致富的驱动作用进行了分析，然而这种分析主要基于定性分析，并未做定量分析。因此，未来可进一步对其进行定量分析，并从更深层次进行定性分析。

此外，本章主要从宏观上阐述了大学生农村创业活动对农村人力资源和农村总体经济发展的影响，而未从微观角度对农村经济增长的内生动力进行研究。今后将在广泛开展社会调查的基础上，深入农村家庭和城市社会，从微观角度对大学生创业活动对农村经济增长和农民增收的影响因素进行研究与分析，探究人力资源异质性对农村经济区域性共享式发展的影响。

第六章

大学生农村科技创业与高校农业科技服务模式典型案例分析

农村科技创业是从科技角度加速现代农业发展、促进城乡要素逆向流动、破解城乡二元结构的有效途径。当前我国农村科技创业与服务体系逐步呈现出主体多元化、服务专业化、运行市场化的特点——以科技特派员农村创业服务和大学农技服务体系为代表，在各地的建设实践中又涌现出诸如农村科技服务超市、院县共建服务模式、农业科技 110 服务体系等一系列对农村科技创业与服务体系发展起到重要作用的新型模式。与此同时，在新型农村科技创业与服务体系发展过程中，呈现出了两个新的发展趋势：一是职业农民成为农村科技创业与服务体系发展的重要培养对象，并已经在部分地区呈现蓬勃发展态势；二是信息化成为我国农村科技创业与服务体系建设发展的重要手段，部分地区利用信息化在农村科技创业与服务体系建设中充分受益。

第一节　我国高校农业科技服务推广概况

农业科技创新与推广、农业科技人才培育是我国高校承担的重要使命。高校在农村科技服务供给中发挥着重要作用。在实践中，高校开展农村科技服务有着悠久的历史。1949 年之前，我国的一些农业高校就开展了农业技术推广、农技推广人才培养、农业科技普及等工作，开展各类农村科技服务。1949 年后，我国逐步建立起完备的农业高等教育学科体系，农业科技推广工作作为农业高校的一项使命也一直延续开展。改革开放之后，高校开展的农村科技服务工作蓬勃发展，在形式、内容、手段上都有了巨大的变化，形成了许多有效的探索。河北农业大学以山区综合开发为手段的“太行山道路”模式、西北农林大学与宝鸡市政府探索形成的“农业专家大院”模式、南京农业大学开展的“科技大篷车”行动、中国农业大学实施的“科技小院”模式等，都是高校结合各自教学科研实际形成的有效的农村科技服务工作探索与实践。

1. 高校在农村科技服务供给中的作用

大学（特别是农业类高校）拥有庞大的农业科研教育人才队伍、众多的教学科研基地、健全的农业学科体系，为农业科技创新奠定了基础，在农业科技创新中起到了主力军的作用；大学通过高等教育体系直接培养农业创新人才，通过各种类型的教育培训方式承担农村科技培训的重任；大学结合自身教学、实践的任务，在农业科技实践中有着技术转化、推广、应用优势，在农业科技推广中积累的产学研合作经验，直接推动了农业科技的应用与扩散；大学利用声誉威望、科研实力等搭建的农业科技服务平台，既可吸收、整合社会各类资源共同参与农业科技推广，又可依托这一平台实现政府与企业、农户，地方与中央，企业与农户等各方的交流沟通。

2. 高校开展农村科技服务的原因

首先，大学肩负着农业科技创新和人才培养的重任，开展农村科技服务是其重要社会责任之一。国家每年为高校提供大量的财政资金，必然要求其为农村经济社会提供智力支援。

其次，开展农村科技服务是高校推进教育科研工作的重要手段。通过开展农村科技服务，高校可以掌握科研成果的成效，提高科研工作的效率。高校在开展农村科技服务中，可以了解农村科技需求，把握科研工作的方向。高校开展农村科技服务本身也是将教学科研与生产实践紧密相连。

最后，大学在农村科技服务中可以获得经济效益与社会效益。从经济效益上讲，高校通过产学研合作，将最新的科研成果转化为现实生产力，在市场化运作中可以得到一定的经济利益。高校运用教学实践平台开展农村科技创新与推广，缩短了农业科技成果向生产力转变的周期，降低了农业科技创新的成本。从社会效益上讲，高校开展农村科技服务，推动了三农的发展，提高了高校的声誉，扩大了高校的影响力。科研成果转化为现实生产力，科研人员的价值得到体现，也是对其的肯定与鼓励。

3. 高校主导的农村科技服务供给的特征分析

在组织实施上，现阶段开展的高校农村科技服务供给以政府与院校的合作为主，地方政府具有较大的影响力，高校借助政府的农技推广体系开展农村科技服务。高校与企业开展产学研合作，通过市场机制将科技成果引入农村也是一种新的探索。除此之外，高校开展的农村科技服务主要是公益性的科技服务，如义务开展的科技培训、科技示范，结合教学科研实践开展的科技下乡、支农服务等。

在功能定位上，高校开展的农村科技服务是政府主导的农村科技服务体系的重要补充。目前高校开展农村科技服务多是从自身的办学理念、公益服务的角度出发，并没有完备的法律政策去将高校开展的农村科技服务固化。高校探索实施了一些市场化运作的农村科技服务模式，但存在着投入产出不匹配、项目实施市场化程度低等问题，项目开展不持续且市场推广率低。从这个角度来看，现阶段高校开展农村科技服务仍是以公益性服务为主。

在运行机制上，高校开展农村科技服务是自下而上的推广，在开展中重视上下互动。高校通过其建立的农村科技服务平台，从需求定供给出发，自下而上地开展科技服务活动。在农村科技推广过程中，高校重视科技服务中的交流、协作，促进了供需协作、推广创新的结合，加强了科研单位、政府、企业、农户、合作社等主体间的交流互动，实现了多主体间的上下互动，整合了各方资源，提高了高校开展农村科技服务的成效。

在投入机制上，我国的高校经费主要是来自政府，高校开展的农村科技服务其投入依然是主要依靠政府。如西北农林科技大学探索的“政府推动下以大学为依托、基层农技力量为骨干的农业科技推广新模式”经费主要靠申请国家专门划拨建设经费，每年大约2000万元，陕西省和杨凌示范区分别给予一定的配套经费。“农业专家在线”和“科技大篷车”科技信息服务基本上是以学校专款和申请相关项目经费以捆绑方式运行。

在激励机制上，高校开展的公益性的农村科技服务主要是通过与行政业绩挂钩，与精神鼓励和少量的物质奖励结合。在引入市场机制后，高校开展一些有偿的农村科技服务，如通过技术入股开展的校企合作，对一些新品种、新技术进行市场化供给等，通过市场发挥激励作用。此外，一些高校对科研人员开展农村科技服务的绩效进行考评，将开展科技服务的成效与科技人员的奖惩挂钩。

在实施形式上，高校建立起形式多样的科技服务平台，将服务平台下移，加强了农村科技服务供需、创新与推广，市场与科技的对接。如在太行山道路综合开发模式中，河北农业大学以建立科教实践基地为契机开展农村科技服务；在农业科技专家大院中，西北农林大学以专家大院为基地建立起科技创新、示范、推广平台，创新了农业科技推广服务模式；在科技大篷车模式中，南京农业大学以流动的“大篷车”为载体，建立起农业科技信息交流、咨询服务的平台，发挥高校农业科技信息源的优势，带动了农村信息化发展；中国农业大学的科技小院，以农业科技试验站为载体，集合高校科研优势，围绕区域产业发展，开展全产业链的农村科技服务。

4. 高校主导的农村科技服务未来发展趋势

目前，依托高校开展农村科技服务的形式备受政府重视。在近几年连续出台的中央一号文件中，“支持大中专院校参与农业技术推广”等表述一直贯穿其中。2012年的中央一号文件明确提出“引导高等院校成为公益性农技推广的重要力量”；2013年的中央一号文件表述为“支持高等院校、职业院校、科研院所通过建设新农村发展研究院、农业综合服务示范基地等方式，面向农村开展农业技术推广”，对高校参与农村科技服务提出了更加具体、细化的要求。政府对高校的职能定位从聚焦于农业科技创新、农业人才培养到支持、要求高校参与农村科技推广工作，体现了国家重视高校在农村科技供给中的角色与作用。而这一系列政策文件的出台，也为高校开展农村科技服务提供了法律政策依据。从这个角度来看，未来高校将在农村科技服务中扮演更加重要的角色。未来高校开展农村科技服务供给将发生三个重要的转变。

一是由单一的技术推广向开展综合服务转变。随着农村科技服务内涵的扩展，高校主导的农村科技服务供给也要进一步调整：要从单一的技术服务，转变为对整个产业链提供技术支撑；要从单一支持农业，转变为服务于农村所有产业；要从单一的农村科技创新推广，转变为既包括科技创新推广又涵盖素质培育、发展软环境培育、发展理念塑造等内容的综合农村科技服务；要从单一的项目实施，转变为长期、互动发展的全方位、全程支持。

二是组织实施方式的转变。农村科技服务供给的复杂程度不断提升，未来高校开展农村科技服务将转变以往单独的、自发的组织方式，探索建立系统化、有组织的实施方式。一方面，加强校内资源的统筹，并协调其他高校（涉农、非涉农）共同参与农村科技服务，开展多校、多学科联合的农村科技协同创新；另一方面，加强与政府、企业、科研机构的合作，形成高校主导、多元参与的合作方式，吸引广泛的资源开展农村科技服务供给。

三是由公益性服务为主转变为公益性、市场开发相结合。未来高校开展农村科技服务将更加注重市场机制的作用，转变以往公益性为主的农村科技服务方式。高校要对其开展的各项农村科技服务进行分类定位，对可以走有偿性服务的农村科技供给要走市场化之路，提高其供给的效率；对于应该进行公益性供给的服务，应该扩大供给覆盖面，通过相应的工作机制，保证科技资源的实用效率。

不同主体在农村科技服务中形成了不同的角色定位，在服务内容上各有所长。随着农村科技服务供给活动的持续开展，各自部门形成了清晰的特点。在服务内容上，政府主导的是公益性农技服务，注重农村科技服务的宏观管理，并通过农村科技培训与信息化普及创新农业科技服务的环境；高校、科研院所从其职能定位出发，主要开展农业科技创新与推广，并开展一些公益性的农村科技培训；企业和农村合作组织主要是在市场化运作的基础上开展有偿的农村科技服务，既包括农业科技创新、科技成果转化推广，也包括农村科技培训类的工作。在供给形式上，我国以往的农技推广是一种自上而下的方式，创新与推广割裂，供给与需求脱节，不适应当前“三农”发展新形势。目前，在农村科技服务供给中重视上下交流互动，强调供需双方的双向沟通，真正从服务的角度去开展农村科技供给。如表 6-1 所示，对于政府主导的农村科技服务供给，由于其肩负农村社会管理职能，在运行中自上而下的行政推动仍是主导，但也开始探索建立上下交流互动的工作机制；高校、科研院所近些年开展农村科技服务供给的主要形式是上下互动，通过放低服务平台，加强供需双方的互动增强供给的成效；企业、农村合作组织完全是一种自下而上的供给，他们按实际农村的科技需求安排供给。

表 6-1 不同部门参与农村科技服务供给的特点

项目	政府	高校	科研院所	企业	农村合作组织
服务内容	农技推广、农村科技管理、农村科技培训与信息化普及	农业科技创新与推广、农村科技培训	农业科技创新与推广、农村科技培训	农业科技创新与推广	农业科技创新与推广、农村科技培训
供给形式	自上而下	上下互动	上下互动	自下而上	自下而上
经费来源	国家财政经费	事业经费、科研项目经费、单位自筹	事业经费、科研项目经费、单位自筹	企业资本	会员集资
组织目标	执行政府管理职能，贯彻中央战略部署	实现科技创新，履行科研教育职能	创新知识成果	实现经济效益最大化	实现经济效益
供给类型	公益性农技推广	公益性服务与有偿性农技推广	有偿技术转让、公益性科研服务	市场化运作的有偿服务	市场化运作与公益性服务

在多方的共同协作配合下，我国目前的农村科服体系建设可以总结为如下几点。

① 农村科技服务供给中表现出综合化、体系化两种趋势，且随着科技体制改革的深入，这种趋势愈加明显。从综合化的角度来看，一方面农村科技服务供给的内容更加综合，从以往的创新与推广的割裂到相互融合，农村科技服务的内涵不断拓宽。各部门开展的农村科技服务不局限于某一项服务内容，开展综合性服务成为农村科技服务的一种常态。如西北农林科技大学开展的农业科技专家大院行动，涵盖了农业科技创新、农业科技成果转化、农技推广、科技培训等多项农村科技服务，涉及“三农”的各个方面，形成一条完整的农业科技创

新服务链。另一方面，各服务主体的联合更加紧密。近些年，农村科技服务呈现出“一主多元”的主体格局，政府、高校、科研院所、企业等主体的合作更加紧密。如在现代农业产业体系项目实施中，政府主抓项目的审批与监管，高校、科研院所通过协同合作开展农业科技的创新与集成、转化与推广，企业、合作组织承担项目的市场推广与转化的任务，各主体间形成了稳定的协作机制。

从体系化的角度来看，一是各主体开展的农村科技服务的运行机制更加成熟。政府主抓公益性农村科技服务的供给，高校在农村科技服务中形成了多种形式的大学农技服务模式，科研院所形成了有效地将农村科技创新与推广相结合的工作机制，企业、农村合作组织在农村科技服务中的纽带作用不断凸显。二是农村科技服务供给中，各主体间的交流互动机制更加顺畅。通过产学研的互动合作，在市场机制的作用下，高校、科研院所、企业的合作更加紧密有效。探索形成的“院地合作模式”“以龙头企业为核心的农村科技服务体系”等服务模式有效地整合了各类农村科技服务资源，提高了农村科技服务的目标成效。

随着保障机制更加完善，大力推进科技体制改革，破除了科技人员进村入户开展农村科技服务的体制机制障碍。出台、修订了一批农村科技服务的法律法规，推进农村信息化建设，进一步优化了农村科技服务的环境。

② 企业逐渐成为农村科技服务供给的中心。通过对各主体农村科技服务的供给研究发现，企业在其中扮演着重要的角色，特别是随着农村科技服务市场化的推进，其重要性不断凸显。主要表现在三个方面。一是企业成为各主体开展进村入户农村科技服务的纽带。企业直接面对农户、农村合作组织，可以准确地把握基础的农村科技服务需求，通过与政府、高校、科研院所的合作，提高了这些主体开展农村科技服务的目标瞄准精度。而作为想要在农村创业的大学生而言，很容易就起到了高校与农村之间的纽带作用。二是各主体主动与企业合作开展农村科技服务。如西北农林科技大学的农业科技专家大院中，“龙头企业＋专家大院”就是一种有效的运作模式。北京市“农村科技信息港”实践中，采用“科研院所＋龙头企业＋合作社＋农户”的模式，支撑了优势产业的发展。“科技特派员”行动中，鼓励科技特派以创业的方式开展农村科技服务，形成以企业为核心的农村科技服务体系。三是企业有效地整合了农村科技服务资源。企业拥有资本、市场优势，高校、科研院所拥有智力优势，它们之间的合作有效地整合了农村科技服务中的资本、信息、技术等资源。企业与传统农技推广队伍的合作，开展有偿与公益相结合的农村科技服务，既增强了企业农村科技服务的能力，又盘活了原有的农技推广资源。

③ 农村科技服务供给的主体格局开始发生变化。通过上面的分析可以看到，政府在农村科技服务供给中仍发挥着核心作用。无论是在政府主导的农村科技服务中，还是在高校、科研机构、企业等开展的农村科技服务中，政府都通过不同的角度发挥作用。究其原因，一方面，政府控制了较多的农村科技服务资源，如资金、人才、法制等，其他部门借助这一渠道开展农村科技服务是最便捷也最有效的方式；另一方面，在现行管理体制下，高校、科研机构与政府存在着深切的羁绊，理论上各方独立，但在具体的项目操作中，谁也离不开谁；此外，农村科技服务有着公益性的属性，也意味着政府要承担更多责任。这样，政府存在于农村科技服务供给中的各个环节，在农村科技服务中发挥了核心主导作用。

但近些年农村科技供给的主体格局也开始出现了变化。一方面，“一主多元”的主体格局开始形成，且“多元”发挥着越来越重要的作用：最初的农村科技服务供给完全由政府开展，随着农村改革的深入，高校、科研机构也加入进来，而市场化的深入又吸引了农村合作组织、企业也加入到这个队伍中来。以政府为主体、多元化参与力量的“一主多元”构成了我国农村科技供给的主体格局。近些年，高校、科研机构、企业、农村合作组织开展的农村科技服务成了政府主导农村科技供给的重要补充，在农村科技服务中发挥了重要的作用。另一方面，各主体间协同开展农村科技供给越来越受重视。由于各主体的资源禀赋、组织优势等有所差异，在开展农村科技服务中都存在着优势及劣势，随着农村科技服务需求层次的提升，协同开展农村科技供给成了一种最优的选择。在实际中，协同开展农村科技服务供给也越来越受重视。如农业部主导实施的现代农业产业体系建设中，政府主导项目的实施，提供资金、政策支持，高校、科研院所承担主要的技术研发、农技推广职能，提供人员、基地等支持，企业加入到市场推广环节，各主体间协作，共同开展农村科技服务。

第二节　高校主导的农业科技园区具体做法

近些年，我国农村科技工作的政策环境不断优化，农村科技工作的政策体系不断完善。我国制定了较为完整的农村科技发展规划，对农业科技工作进行战略部署。此外，对农村科技工作的立法也在稳步推进。2013 年实施的《农业技术推广法》对规范引导我国农村科技服务创新发展具有重要的意义，也为大学生在农村进行科技创业铺平了道路。

一、背景思考

政策环境的优化与政策体系的完善，对我国农村科技服务工作也提出了新要求。一是农村科技工作政策的连续性、稳定性，体现了中央政府稳定支持农村科技工作的战略思路，这为农村科技服务体系的构建创造了有力的契机。二是随着农村科技政策体系的完善，对农村科技服务工作的系统优化集成提出了现实要求。要加大那些成效显著、基层需求强烈的农村科技服务的推广与部署，也要对那些重复开展、经济社会效益不显著的农村科技工作进行优化与调整。三是“强化公益性，放活经营性”是政府对农村科技服务工作的政策导向。这要求一方面要加快构建政府主导的农村公益性科技服务体系，另一方面建立起多主体的市场化农村科技服务供给体系。

当前我国部分地区已经在利用农村信息化推动农村创业发展中充分受益，但整体而言，我国农村在信息化技术的利用方面处于落后状态。探索不同地区信息化建设的有效模式给农村科技创业和服务体系建设带来了新的挑战。

信息化推动农村科技创业最具代表性的形式是涉农电子商务。2009 年起，我国涉农电子商务迅速增长。以淘宝网（含天猫）为例，2020 年 5 月 12 日，国务院新闻办公室举行国务院政策例行吹风会上王炳南表示，从 2014 年起，商务部连续 6 年开展电子商务进农村综合示范，推动全国农村电子商务发展。截至 2020 年 5 月，累计支持 1180 个示范县，已经实现对全国 832 个国家级贫困县的全覆盖。截至 2020 年 5 月，农村（含县）网商数突破 1384

万家。2019 年，全国农产品网络零售额达到 3975 亿元，同比增长 27%，带动 300 多万贫困农民增收。农村网络零售额由 2014 年的 1800 亿元增长到 2019 年的 1.7 万亿元，规模总体扩大 8.4 倍。

涉农电子商务已经从最开始的零散农户在网上卖土特产，发展为以村、镇、县为单位的产供销产业群，如江苏睢宁沙集镇、浙江义乌青岩刘村、浙江缙云北山村、河北清河县、浙江遂昌县等。信息化了的农民充分利用信息化手段开展各种形式的创业活动，成为农产品职业经理人，减少了信息不对称，促进农村内部形成产业链，大大提高了农民收入。

据 2020 年 4 月 28 日中国互联网络信息中心发布的第 45 次《中国互联网络发展状况统计报告》，截至 2020 年 3 月，我国网民规模为 9.04 亿人，互联网普及率达 64.5%，较 2018 年底提升 4.9 个百分点，城乡互联网普及率差异进一步缩小。数字经济蓬勃发展，成为经济发展的新增长点。截至 2020 年 3 月，我国网络购物用户规模达 7.10 亿人，2019 年交易规模达 10.63 万亿元，同比增长 16.5%。在互联网应用提升群众获得感的同时，网络扶贫也成了脱贫攻坚的巨大助力。

信息化对于促进农村和城市各类要素的合理配置和双向流动、带动现代农业发展和城镇化建设都有着非常重要的作用。农业现代化发展离不开信息化支撑。农业信息化是全球现代农业建设的重要组成部分。现代农业从农田管理、农业装备、农产品加工到农产品流通，各个环节都需要信息化，提供技术支撑。新农村建设离不开农村信息化，农村通信网络基础设施建设及农村信息化服务体系均对新农村建设有着重要的基础作用。大学生农村创业与职业农民的形成也离不开信息化。信息化能有效促进一亩三分田的身份制农民向职业农民的转变。

近年来，为了助推 2020 年实现农村全部脱贫，国家层面对农村信息化的重视程度不断增强，开展了不少促进农村信息化发展的项目。2019 年国家重点支持的农村项目主要集中于如下三类：①农村产业融合发展示范项目；②农村田园综合体项目；③现代农业产业园创建项目。

虽然现代农村因为信息化的接入，已经为农民能够有效利用信息化手段进行生产经营创造了基础条件，但从全国来看，当前我国农村信息化建设与农村科技创业和服务体系建设仍需进一步结合。

与当前我国信息化基础设施的普及率不相匹配的是其使用效率，尤其是农村信息化基础设施使用率低下已成为我国农村信息化发展项目的核心问题。造成这一状况的原因是多方面的。第一，是农民自身素质的问题。大部分农民受教育程度低，学习能力差，对相关信息化设备的具体操作并不熟悉。第二，是农民对信息化的认知不够。大部分农民用手机主要是打电话，上网主要是玩游戏，对于部分信息化项目所提供的技术服务，农民则认为用处不大。第三是信息化发展项目自身的问题。当前国家层面和政府层面所提供的信息化发展项目关注的焦点都在农业生产技术和教育培训这两大方面，而从农民对信息化的需求来看，农民更渴望能够通过信息化手段改善农产品经营状况，提高生活的便利程度。因此，未来农村信息化发展项目有两个方面的着力点——要在提高信息化发展项目的可用性和适用性的同时促进农村信息化建设与农村科技创业和服务体系建设的有效结合。

农业科技园区建设中，现阶段高校开展农村科技服务产生了一种“农业专家大院”模式。这是一个有着产学结合特色、助推农村经济发展的模式。大学生是其中的血液也是纽带。下面将对其具体做法进行剖析，总结其成功的经验，分析其面临的问题，为新时期大学生农村创业与高校参与农村科技服务提供有效的启示与借鉴。

二、新农村建设、农村科技创业与服务体系建设的社会化

从信息化技术作用于农村科技创业与服务体系建设的主要机制及当前各地实践过程中所形成的典型模式，可以总结出促进农村信息化与农村科技创业及服务体系社会化建设的关键要素，主要包括四个方面：一是完善的信息化基础设施；二是政府全方位的政策支持；三是市场主导的运作模式；四是人才的有效利用及培养。

1. 完善的信息化基础设施

如前所述，在国家各部委的多项农村信息化项目建设的大力支持下，当前我国农村信息化基础设施飞速普及。完善的信息化基础设施是利用信息化技术推动农村科技创业与服务体系建设的基础。

具体而言，农村信息化基础设施是支持信息资源的开发、利用及信息技术应用的各类设备和装备，是分析、处理以及传播各类信息的物质基础。这是农业和农村信息化建设的基本条件，主要包括信息网络、信息技术基本装备和信息安全设施、信息交换体系等部分。信息网络主要有计算机网络、通信网络和广播电视、报纸杂志、宣传栏等信息传播网络。信息技术基本装备主要指信息技术研发储备和推广应用所必需的设施设备。信息安全设施指为保障网络运行安全的设施、设备和系统。信息交换体系指为满足各层级实时信息汇集、传递、交换与共享、服务的体系。当前农村信息化基础设施主要包括广播电视网、电信网和计算机网三种基础网络体系，其中包含广播、电视、电话、手机、计算机等信息终端。

目前我国各地建立省级农村信息化综合服务平台，涉农信息资源整合也取得了一定的进展，未来应在推动农村“三网融合”方面继续加大投入。当前各地探索建立起了一批有地方特色的农业农村综合信息服务平台。如广东的“农信通”和视频点播系统、浙江的“新农村热线”、宁夏的“三农”呼叫中心、吉林的“新农村热线”、上海的“一站通”等，都在农村科技创业与服务体系建设中起到了重要作用。与此同时，大学及科研院所、涉农企业等为农村提供农业科技服务的相关单位的信息化基础设施建设也非常重要，是确保与农民之间的信息化沟通无障碍的重要保障。

2. 政府全方位的政策支持

农村科技创业与服务体系建设既包括公益性推广体系建设也包括经营性服务体系建设，因此政府应该在公益性推广体系建设中做好引导作用，同时也应该在经营性服务体系建设中起到支撑作用。

具体来说，政府应该在以下几个方面为信息化有效融入农村科技创业与服务体系建设做好支撑。

① 以政府为主导整合当地农村信息资源。中央各级政府各部门应积极鼓励和支持下级政府统筹利用各渠道的资金、设施，各部门延伸的资源要整合、要综合利用、要共享，合理布局，减少重复建设，规范管理；鼓励在乡镇和村民社区建设信息服务站（点）、农村网吧、

信息化体验中心等形式多样的信息服务场所与设施。鼓励与乡镇政府、村委会及种植业、畜牧、兽医、渔业、经管、林业、水利、食品质量检测等乡镇服务机构相结合，建设综合服务站；鼓励企业和中介机构参与建设。农村信息服务站建设应该实现综合服务，也就是“一个站点、多种功能”，以避免重复投入。

② 加大对农村科技创业与服务体系建设过程中信息技术应用的投入力度，适当引入企业及其他社会化投入方式，形成多元化的投入模式。

③ 加强应用信息技术开展农村科技创业与服务的相关人才培养工作，提高农业信息化基础设施的利用效率，增强信息化在农村科技创业与服务体系建设中的作用。

3. 市场主导的运作模式

从各地应用信息技术开展农村科技创业与服务体系建设的经验和模式来看，“政府引导、市场主导”逐渐成为行之有效的建设方式。市场主导的模式能够有效把握农民对科技创业与服务的实际需求，实现技物结合，在一定程度上提高了农技工作者的收入待遇，激发了农技推广员的工作积极性，也为农民生产生活提供了实实在在的好处。甚至在农村信息化创业的初期，政府可以完全旁观，由市场自发形成有效的创业模式，激发产业发展，如江苏沙集镇东风村的农村电子商务的发展过程。

在开展农村科技创业与服务体系建设的过程中，采取“政府引导、市场主导”的方式，主要是指在信息化基础设施建设、农村科技创业与服务体系建设环境等方面强化政府的引导作用，而在具体发展路径的选择、经营管理方面则遵循市场机制运作。同时在资金投入方面采取以政府资金为引导、以企业投资和社会投资为主导的新型模式，强调投资主体多元化和投入机制的灵活性。

4. 人才的有效利用和培育

信息化人才的有效利用和培育是建设农村科技创业与服务体系的关键因素。尽管我国推行九年义务教育，但长期以来因城乡差距造成的城乡人口知识水平差异明显，再加之没有对农民进行广泛的信息技能培训，农民整体信息素质仍然较低。信息素质低限制了农民信息化应用水平，影响了农村信息化效应的发挥。而从典型模式来看，均非常重视农民信息利用能力的培训，努力使得农民触网、用网。

另一方面，也应注重对农村科技创业与服务体系队伍中技术人才的信息化能力的培育。农技推广员能够做到使用信息化设备无障碍，具备利用信息化设备为农民提供服务的基本能力；同时，农村信息科技特派员也在一定程度上承担起培训农民的任务，帮助农民提高信息利用能力。

三、高校主导的农业科技园区的实操办法

农业专家大院最初是由陕西省宝鸡市政府与西北农林科技大学合作探索建立起来的，后在全国各地展开。通过高校与政府共建的专家大院，将农村科技示范推广直接设置在田间地头，加速了农村科技的供给，既是产学相结合，也解决了一些大学生毕业就业问题，是对以往农村科技推广模式的一种创新发展。

当时的宝鸡市农业发展缓慢，传统的农技推广难以支撑农村经济发展的现状，所以政府决定创新农技推广模式，建设农业科技专家大院，使农户与专家直接接洽，充分利用杨凌科技城的人才优势和技术优势，促进当地农村经济的发展。根据当地产业发展需要，宝鸡市从西北农林科技大学聘请了37位专家为农业顾问，投资建立起布尔羊、秦川牛、莎能奶山羊等32所农业科技专家大院。这些专家大院分布在田间地头、龙头企业、星火产业带等农业生产第一线。在专家大院内，政府根据专业特征设立项目实验室、研究所、农技服务站和生活设施，在大院附近建立科技试验田和示范园。专家进了门能进行科研和技术培训，出了门就可以进行现场指导和大田示范。农业科技创新与转化推广在田间地头直接衔接，提高了农业科技推广的成效。

在农业专家大院的实施过程中，按照“政府引导、专家指导、企业主导”的原则运行，以“聘一位专家，建一处科技示范园，办一所培训学校，建一处科技示范园，带动一个产业，振兴一方经济”为实施方针，政府建立大院协调领导小组，制订大院建设发展规划，出台了一系列的管理办法，制订了一套完备的管理运行机制。在专家大院这个平台上，农业专家利用专业优势，因地制宜地将其打造成农业科技成果转化平台，促进农业科研、实验、示范培训、推广有机地结合，加快科技向现实生产力的转变。

在运行中，宝鸡市的农业专家大院共形成五种有效的运作经营方式（如图6-1所示）。专家大院与企业、农户、农技推广机构、合作社等农业经济主体建立起合作运营关系，通过有偿服务与公益推广相结合，发挥市场机制的作用，取得了良好的成效。如秦川牛专家大院在昝林森教授的技术指导下，在扶风县发展千头肉牛养殖村3个、百头肉牛育肥场14个、养牛户2100户，肉牛业年产值达5800万元。

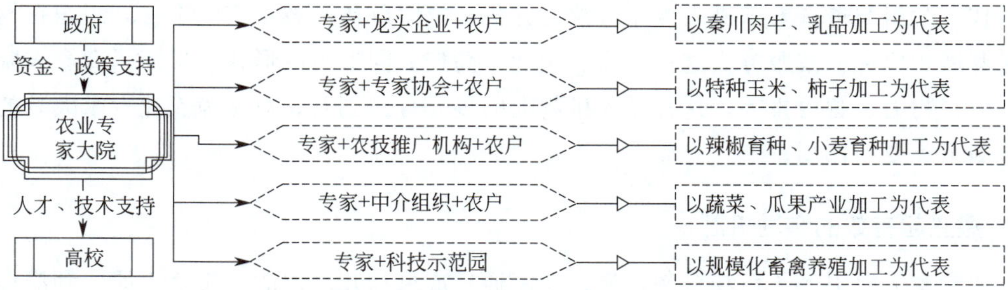

图6-1 宝鸡市农业专家大院典型运行模式

宝鸡市的农业专家大院通过创新农村科技服务模式，突出了高校在农村经济发展中的科技支撑地位，依托专家大院加强了高校、政府、农户、企业的联系，实现了多方的互利共赢，取得了良好的经济与社会效益。一是创新了农村科技服务模式，加速了科技成果的扩散与推广。二是促进当地经济的发展，有效地将各地的农业资源优势转化为经济优势，促进了农民的增收。三是提升了农村科技文化素质，通过科技培训示范培育造就了一批新型农民。四是拓宽了农业高校的科研教育基地，为高校科研活动搭建起新的平台，增强了高校在农村的影响力。

宝鸡市农业专家大院的成功探索对农业科技推广工作产生了重要的影响。科技部在2003年将农业科技专家大院列为农村科技服务体系建设的重要模式并在全国推广。各地纷纷借鉴其成功经验，因地制宜地探索适合本地的农业专家大院运行模式，演化出一批富有成效的运作经营形式，如国家农业科技园区农业专家大院形式、农业科技服务流动专家大院形式等。各地的探索与实践也进一步拓宽了农业专家大院的运行方式、类型，丰富了农业专家大院的内涵。

第三节 高校主导的农业科技园区模式运行模式

高校主导的农业科技园区的建设，这里主要介绍农业专家大院，它是对传统的农村科技推广模式的创新，实现了科技与农民的高效对接，在实践中形成了特有的运行机制。

1. 创新了管理体制

农业专家大院突破了以往的科技管理体制，按照“政府引导，专家指导，企业主导”的原则进行项目管理。在实施中，政府组建起专家大院协调领导小组，制订大院建设发展规划，出台聘请专家管理办法和专家大院管理办法，围绕农业专家大院的发展建立制度和法律基础，使得政府管理真正服务于农村产业发展。西北农林科技大学则积极与政府合作，探索建立起受聘专家的工作管理机制和激励机制，鼓励更多的科技人才投身专家大院建设。

2. 建立起有效的投入参与机制

在农业专家大院实施中，宝鸡市政府投资建立起专家大院，并给每个专家大院提供 15 万元“酵母”资金，给每位专家每年 1 万元的活动经费和交通费。通过市场配置资源，围绕专家大院分布，引导企业参与特色农业产业开发，为农业专家大院发展引入外在支撑。西北农林科技大学组织遴选专家进入专家大院，并将专家大院作为教学实践平台，组织在校学生为农村开展相应的科技服务。这种政府、企业、高校共同参与的形式，保障了专家大院运行中的人力、物力、智力投入，这种投入机制上的多元合作创新，对保障农业专家大院的顺利实施起到了重要的作用。

3. 建立起有效的激励机制

农业专家大院引入了市场机制，鼓励专家通过成果和技术入股、带资入股、利润提成等形式，与大院结成利益共同体。由于大院与专家连心、联责、联利，形成了用利益留人、用感情留人、用事业留人，大院离不开专家，专家舍不得大院的双赢互利局面。专家大院吸引示范区域和产业辐射范围农户，以土地、劳力和资金等资源要素，广泛参与建园、承包或入股，尽力扩张专家大院的产业规模，提高科技企业的市场效益，增加示范区农民收入。农业专家大院真正实现了政府引导下的市场化运作，为农村科技服务的长期稳定奠定了基础，也赋予了这种模式在全国推广中旺盛的生命力。

4. 形成了完备的上下交流互动机制

一方面，农业专家大院的建立，让农业专家真正进入田间地头、企业单位，将农业科技的理论创新、科技研发、成果转化、市场推广等环节结合在一起。专家可以把握农村科技成果的成效，在各个环节进行调整，实现农村科技服务供给的效用最大化。另一方面，农业专家大院建立在农村、企业，可以真正掌握农村科技的需求，科技贴近农村、专家贴近农民、技术贴近农业生产，形成了农村科技供需协调的沟通机制。

5. 探索出一种有效的运行方式

农村专家大院以专家大院为平台开展农村科技服务活动。专家大院内为项目实验室、研究所、农技服务站，院旁是科技试验田和示范园，一个专家大院真正成为农村科技创新平台、科技成果转化平台、高新技术创新中心、先进成果示范基地、涉农企业孵化器、农村科技培训讲台、现代农业科技园，成为农业科技供给的“航母”。同时，专家大院模式的固化、物化，也实现了农村科技服务供给的整合，让农村科技服务更加贴近生产实际，更加贴近农村现实，提升了农村科技推广的效率。此外，专家大院将农业科技创新与推广整合在一起，让农业专家与农户、企业直接面对面交流合作，加速了农业科技向现实生产力的转化，真正实现了产学研的精密合作，既搭建起农村科技进入生产实践的“高速公路”，又建立起农村科技供求有效对接的“桥梁”。

6. 建立起企业化的经营模式

农业专家大院运行中实行首席专家负责制。由专家组建自己的团队，然后与政府、企业、合作社等农业经营主体签订服务合同或协议，建立起市场化的利益分配机制。专家大院的运行，执行了“有科技专家、有培训场所、有食宿条件、有实验设备、有办公设施、有实验示范基地和明确的管理规章，实行规范化财务制度和全面经济独立核算制度”，成为法人实体，实行企业化管理。这种企业化的经营模式保障了专家大院的稳定运行与持续运转。

第四节　大学在农村科技服务中的作用及其成效

从上述分析中可以看到，西北农林科技大学在农业专家大院的建设运行中发挥了关键的作用，是开展农村科技服务的重要力量。高校在农村科技服务中的作用主要体现在以下几个方面。

1. 为农村科技推广提供了强大的智力支援

在农业专家大院的建设中，西北农林科技大学结合农村产业发展，遴选出 37 位首席专家，然后由他们带着自己的学生组建自己的研究团队。这支强大的科研队伍为 32 个农业专家大院的运转提供了核心动力。在项目实施中，西北农林科技大学发挥自身的农业科研优势，先后建立了苗木、布尔羊、秦川牛、莎能奶山羊、高产奶牛、特种玉米、线辣椒、良种猪、草业、果业、食用菌共 11 个良种繁育中心，提升了宝鸡市农牧业良种繁育水平。各个大院的专家结合自身的专业优势，以大院为平台，将先进的新技术、新成果在农村示范推广，促进了区域特色产业的发展。辣椒专家大院在庄灿然教授的带领下，建成全国最大的线辣椒种植资源和育种基地，育成高生物钙线椒、叶用型辣椒、彩色观赏辣椒等 5 个新品种，推广 40 万亩（1 亩$=666.7m^2$，下同），极大地带动了当地产业发展。此外，受聘专家也积极为当地经济产业发展献计献策。据统计，专家大院实施的前三年，专家围绕宝鸡市“三农”发展，提出了战略性对策建议 60 多份，对县域农村经济发展提供了关键性技术措施 160 多条，在全市抓点 20 多个，在推进宝鸡市农村经济发展中发挥了关键作用。开展农村科技服务的关键就是将先进实用的、“三农”发展所需的科技送入农村，而高校有着丰富的科技资源、强大的科研优势，可以为农村科技推广提供强大的智力支援。

2. 为基层农技推广人员的农技推广工作创新了方法

西北农林科技大学在农业专家大院的实施过程中，不断探索创新农村科技推广的新方法，为基层农技推广人员开展农技推广提供了新思路、新方法。

一方面，西北农林科技大学除了为农村输入先进的技术，还以专家大院为基地积极开展农村科技培训，这其中也包括对基层农技推广人员的培训。各种技术、管理等内容的培训，为当地培养了一批科技骨干，提高了基层农技推广队伍的能力。通过与外界的沟通交流，基层农技推广工作被进一步激活，原来低效的农技推广体系被重新整合利用，迸发出新的活力。

另一方面，西北农林科技大学在农村科技服务中引入了市场机制，引导农村科技推广的利益驱动与市场化运作，创新了基层农村推广的思路。如在专家大院运作中，岐山粮油加工大院农技站站长既是专家大院的负责人，又是公司经理，农技人员既是专家的助手和学生，又是实用技术的传播者，也是公司的技术支援。农技站与专家大院在农业科研和技术推广上发挥着整体服务功能，探索出了一条适合中国国情的基础农技推广的新路径。

3. 在农村科技服务中的纽带作用

西北农林科技大学在农业专家大院的运行中发挥了重要的纽带作用，为这种新型的农村科技服务模式的顺利开展奠定了基础。

首先，加强了政府与农业经营主体的沟通。项目实施中，受聘专家为政府提供区域经济发展的政策建议，为政府决策提供战略咨询。专家与农业经营主体直接对接，对农业产业的发展提供科技支撑。通过高校、专家这一纽带，政府可以更好地制定产业决策，增强政府支农、惠农的瞄准精度。农业经营主体可以更加准确地把握政府产业发展规划，更方便快捷地与政府沟通协商。

其次，加强了科技与市场的融合。西北农林科技大学在农业专家大院这个平台上，鼓励引导专家通过成果、技术入股和利润提成的形式提供农村科技服务。在实际经营中，注重按照企业化的理念对专家大院的运行进行管理。这些体制上的创新，为科技与市场的衔接奠定了基础，也保障了农村科技服务的长效性。

最后，加强了农村科技供需的衔接。在传统的农技推广体制下，一边是农民增收缺市场、缺信息、缺技术、缺良种、缺服务的状态；另一边是科技人员有知识、有成果、有信息、有技术，却难展才能的状态。而在农村专家大院这个平台上，西北农林科技大学的专家一方面深入农村，以专业的视角分析判断农村科技的需求，另一方面整合各类资源，在专家大院的平台上开展农村科技的创新推广与示范。这种工作方式直接增强了农村科技供需的对接，提高了农村科技服务供给的有效性。

4. 创新了产学研合作的新途径

推进产学研合作一直是高校科研工作的一个重要方向，通过借助政府的力量进行“官学产研”合作是一个重要的方式。西北农林科技大学在农业专家大院中采用的就是这样一种模式。在专家大院建设中，政府投资兴建硬件设施，同时出资聘请各大院首席专家。西北农林科技大学的专家将大学科研优势与地方主导产业结合起来，开展科技创新推广示范工作。在技术推广中，引入市场机制，将新品种、新技术、新成果进行市场开发，用市场效益反过来进一步推进科技创新示范，形成良性的产学研互动。在农业专家大院的实施中，形成了五种有效的产业运作模式（如图 6-1 所示），带动了宝鸡市农业产业的发展。如麟游县的布尔山羊产业，1998 年，当地政府在西北农林科技大学专家的建议下，投资 300 万元开展布尔山羊杂交科研项目。布尔山羊专家大院和胚胎移植专家大院开展细管冻精、胚胎移植和品种改良实验。到 2002 年，全县累计完成布尔山羊杂交改良 4.65 万只，原种羊和杂交改良羊已销往全国二十多个省。到 2004 年，通过养殖布尔山羊，全县人均养羊收入达 466 元。西北农林科技大学在农业专家大院中创新了产学研合作新机制，在推进专家大院稳步发展中起到了重要作用。

通过科技示范培训创新了农村科技发展的环境。在实践中，专家积极开展各类科技示范培训，提升了农业产业经营主体的科技素质，创新了农村科技发展的环境。西北农林科技大学的专家在科技创新、示范推广中积极开展乡土人才培训，对农村技术员、农业大户等开展技术指导，为当地产业发展“造血”。2004 年，宝鸡市的农业科技专家通过举办讲座、现场指导等形式，培训农技员、农民技术骨干 6.8 万人次。西北农林科技大学开展的科技示范，使广大农民体验了现代科技在农业经济发展中的巨大作用，增强了他们学科学、用科学的积极性。此外，西北农林科技大学积极参与星火培训工作，受到群众的欢迎，农业专家大院也被称为“田间课堂”“地头学校”。从根本上讲，高校借助农业专家大院这一平台，通过科技示范培训创新了农村科技发展的环境。

第五节 高校主导的科技园区对于大学生在农村科技服务创业的启示

一、新农村建设与服务体系构建出现新态势

通过前面对高校主导农业科技园区模式的分析，我们不难看出我国现阶段新农村建设与服务体系构建展现出新态势。伴随着我国农村科技供给与需求主体的不断变化，现代农业对于技术服务体系的供给机制提出了新的需求。自 1998 年福建省“南平模式”农村科技特派员开始，全国各地在实践中不断丰富着新型农村技术服务模式的内涵，为我国新时期农村科技服务体系的构建奠定了实践基础。当前，我国农业和农村经济的发展已步入新的发展时期。这一时期，我国农业和农村经济十分活跃，农业生产正处于从传统农业向现代农业的转型期，我国农村产业结构逐渐从传统的第一产业为主，向第一、第二、第三产业均衡发展转变，农村生产经营模式从传统小农经济模式向城市化转变，而农民群体则正在经历从自然人向市场经济经营主体转变。这些变化对农村科技服务提了新的需求，具体表现在以下几个方面。

1. 农业的功能和组织方式发生重大变化

我国农业自古以来即是国民经济的基础性产业，也是支柱产业，传统农业产业在产业结构分工中，是为第二产业提供原材料和廉价劳动力的传统部门。近年来，随着我国城乡差距的逐步加大，“三农”问题成为影响我国综合发展的重要因素，必须予以解决。而多年来的发展与实践证明，只有增加农民收益，将农业培育成为收益和价值较高的部门，“三农”问题才能从根本上找到突破口。

近些年，通胀压力逐步加大，CPI（消费者物价指数）持续上涨，食品价格也突飞猛进。2018 年以来，随着主要农产品（特别是猪肉）价格的持续上扬，农产品的供给功能显得愈加重要。城镇化过程中农村土地的不断缩减，使得土地在经济发展中的供给功能越来越重要。同时，GDP 的增长在带给人民日益丰富的物质生活的同时，也使得公众对于生存环境提出了更高的要求，农业的生态功能全面拓展开来。也就是说，现代农业的发展目标已经由单一的食物特别是粮食的供给，向粮食安全、食品安全和生态安全目标并重的方向转变。

与此同时，现代农业的组织方式也发生了深刻变化。首先，随着我国工业化和城镇化发展的深入，我国农村空心化和老龄化的问题日益突出。据有关数据统计，2019 年，我国从事第一产业的劳动力占全国劳动力总人口的 40%左右。其中，农村从事种植业、养殖业等传统第一产业的主体已趋于老龄化。从性别来看，这些老人大多为妇女，其对农村社会化服务的依赖趋势越来越明显。近年来，我国农村的合作经济组织发展十分迅猛。截至 2019 年 7 月底，我国依法登记的农民合作社达 220.7 万家，这些农村合作组织几乎辐射并带动了全国范围内近一半农户。从这里可以看出，我国传统农业的小农经营模式正在朝着组织化经营方式转变。

现代农业功能和组织方式的改变使得我国农村对科技服务的需求呈现出多元化发展的态势。现阶段，我国农村中的传统小农户、个体农场主、农村合作组织以及农产品加工企业和农产品的流通企业等多种组织形式并存。这些不同组织机构对农业科技的需求不同。为满足各个利益群体的不同需求，我国现代农业科技呈现出朝着多元化方向发展的趋势，而这一趋势也为新时期我国农村科技服务体系的构建奠定了基础和前提。

2. 现代农业建设对农村科技服务职能的需求转变

伴随着现代农业功能和组织方式的变化，现代农业对于农村科技服务的需求，可以大体概括为如下四个方面。

（1）由产中单一的技术服务向提供涵盖产前、产中、产后诸环节的综合性技术服务转变

现代农业的多功能性，极大地丰富了农业的内涵，农村技术服务已经不仅仅是生产服务，还需要流通服务、加工服务等，涉及产前、产中、产后的诸多环节。并且，依靠市场机制运行的新型科技服务体系应更好地满足日益多元化的农村科技服务需求，能够在农技服务供给方和需求方之间建立一种“双赢”的利益分配机制，并促进农村技术服务市场的发育壮大。

（2）由单纯的产量追求性技术服务向高比较收益的技术服务转变

现代农业与传统农业的本质区别，就在于它是一个具有较高比较收益的部门。也只有基于此，我国农业才有发展的空间与可能。与此相配套的技术服务，就不能仅限于产量的提

高，还要关注产品的品质、产品价值的提升服务以及为经营者获益提供的帮助。它往往依托当地的主导产业或特色优势产业发展，以产业为导向建立起专业化的农技服务组织体系，为农民提供更有针对性、更及时有效的农业科技服务。

（3）由田间地头的直接技术指导向多样化、广覆盖的技术服务手段转变

以目前基层农技人员的数量推算，一个农村技术人员大约承担2000亩的耕地、300多农户的技术推广工作，其服务内容的单一、服务覆盖的有限和服务内容的滞后都是亟待解决的问题。现代农业主体的多元化需要多样化的、能够实现最大覆盖范围的新型服务手段。

（4）由单纯技术提供向与技术配套的金融、信息、管理等要素的相互配合转变

现代农业的发展离不开资金、管理等要素的配合，这也使单一技术提供方式作用的发挥受到一定的限制。现代农业更需要的是技术与先进要素，如资金、信息等的配合和协同推进，通过以互联网技术和通信技术为代表的信息化革命，将实用生产技术、市场信息、生活咨询等有用信息以各种信息化的手段传递给广大农户。

3. 新型农村科技服务模式的探索

随着我国市场的转型升级，新型农村科技服务模式在宁夏、福建、海南、浙江等多个省份全面推进。各地通过多种形式的科技服务，积极开展先进适用技术在农村的应用、示范与推广，形成了各具特色的发展模式。

来自基层的创新力量适应市场化条件下的发展趋势，在实践中建立起以农村科技特派员创业为核心的新型农村科技服务体系，形成了颇具地方特点的不同模式：宁夏在实际工作中创造了“用创新驱动的理念推进科技特派员制度发展并带动农村信息化工程建设”的宁夏模式；海南突破了传统农业技术服务半径的限制，发展了以“广覆盖性”为核心特点的农业技术与服务模式；江苏以有店面、队伍、网络、基地、成果、品牌的“六有”为主要模式，建设总店、分店和便利店三级农村科技超市网络，建设了“科技超市”的新型的农村科技服务体系模式等。

这些新型农村科技服务模式的发展，都是在试图解决传统农技推广体系中存在的两大突出问题：一是如何在城乡既有差距下，实现城市资源向农村的“逆向”流动；二是如何实现农业技术服务的“广覆盖性”问题，也就是让千家万户的农户和涉农相关组织及时得到他们所需要的综合性技术服务。事实上，新型农村科技服务模式所表现出的发展趋势，已经基本满足了现阶段现代农业对于技术供给形式和手段的内在需求。最重要的是，新型服务体系中现代要素由城市向农村的逆向流动，使创业成为新型服务体系的重要内涵，创业服务一体化成为新型农村科技服务体系构建的基本要求。将大学生创业与高校农村科技服务体系相融合，可以说是一举两得的措施。

二、创新服务平台同时惠顾大学生创业与新农村建设

通过对高校主导的农业科技园区——农业专家大院的建构剖析还可以看出，创新服务平台是同时惠顾大学生创业与新农村建设的。诸如农业专家大院这种农村科技产业园区的建设，既是农村居民发展的平台，也是大学生在农村创业的很好依傍。因此，扶助大学生农村创业与建设好社会主义新农村的价值追求是殊途同归的，创新服务平台的建设显得尤为重要。

1. 创新服务平台建设的重要性

农业专家大院构建起一个农村科技服务的平台，将政府、高校、农业经营主体有机地结合在一起，整合了各类资源，突破了传统农业技术体系困境，产生了较好的经济效益与社会效益，实现了多方主体的互利共赢。这种创新的服务平台在推进农村科技工作中发挥了重要的作用。

一方面，它作为一种有形的工作场所、科研基地、推广平台等，将各种农村科技服务活动纳入其中，并在这个具体的场所内相互协调沟通，实现了资源的优化配置。在这个平台之上，农村科技的供需双方直接对话，农村科技推广由以往单一的自上而下推动变成了多主体、多角度的交流互动开展。同时，这一平台也推进了农村科技创新与推广的融合，突破了传统农技推广体系创新与推广割裂的困境。

另一方面，农业专家大院作为一种无形的平台形成品牌，凭借其影响吸引了外来资源注入农村经济发展之中。农业专家大院崭新的管理运作体制，激活了原来涣散的农技推广体系，为构建新型农村科技服务体系注入了活力。农业专家大院探索出的科技与其他生产要素相结合的经营模式，加速了科技向生产力的转变，影响与改变了农村的生产经营理念，促进了农村经济的发展。农业专家大院构建起的充满活力的运行机制，实现了真正意义上的农科教、产学研结合，为农村产业的发展、农村科技体制改革提供了有效的实践探索。农业专家大院的运作，增强了农村的科技发展意识，也刺激了市场化理念在农村的扩散，创新了农村经济社会的发展环境。

2. 农业科技创新与市场推广并行

传统的农技推广体系下，农业科技的创新与推广是割裂的，导致了农村科技需求与供给不协调。而在农业专家大院模式下，农业科技的供方（高校）主动到农村摸需求、找方法，围绕农村经济发展需求安排农业科技研究方向内容，根据农村实际情况开展农业科技推广，将农业科技创新与推广整合在专家大院内；同时将这一平台下移，贴近农村，贴近实际。创新与推广的结合促进了农村科技的供需匹配，提高了农业科技资源的使用效率。从农村科技推广体系来看，创新与推广相结合的方式，突破了以往的科技管理体制和工作机制，整合了农村科技创新资源，盘活了基层农技推广资源，在农业专家大院的平台上建立起互动、交流、协作机制，创造出一种崭新的农村科技服务模式。未来农业发展将走现代农业之路，农业经营主体也将实现专业化、职业化，这些都对农村科技服务提出更高的要求。从农业发展的需求入手安排农村科技的供给成为一个准则。农业专家大院在实践中将农业科技的创新与推广相结合，就是适应未来农村科技服务的一种探索。

3. 走市场化之路是保障大学生在农村科技服务创业稳定开展的关键

农业专家大院的运行实际上是搭建起一个平台，将各种资源汇集，共同开展农村科技服务。而吸引各种资源参与到农村科技服务中去的根本就是市场机制在农业专家大院运行中，政府不再主导全部的项目投资，资本也不再是制约项目开展的关键，完整的农村科技服务链条成为引导其发展的核心。通过农村科技的市场化开发，大量的资源汇集到这个平台上，在效益的驱动下促进了地区产业的发展。整个过程中，政府依靠较小的投入带动了农村经济发展；高校通过有偿与公益相结合的方式开展农村科技服务，既产生了良好的经济、社会效益，又推进了科研工作的进展，还解决了一些本校毕业生的工作问题；企业抓住投资机遇，在获得经济利益的同时，也加强了与科研院所的合作，为进一步开展产学研合作奠定了基础；农户、合作社等获得了需要的农业科技支撑，增加了经营收入。在市场机制的作用下，各主体处在一个良性互动的体系内，相互依赖，相互促进，整个体系实现了帕累托最优。从这个角度来看，走市场化之路是保障农村科技服务长期稳定开展的关键。

4. 要加强政府、高校、企业等农村科技服务主体的衔接

在传统的农技推广体系下，农村科技服务主体间的交流、协作很少，这也是导致农村科技创新与推广脱节的关键因素。农业专家大院突破了这一体制弊病，以农业专家大院的平台加强了政府、高校、企业等主体的交流，建立起各方协商、互动的工作机制和管理模式，实现了科技与农户的对接，创新了农村科技服务的模式。多主体的农村科技服务将是农村经济发展的必然要求。对此，除了要逐步促进传统单一的政府主导型向多主体供给模式的转变，也要更加重视政府、高校、企业等农村科技服务主体的衔接，按照“权责清晰、利益联动”的机制对不同主体的功能与角色进行定位，激励各主体真正融入农村科技服务的队伍中去。

三、关于构建科技服务体系推动新农村建设的政策建议

推进农村科技创业与服务体系持续快速发展需要配套的制度设计和政策支持，需要体制机制的不断完善。具体而言，新型农村科技创业与服务体系构建应该从以下五个方面推进配套政策设计。

1. 加强相关涉农科技资源的统筹协调

农村科技工作涉及多个部门，必须集合并充分整合各部门资源，发挥各部门合力，才能构建新型农村科技创业与服务体系。具体来说，应从两方面加强相关涉农科技资源的统筹协调。一方面，通过举行联席会议等形式，加强各个科技管理部门之间的沟通和协调，同时加强各部门内部主体之间科技资源的协调。另一方面，加强农村县乡科技能力建设，推动中央与地方科技资源的联动发展。在我国科技实力不断发展的同时，不断改善地方科技创新的投融资环境，尤其加强对县域科技发展的重视，改善县域科技创新的投融资环境，建立民间资本的多元化投融资机制，不断提高县域科技创新投入能力，加强县域内外农业科技资源的统筹和协调。

2. 用市场推进公益性服务体系建设

长期以来，我国公益性农技推广存在着投入不足、效率不高的问题，尤其是五级推广体系，“网破、线断、人散”现象长期存在。而在公益性推广体系中引入市场机制，则能够在一定程度上调整其投入机制，使其更多元，减少政府投入不足的压力。同时涉农企业尤其是一些农资企业在与农民接触的过程中，具有天然优势。当前，我国农村农民对农业科技推广机构的信任度和接受程度普遍较低，这一点主要出于农户对农业科技机构的不信任，而非对农业科技本身的排斥。如果在农业科技中引入市场机制，以企业推广代替农业科技推广机构，则可吸引农民或大学生创业者自主选择所需的配套技术和产品。通过市场机制运作，淘汰不良产品和过时技术，推广新技术和新产品。用市场机制代替公益性农业的科技推广。在

具体运用中，各地农村应该因地制宜、区别对待，选择适宜方式改进公益性农技服务体系。

3. 可将大学农业科技推广服务体系纳入国家农业科技推广体系之列

将大学农业科技推广服务体系纳入国家农业科技推广体系之中，具体可从以下四个途径着手。其一，完善已有大学农技服务模式，通过设立专项资金的方式，鼓励农业大学加大对科技的研发与创新，在区域产业中心地带建立试验示范站或研究中心，充分发挥高等教育的知识优势。其二，根据农、林、牧、渔四大产业各个产业链节点上的关键技术需求，组织各级各类科教人才组建科技推广专家团队，通过不断整合科技资源，构建专业、完善的专家和技术储备库。其三，结合现代化农业产业链、创业基地，构建农村科技创业与孵化服务体系，通过全面培养现代农业发展的主力军和创业人才，大力培养科技人才，鼓励掌握先进农业科技的大学生投身现代农业建设。其四，充分调动农业科教人员推广新科技，以及科研人员将科研成果转化为产品的积极性。通过构建分配制度、激励评价机制等制订一套符合农业科技推广机制，激励高校科教人员积极推广农业科技，转化科研成果。

4. 加快农业科技园区建设，提高国家农业科技园区的科技示范和服务能力

在扶持发展园区现有的产业和项目中，既要注重纵向产业链条的前伸后延，提高产品附加值，增加经济效益，又要注重各产业横向间的配合联系。一方面要统筹四化建设，以工业化引领农业现代化，以城镇化推动农业现代化，以信息化武装农业现代化，通过基础设施建设和服务水平的提升，增强农业科技软硬实力，优化现代农业发展环境；另一方面，要吸引社会各方力量，形成多元化园区投资机制，加大对园区风险投资和金融与税收等政策的扶持力度。园区享受相关税收优惠，比如水电费用按照农用标准收取等。搭建农业融资新平台，破解融资难题，按政府主导、企业主体、市场运作的原则，扶持发展农业信用担保公司，建立农业信贷担保风险资金。发展壮大农业小额贷款公司，规范引导民间融资，增加园区贷款供给。

5. 加大政府财政引导投入，建设多元化投融资渠道

建设农村科技服务体系所需资金数量十分庞大，因此应加大政府财政引导投入，建设多元化投融资渠道，以适应农村科技研发与服务。从政府层面来看，《中华人民共和国农业法》规定，财政预算内农业科技投入比重需逐年提高，确保拨给农业技术推广部门的事业费的增长幅度不少于财政经常性收入的增长速度。除国家政策扶持基金外，农村地方政府还应着重构建通过多渠道、多方面的稳定投入增长机制，形成农村科技服务体系的多元投入机制。具体可从以下三个方面着手。其一，各级政府应设立农村科技服务专项基金，有步骤、有计划地支持和扶助农村科技服务体系建设。此外，我国政府还应加大对大学生农业科技创业组织的扶持，吸引大学生农业科技创业组织落户并成长，尤其是对带有公益性质的农业科技攻关项目应给予大力扶持和关注。其二，积极引导和扶持大学生农业科技创业组织和机构进行多种形式的配套。从人、财、物三方面，大力支持大学生农业科技创业组织与当地的生产基地、龙头企业以及科技协会等合作，共同推动农村科技资源的整合，推动农村科技创新与发展。其三，打通大学生农业科技创业组织多元化融资渠道，通过银行信贷、社会投资等方式，充分借助风险投资、创业投资、担保、贴息等市场手段，不断加强大学生农业科技创业组织的融资支持和融资管理。

附 录

附录一 山东省大学生农村创业现状及对策调研报告

一、调研的背景及意义

“三农”问题在全面建成小康社会、加快社会主义现代化进程、实现中华民族伟大复兴中具有举足轻重的地位。党的十九大以来，党中央围绕打赢脱贫攻坚战、实施乡村振兴战略做出一系列重大部署，出台一系列政策举措。随着我国工业化、城镇化、信息化的持续推进，实现农业由传统向现代模式同步转化的要求愈加紧迫，新农村建设急需大量高素质专业人才。与农村人才流失、后继乏人相对，疫情常态化下大学生就业的规模性压力和结构性压力日益突出。

作为农业和教育大省，山东近年来坚持稳固农业基础地位，持之以恒强农业、惠农村、富农民，努力保持并不断扩大山东农业在全国的领先地位。然而，农民综合素质偏低、农业科技支撑不足的矛盾及国际国内市场争夺带来的挑战也日趋严峻。同时，为有效化解毕业生就业总量压力，我省坚持以促进高校毕业生自主创业作为拓展就业岗位、提升就业质量的重要突破点，大学生创业人群保持每年15%以上的递增率。但其中大学生农村创业比例偏低，总体水平不高。

本调研旨在掌握、梳理山东省大学生农村创业的现状和挑战，分析、破解制约大学生农村创业的体制机制性问题，为政府、高校引导更多大学毕业生投身现代农业，以创业推动农业生产和经营模式的转型，实现我省由农业大省向农业强省新跨越提供参考借鉴。

二、调研的内容、方式及实施

1. 调研内容

① 山东省十七地市已实现在农村创业的大学毕业生现状。

② 山东省涉农专业、商科类专业❶在校大学生到农村创业的意愿及认知。

2. 调研方式

本调研采用问卷调查和访谈记录相结合的调查方法进行。

为确保调研的科学性与准确性，调查问卷的设计分析及报告撰写，由山东建筑大学商学院创业学专家、统计学专家、法政学院社会工作专家及山东省人力资源和社会保障厅就业处、省农业厅农广校专家合作完成。

---

❶ 参见《普通高等学校招生专业目录（2016）》。

3. 调研对象的抽取

（1）山东省已实现在农村创业的大学生样本

本次主要调研对象是山东省已实现在农村创业的大学毕业生。对返乡创业大学生的调查采用重点调查。本调查根据各县大学毕业生返乡创业人数情况，将全省 17 个地市 139 个涉农县进行分层，分别从具备专科以上学历的毕业人数最多、中等和最少的三层中随机抽取 50 县作为重点调查对象。本次调研涉及毕业生问卷共发放 743 份，回收率 100%，有效问卷 724，访谈记录 743 份（针对毕业生问卷调查及访谈同步进行，问卷具体分配及访谈情况见附录二表 1、表 2）。

（2）山东省高校涉农专业、商科专业的在校生样本

对在校大学生调研对象的样本采集以农业类院校为主，省内开设有涉农专业和商科专业的高校进行分层抽样。抽取山东农业大学、山东建筑大学、山东农业工程学院、青岛农业大学、临沂大学、山东水利职业技术学院和山东商业职业技术学院 7 所院校。本次调研共发放问卷 4200 份，回收 3908 份，回收率为 93%，有效问卷数量 3819 份（见附录二表 3）。

（3）问卷调查信度分析

本次调研采用 excel 软件及 SPSS18.0 软件对问卷进行分析。对已毕业学生问卷 39 个问题随机抽取 360 个样本及对在校大学生问卷 20 个问题随机抽取 170 个样本进行信度分析，最终得出克龙巴赫（Cronbach）α 信度系数分别为 0.790 和 0.818。

三、调研结果及基本分析

（1）我省大学生农村创业人数逐年提高，但多处于起步和发展阶段，创业最佳时间为毕业后 2～5 年，创业动机以实现个人理想和自我价值为主，创业类型集中在服务类和产品代理或销售类

① 山东省大学生农村创业的基本情况。据山东省人力资源和社会保障厅高校毕业生就业处统计，2015～2018 年（下同）山东省普通本专科毕业生分别为 261630 人、270963 人、317848 人、331340 人，高校毕业生创业比例分别为 0.41%、0.44%、0.53%和 0.57%。虽然总体创业比率偏低，但大学生创业人数逐年提高（见图 1）。

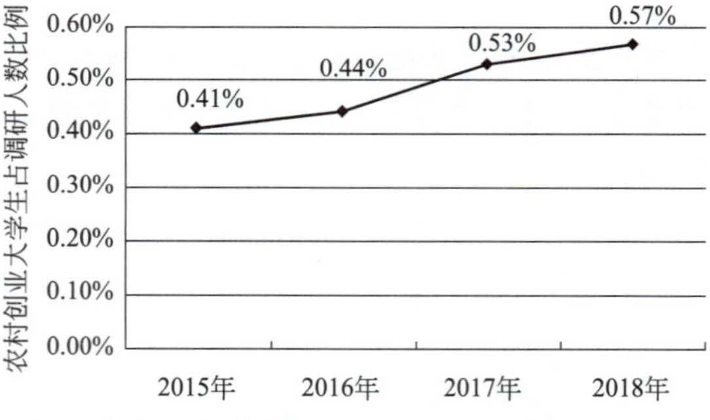

图 1　各年份农村创业大学生占调研人数比例趋势

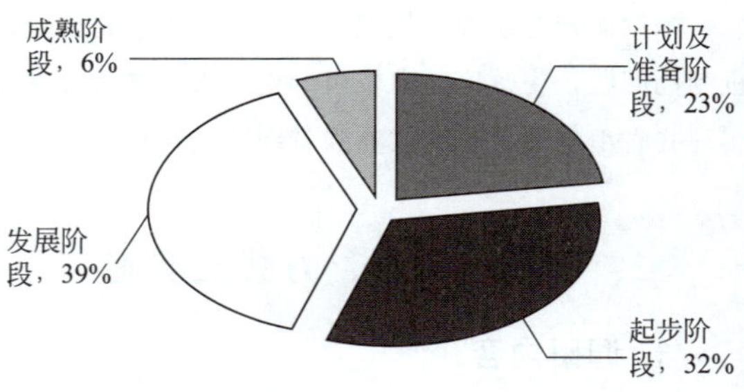

图 2　已创业大学生创业阶段

据调查，大学毕业生多是毕业后数年内选择创业，目前创业多处于起步阶段（占 32%）和发展阶段（占 39%），如图 2（见彩插）。

② 创业时机。见本书第一章第二节三、3. 实证分析。

③ 创业动机。大学生农村创业动机首先是实现个人理想和自我价值（27.91%），排第二位的是应对严峻的就业形势（24.12%），见图 1-4。将个人人生价值的实现与实际行动相结合，会为大学生服务于农村发展提供无穷的动力与坚实的支撑。

④ 创业类型。调查发现，目前大学毕业生农村创业类型选择以服务类（32.97%）和产品代理或销售类（28.57%）为主（见图 3）。

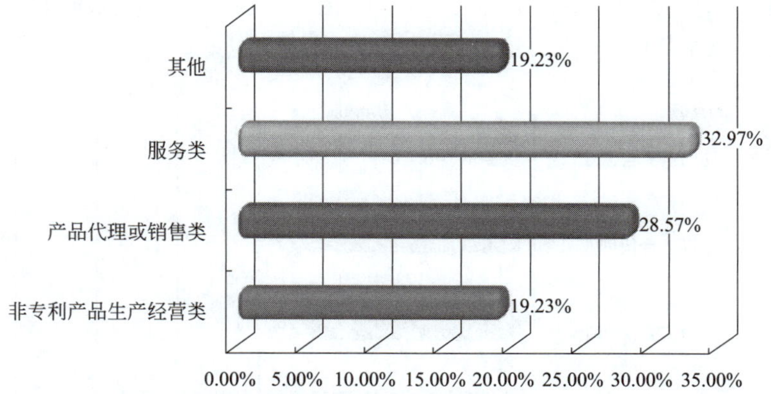

图 3　大学生农村创业类型

但对在校大学生的调查表明，大学生农村创业，所热衷的行业主要为休闲旅游业，占 38.35%（见图 4）。这与当下城市环境污染严重、农村生态环境良好不无关系，也在一定程度上体现出未来大学生到农村创业的发展方向。

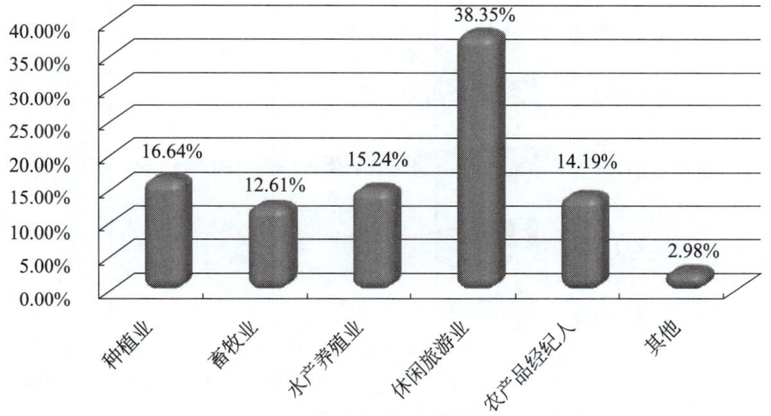

图 4　大学生到农村创业所选择行业

（2）大学生农村创业的方式较为单一，创业预期收益不高，但创业优势明显

① 创业方式。对已创业大学生的调查，发现创业组合选择以内部创业（37.96%）、团队创业（26.37%）或加盟创业（24.18%）的组合方式为主（见图 5）；创业方式是以一人独立创业（51.10%）为主（见图 6）。

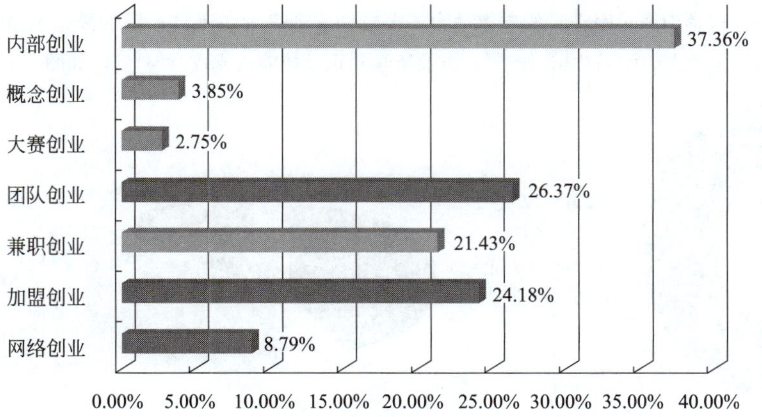

图 5　大学生创业组合选择

创业形式的选择集中在同学或朋友合伙创业，占 51.78%（见图 7）；创业可接受的最低年收益集中在 3 万～5 万，占 43.84%［见图 8（见彩插）］。

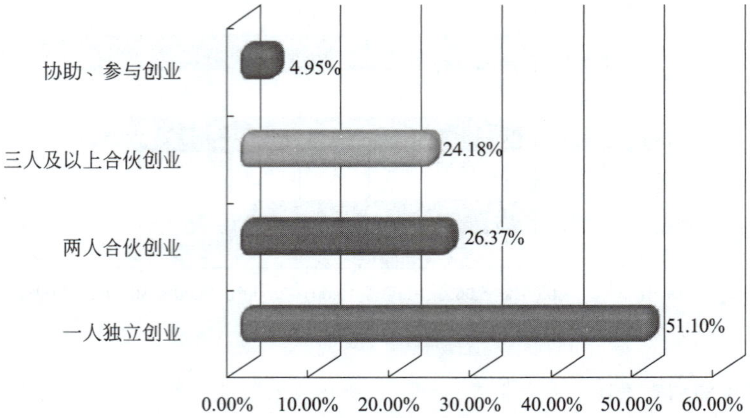

图 6 创业方式选择

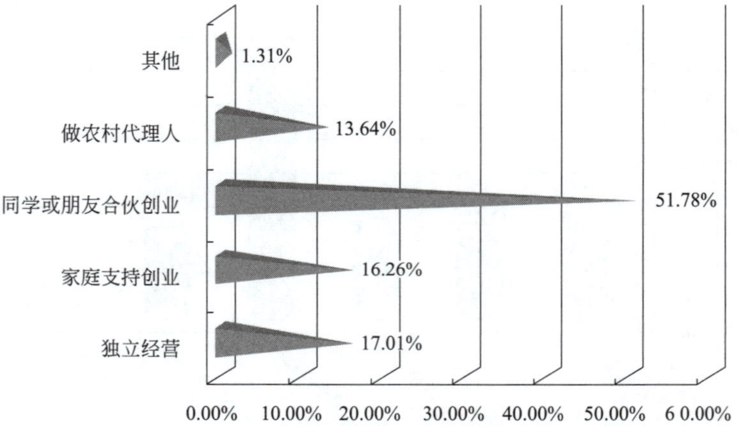

图 7 到农村创业所选择创业形式

② 创业优势。调查数据显示，大学生相对于其他阶层创业最大的优势主要表现在：一是大学生学习能力强，有创新精神（60.99%）；二是大学生年轻有活力，勇于拼搏（54.4%），如图 2-1 所示。

大学毕业生更善于发现商机，创业机会以从市场盲点中发现商机（24%）和从消费者创意中寻找商机（23%）为主要来源，如图 2-2（见彩插）所示。

对于大学生创业过程中面对困难时的支撑动力，多数创业者表示是来自家庭的鼓励与帮助（36%），同时，也有部分创业者认为是个人的顽强意志（27%）以及所学知识及技能的支撑（24%），如图 2-3（见彩插）所示。

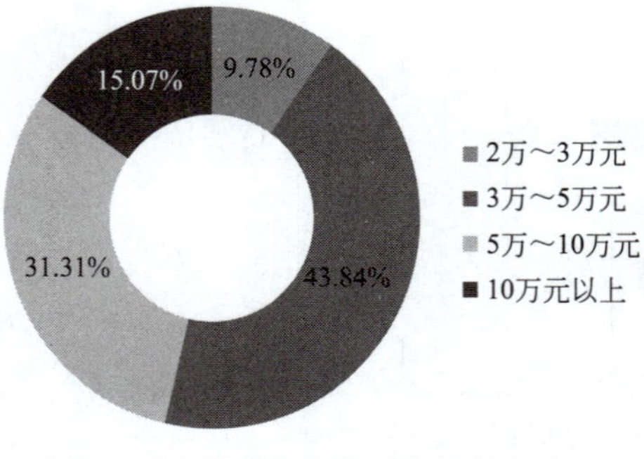

图 8 到农村创业能接受的最低年收入

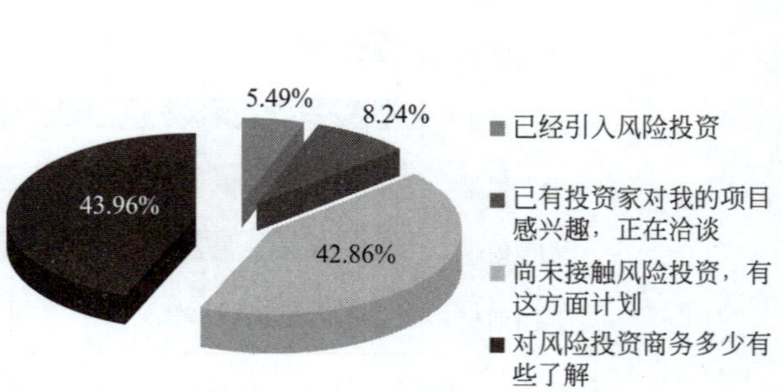

图 9 引入风险投资情况

66.99%的创业者认为大学生创业中面对的风险主要是市场风险，其次是管理风险（30.21%）和经济风险（29.67%），见图 2-4；有近一半的人认为，为应对风险，在创业过程中要通过积累创业经验、谨慎选择项目和保持良好心态来规避，见图 2-5；在大学生创业者中，绝大多数没有引入风险投资，超过 86%的创业者只是稍微了解风险投资，见图 9（见彩插）。

③ 影响创业成功的因素。影响大学生农村创业成功的因素有很多。据调查，这些因素中最关键的是创业者的个人管理经验、专业技术知识及个人能力（21%），如图 10（见彩插）所示。创业并不简单，创业有成功也有失败，对于创业失败，超过 60%的创业者的选择是积累经验，继续等待时机（见图 11）。

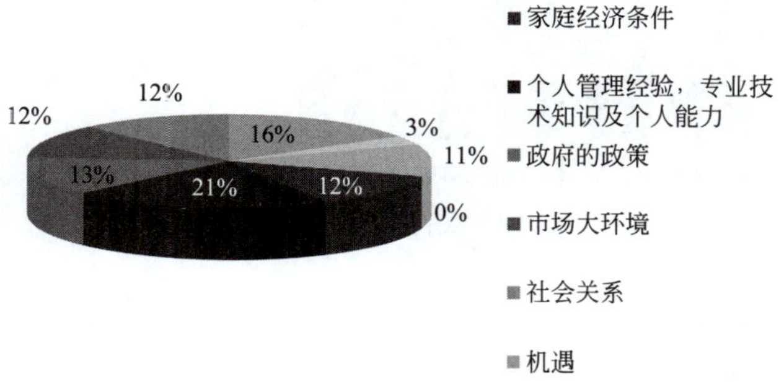

图 10　创业成功影响因素

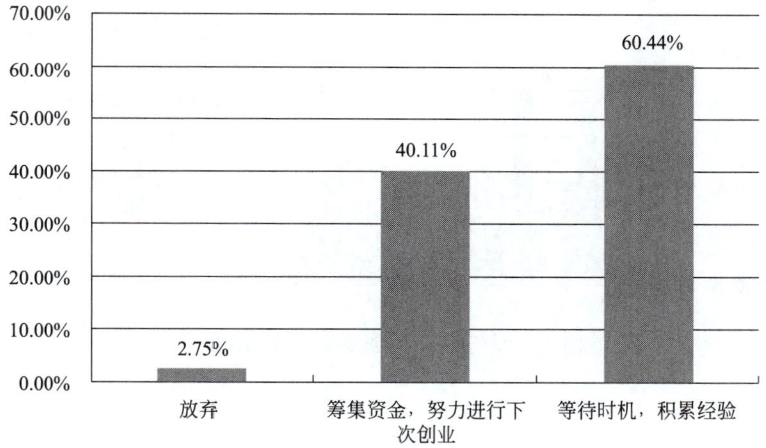

图 11　创业失败后选择

（3）57.69%的大学生创业者认为农村创业的首要问题是资金不足，超过一半的受访者认为农村创业环境、政府支持力度有待改善和提高

① 农村创业的困难。问卷统计发现，有 57.69%的大学生创业者认为农村创业的首要问题是资金不足；第二位的问题是经验不足（39.01%），此外，能力技术不够好（31.32%）和缺乏创业信息渠道（41.21%）也是阻碍大学生农村创业的重要因素，如图 12（见彩插）所示。

交叉对比在校大学生的调查结果显示，则认为农村创业最主要的障碍首先是经验不足、缺乏社会关系（43.58%），其次是资金缺乏（29.57%），如图 13（见彩插）所示，体现了在校大学生对农村创业在认识上可能存一定的偏差。

② 农村创业环境。统计数据显示，超过一半的受访者（51.65%）认为农村创业环境一般（见图 14）；对地方政府相关管理部门的服务有 55%的受访者仅是基本满意，并且有 37%的受访者表示不太满意，非常满意人群仅占 6%［见图 15（见彩插）］。由此可见，改善农村创业环境，减少创业阻力仍是政府工作的重要内容。

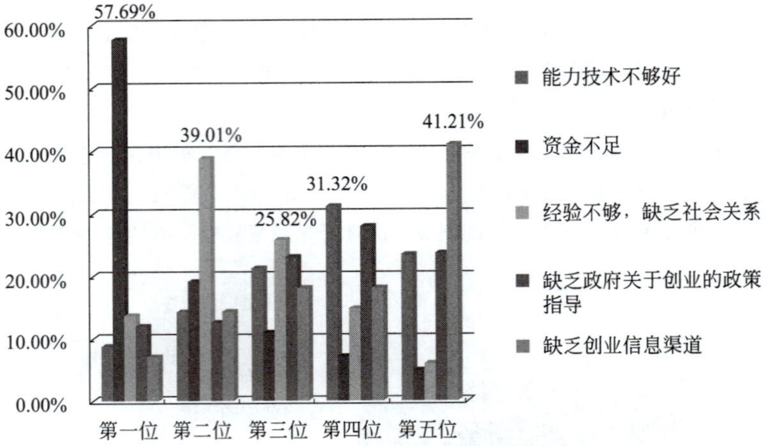

图 12 农村创业最大困难

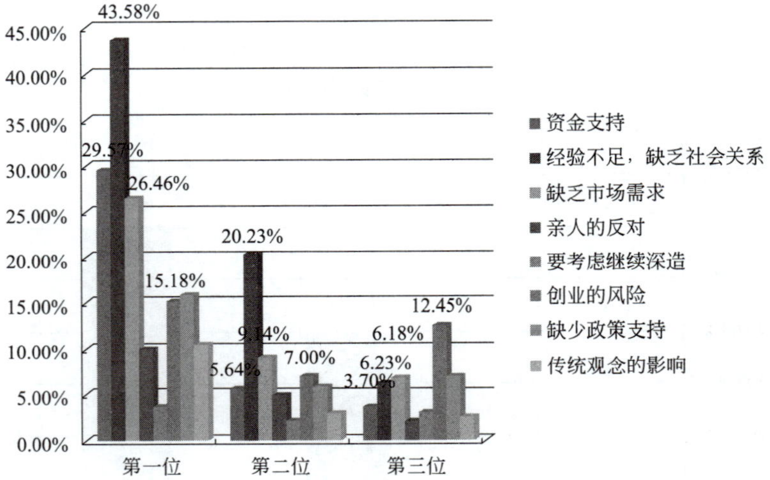

图 13 大学生农村创业最主要的障碍

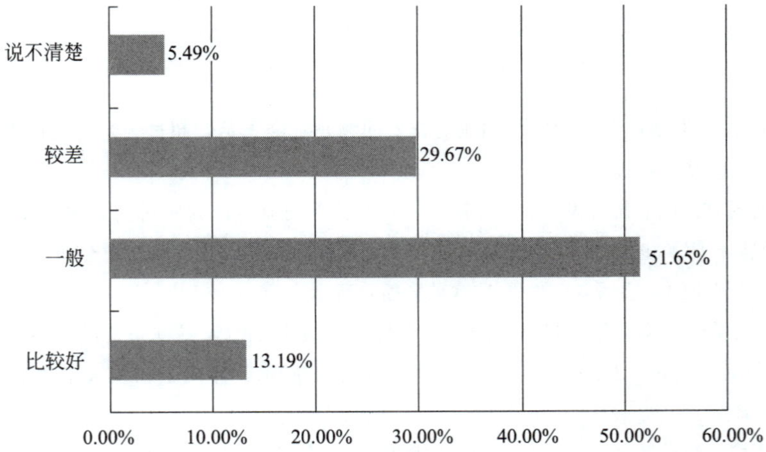

图 14 对农村创业环境态度

对地方政府的政策贯彻执行情况，有60%的受访者认为基本到位，但也有32%的人认为政策执行尚不到位，如图16（见彩插）所示。

调查显示，在大学毕业生中，有超过25%的创业者未曾接受过政府的政策支持（见图17）；在接受过政府政策支持的创业者中，对于政府的政策效果，有超过一半（56%）的受访者认为效果一般，认为效果不好和不了解政府政策的占到33%［见图18（见彩插）］。

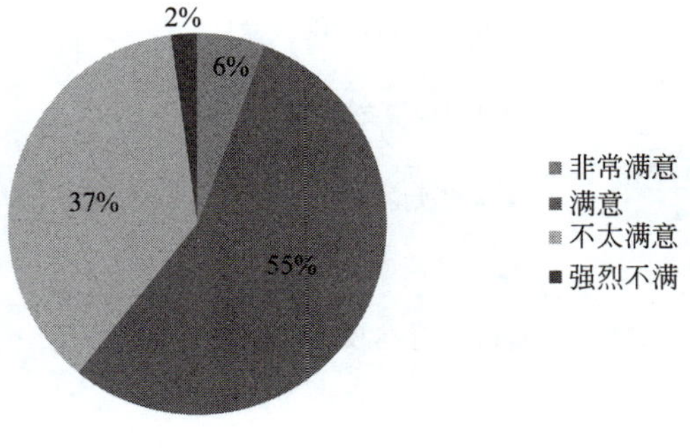

图15　对地方政府部门管理能力及服务水平态度

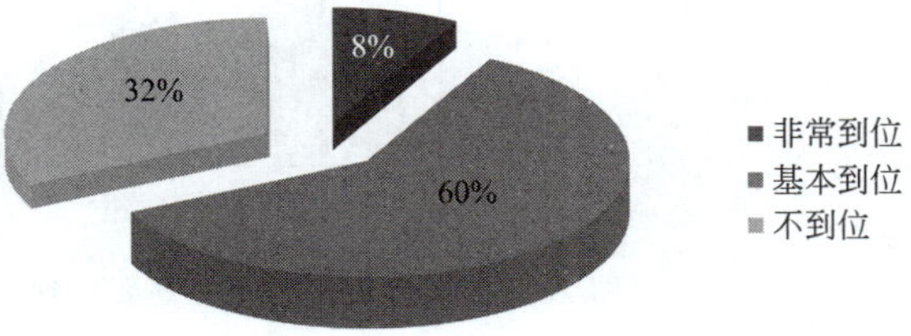

图16　地方政府政策执行是否到位

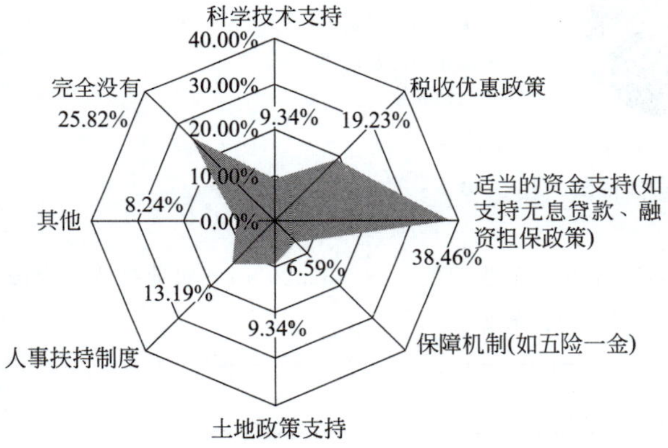

图17　创业过程中接受过的政策扶持

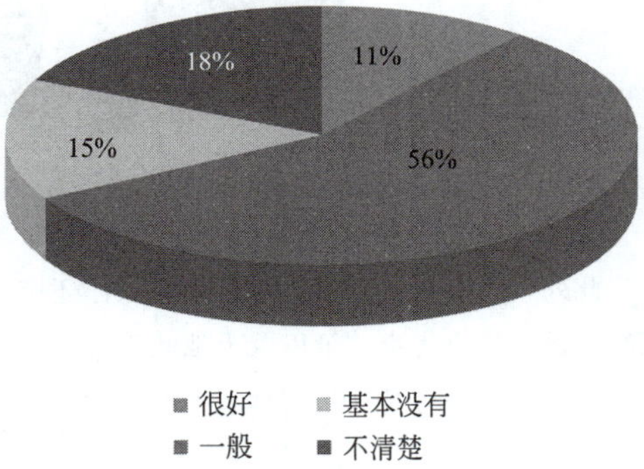

图18　政府对大学生农村创业方面相关政策效果

（4）农村创业大学生急需资金及管理、技术、信息多方面的扶持。调查数据显示，无论已创业大学生还是在校大学生对于需要来自政府方面的支持，排在首位都是资金支持［见图19、图20（见彩插）］。大学生创业过程中，遇到资金短缺时主要采取银行借贷（占33%）和向亲朋好友借钱（占24%），如图21（见彩插）所示。因此，增加政府部门扶持创业启动资金专项补贴、拓宽融资渠道等仍是政府决策者的重要工作。

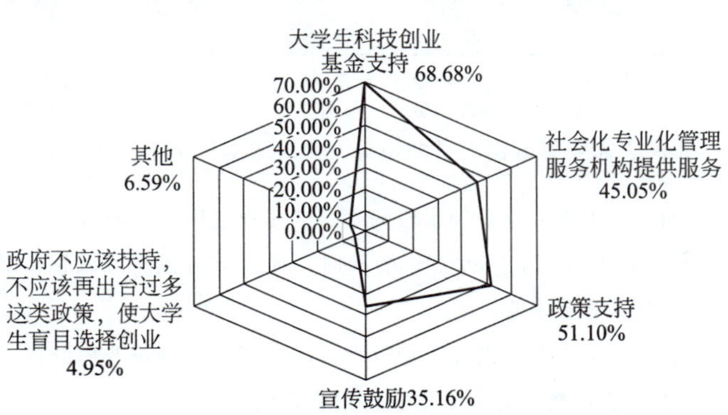

图19　政府在大学生创业方面应该做哪些扶持

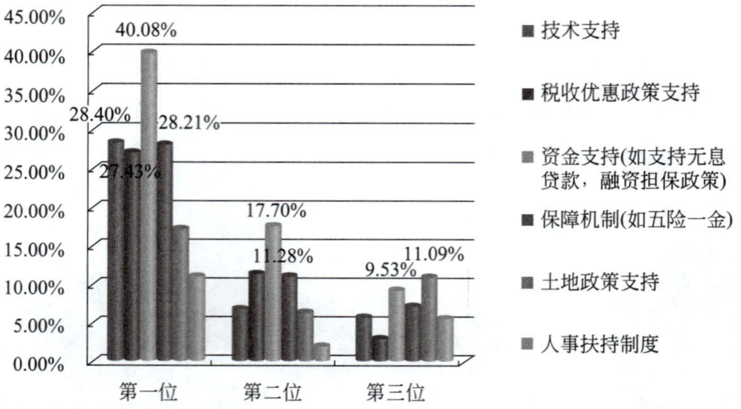

图 20　大学生农村创业最需要得到政府部门哪方面支持（对在校生的调查）

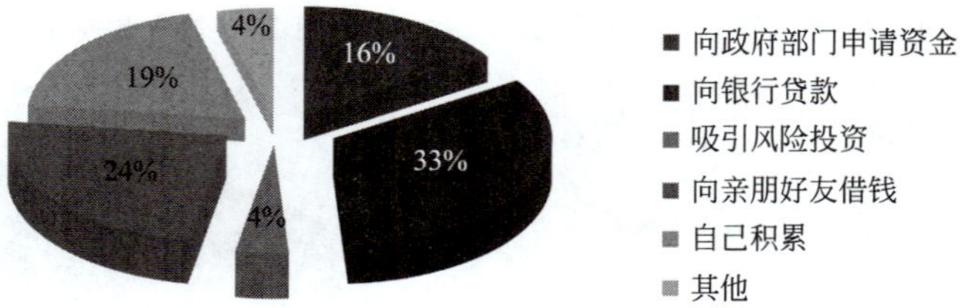

图 21　资金短缺问题解决途径

此外，政府推动大学生农村创业工作还应侧重对创业者在企业管理技能（52.20%）、农业技术、保障机制建设、税收优惠政策以及土地政策等方面给予（见图 22、图 23）。

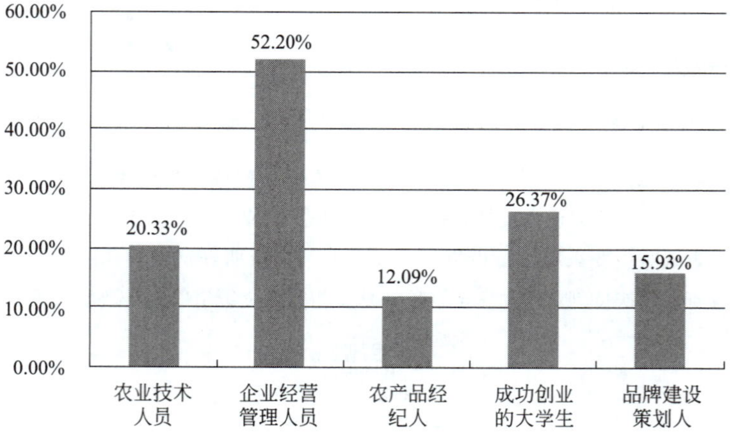

图 22　需要哪方面人员的指导及服务（对已创业者的调查）

调查还显示，大学生创业者为弥补自身现阶段的不足，多通过网络学习（54.40%）获取经验、信息及技术（见图 24）。因此，政府在做好创业服务工作的同时，还要充分发挥互联网的信息共享作用，着力搭建网络创业信息交流平台及数据共享中心。

(5) 高校创业教育对推动大学生农村创业影响巨大，应不断改革创新课程设置、加强实践教学。

① 创业教育的作用。大学创业教育对大学生农村创业影响巨大。调查结果显示，大学期间有创业教育经历的毕业生占 64.21%（见图 25）。

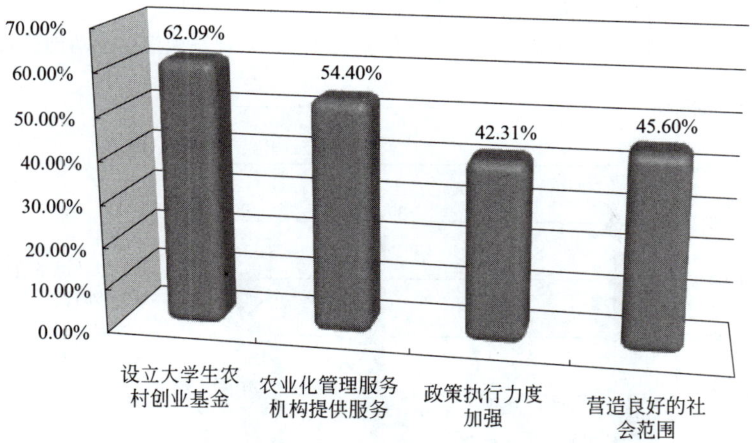

图 23　政府对大学生农村创业应该提供哪些方面的服务

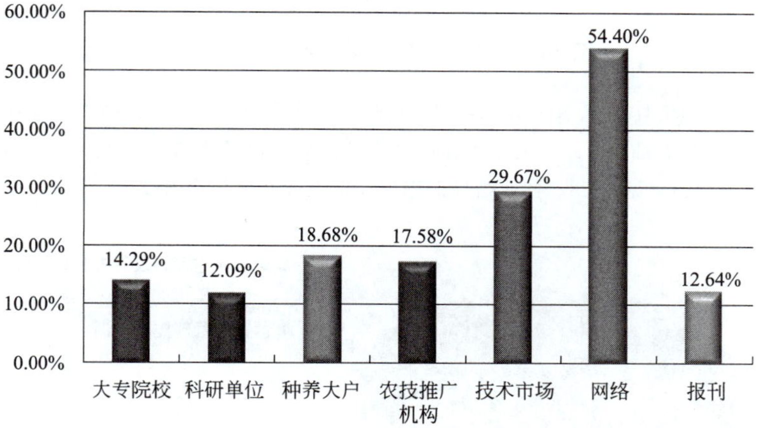

图 24　获取技术、信息及经验的主要渠道

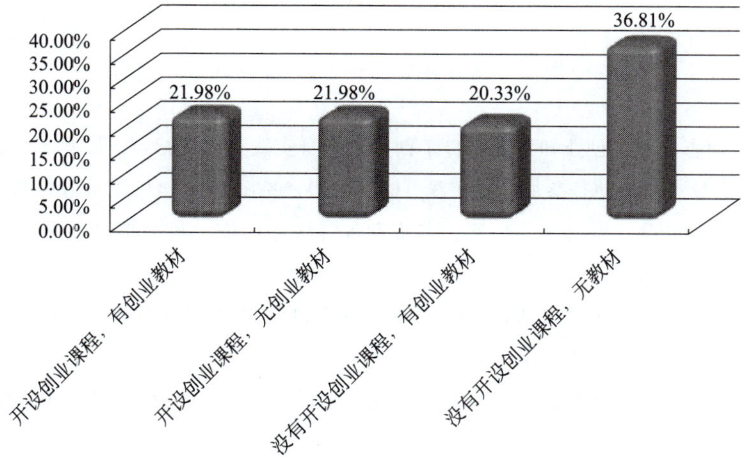

图 25　所在学校创业培训情况

由图 26（见彩插）可知，大学期间无创业教育经历的学生处于计划及准备阶段的占 22.39%，处于起步阶段的占 31.34%，处于发展阶段的占 38.81%，处于成熟阶段的占 7.46%。相对而言，大学期间接受

过创业教育的学生处于这四个阶段的比例分别是77.61%、68.66%、61.19%、92.54%。这表明，大学创业教育易激发学生创业热情，增强创业信心，提升创业成功率，对促进大学生成功创业具有巨大推动作用。

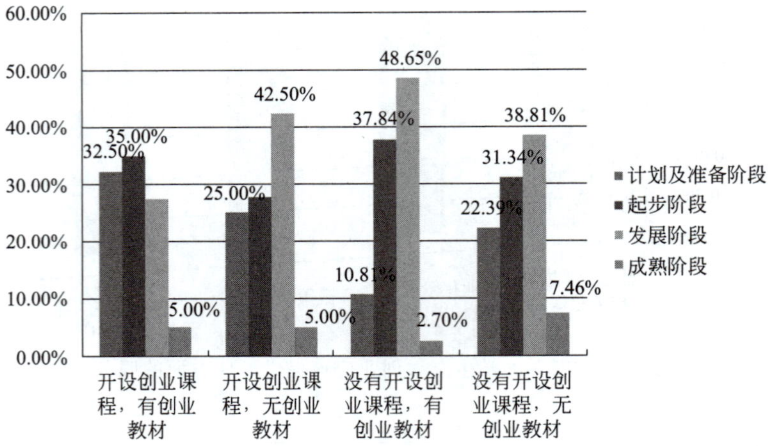

图26 大学创业教育情况与创业发展阶段

② 创业课程设置。统计结果表明，大学生农村创业最急需的是市场营销与管理技术方面的培训(47.47%)，如图27(见彩插)所示。对于大学应开设的课程，被调查者中多数人选择市场营销及财务税收方面的课程(41.44%)，见图28。创业指导课程应注重人际交流与沟通技巧，见图29。

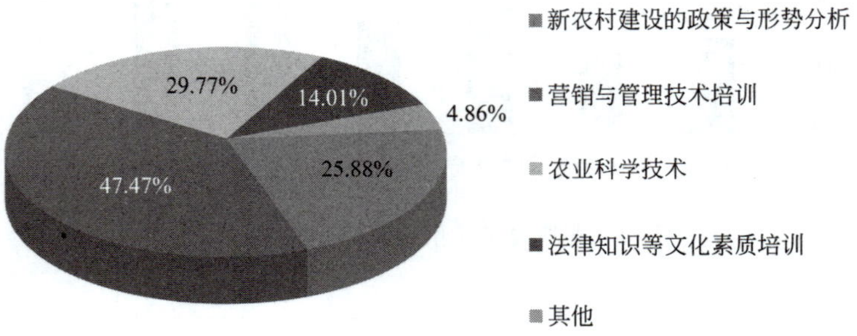

图27 大学生急需获得哪方面的培训

③ 创业实践。调查显示，创业知识多来自于创业者亲身实践(74.73%)，见图30。而大学生在校期间有助于毕业后创业的最主要活动是参加社会实践(60.44%)，见图31。学校应采取的鼓励措施，排第一位的是加强大学创业园区建设，提供办公场所、实验设备等服务设施，其次是提供深入农村创业实践的机会，如图32(见彩插)所示。

(6) 在校大学生有农村创业意愿的达56%，但对相关政策的认知度不高，高校、政府应采取措施引导、助推大学毕业生农村创业付诸实践

① 创业意愿。调查显示，在校大学生有农村创业意愿的占56%；没有农村创业意愿学生占44%，如图33(见彩插)所示。

在对应届毕业生的调查中，有农村创业打算的学生占67.12%，已经准备好并实施的学生仅占6.85%。对于在什么情况下会选择农村创业，有47.21%的学生表示在“发现明确新商机”的情况下如图34(见彩插)、图35(见彩插)所示。这说明大部分大学毕业生到农村创业的意愿还没有真正付诸实践，需要政府、高校等的积极引导。

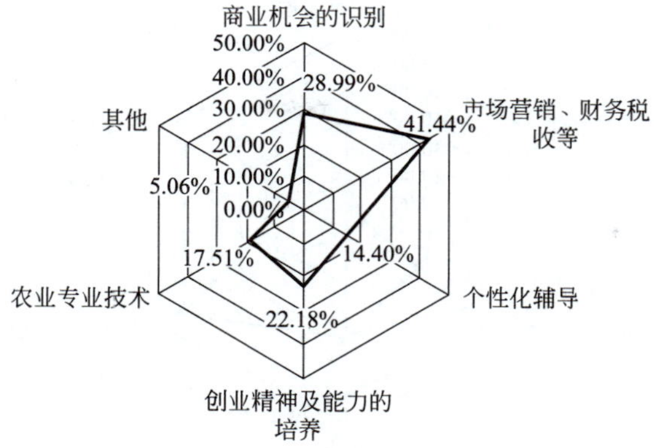

图 28 希望学校开设课程更关注哪方面

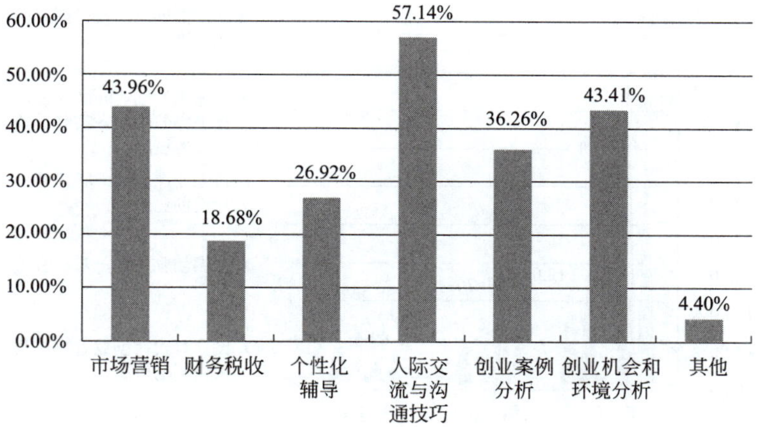

图 29 创业指导课程应注重方向

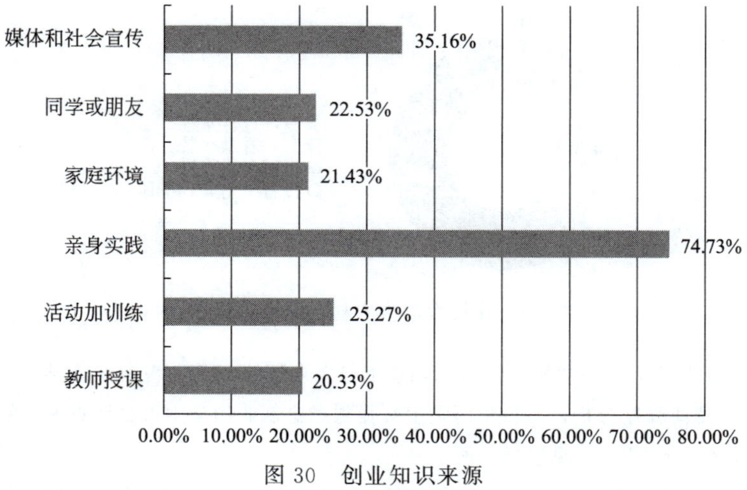

图 30 创业知识来源

② 创业意愿差异性分析。交叉分析显示，男性有创业意愿大学生占总调查人数的 30.73%，男性无创业意愿学生占 25.63%；女性有创业意愿学生占总调查人数的 25.63%，无意愿学生占 25.63%。这表明大学生中，男性创业意愿要高于女性（见图 36）。

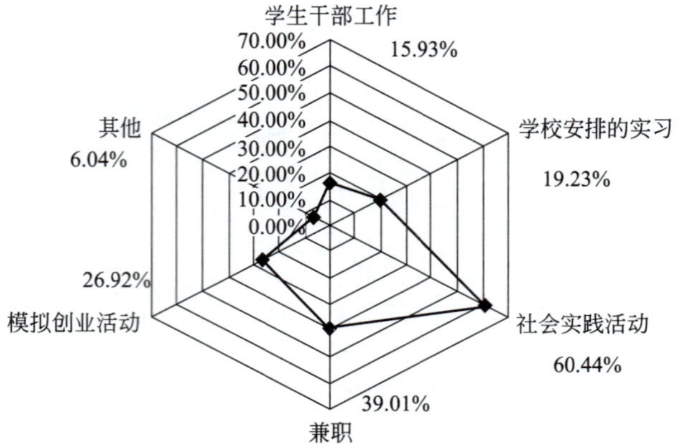

图 31　有助于大学生创业的活动

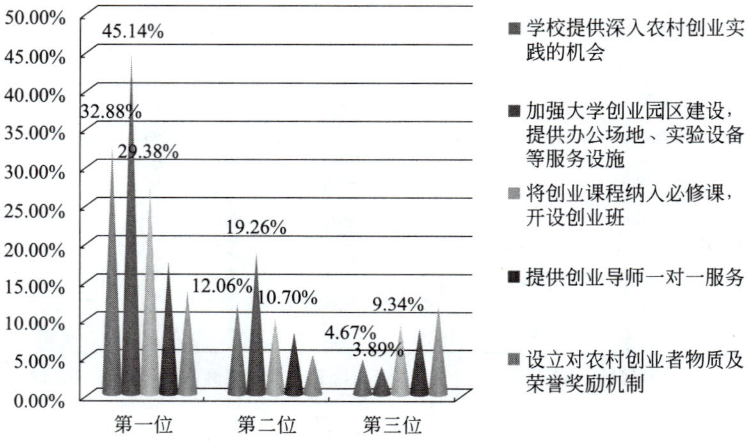

图 32　学校应采取何种鼓励措施

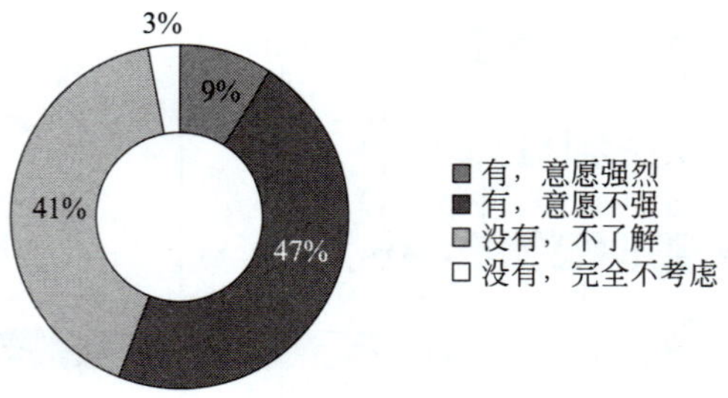

图 33　在校大学生农村创业意愿分析

有意愿创业的大学生中，本科学历学生占总调查本科生人数的 56%，专科学历学生占总调查专科学历人数的占 60%，但从意愿强度分析，本科学历学生有强烈意愿创业的学生占总调查人数的 10%，专科学历学生则仅占 6%，如图 37～图 39（见彩插）所示。

统计结果显示，家庭所在地为市区的学生中，有 53%的学生有农村创业意愿；所在地为乡镇驻地的学生中，有 55%的学生有农村创业意愿；所在地为农村的学生中，则有 59%的学生有农村创业意愿。从农村创业意愿强度看，所在地为市区、乡镇驻地及农村的学生，有强烈农村创业意愿的学生分别为 8%、9%、10%。统计数据表明，越是生活贴近农村的学生越有返乡创业的意愿，[见图 40～图 43（见彩插）]。

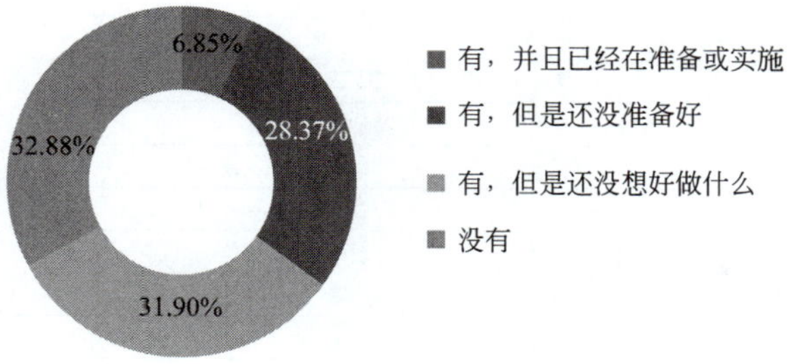

图 34　是否有在农村创业的打算

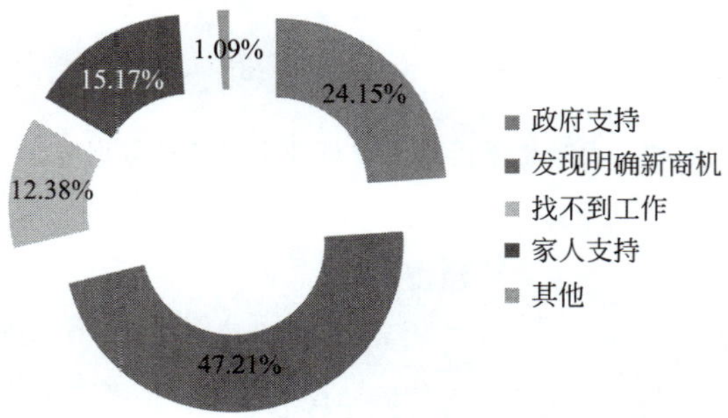

图 35　什么情况下选择在农村创业

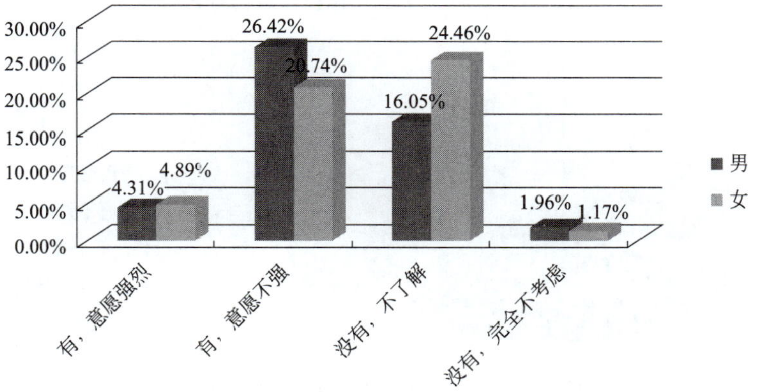

图 36　在校大学生性别与创业意愿分析

此外，受家庭所在地主要收入渠道影响，有返乡农村创业意愿的大学生所占比分别为：家乡以农产品种植业为主要收入渠道学生占 20.75%，家乡以养殖业为主要收入渠道学生占 10.37%，家乡以外出打工为主要收入渠道学生占 15.65%，家乡以个体经商为主要收入渠道学生占 10.19%，其他占 2.55%。其中，有强烈创业意愿的学生占比分别为：4.70%、1.37%、2.15%、0.98%、0.2%，如图 44、图 45（见彩插）所示。以农产品种植为主要收入渠道的地区，一般来说经济发展水平不高、农民收入水平较低，从侧面反映出越是从落后地区走出来的大学生返乡创业的意愿越大。

③ 对农村创业的认知度。创业主要吸引力，据调查，主要集中在以下几点：一是创业成功能使自己成为主宰生活的强者（19%），二是创业能使个人不断地成长和发展（19%），三是创业可以挑战自己的能力，

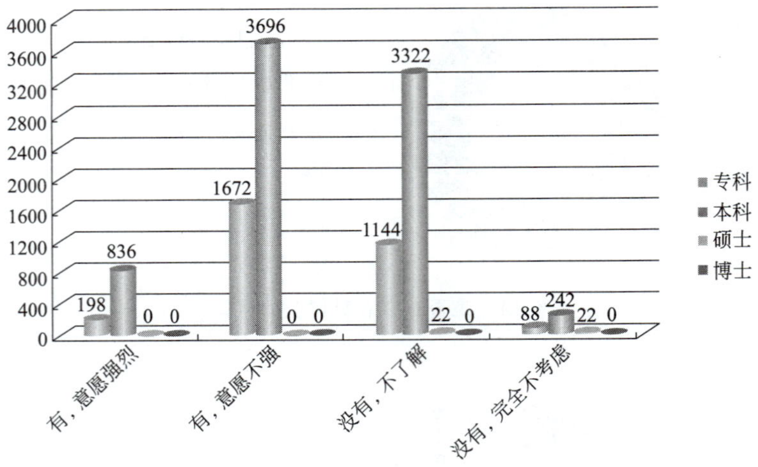

图 37　大学生学历与农村创业意愿统计数据分布

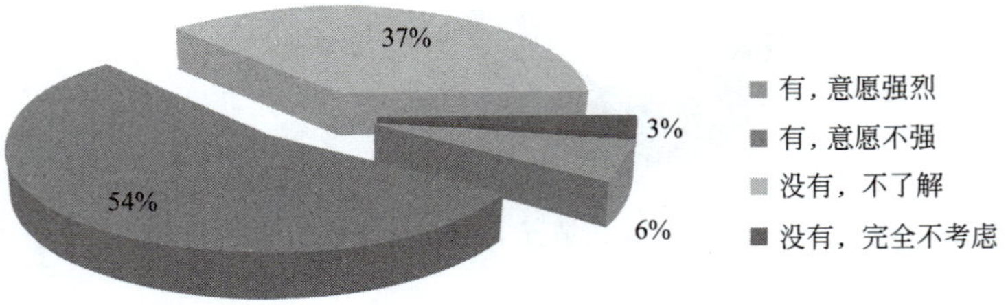

图 38　专科大学生农村创业意愿分析

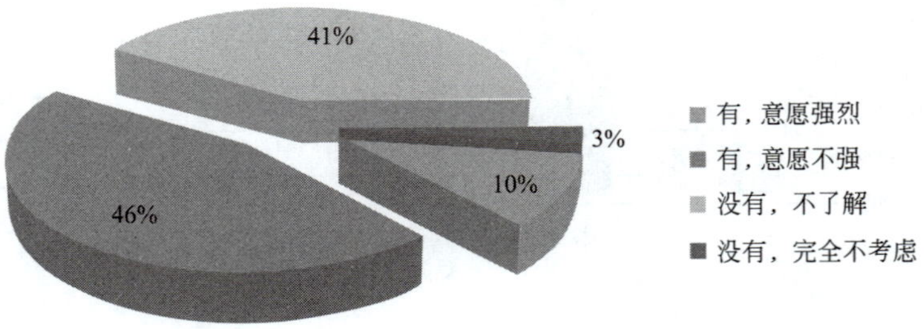

图 39　本科大学生农村创业意愿分析

发挥自己的主观能动性（16%），如图 46（见彩插）所示。

统计显示，在有意愿创业的大学生中，有近 70%的学生对农村创业有了解，但是能做到非常了解的学生则仅占 2.56%（见图 47、图 48）。

创业前的准备，调查显示大学生最需要的是个人强烈的价值观志向（60.99%），即正确的创业价值观导向、强烈的创业意愿及创业热情（见图 49）。大学生只有在正确的价值观引导下，怀抱创业热情，才能有魄力、有信心排除创业路上的艰难，走向成功。

在创业合作伙伴的选择中，多数创业者会选择有经验的合作伙伴（49.03%），见图 50。

关于成功创业团队特征，据统计结果，成功的创业团队往往具备以下几个因素：首要因素是坚持正确的经营原则（58.79%），其次是具有强大的凝聚力（57.14%），之后是坚持团队利益至上（36.26%），见图 51。

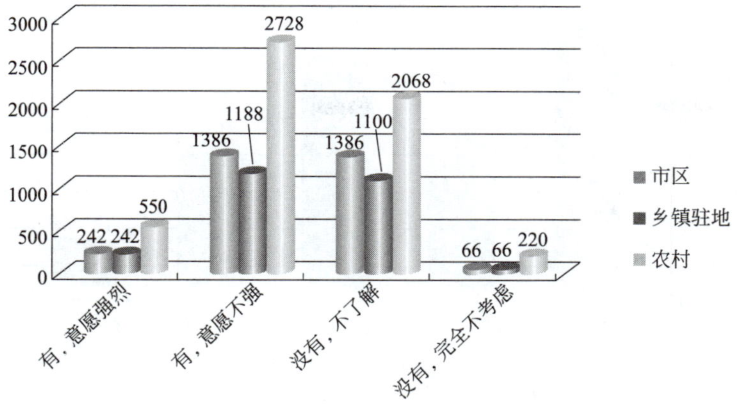

图 40　家庭所在地归属与农村创业意愿调查数据分布

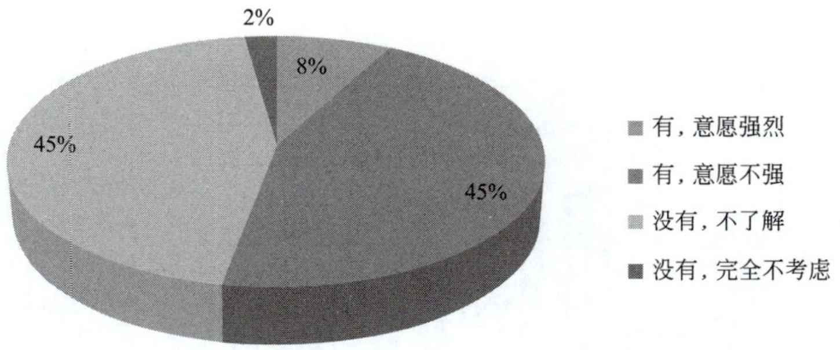

图 41　家庭所在地为市区大学生农村创业意愿分析

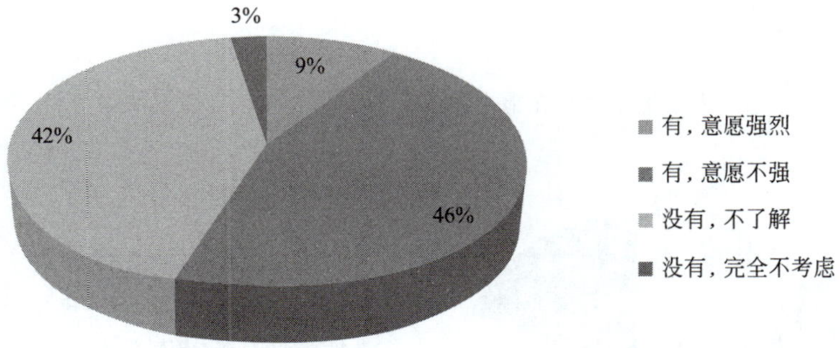

图 42　家庭所在地为乡镇驻地大学生农村创业意愿分析

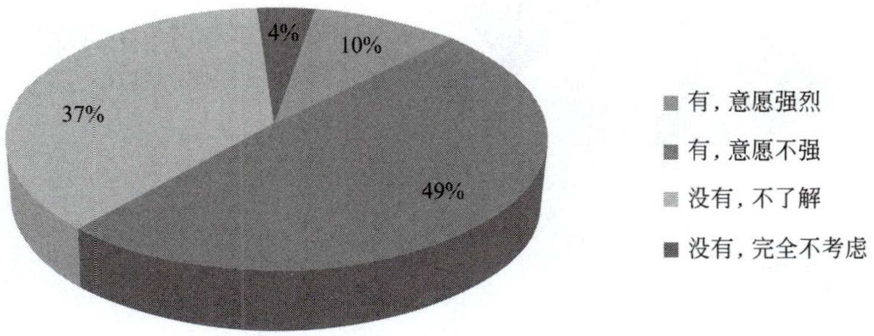

图 43　家庭所在地为农村大学生农村创业意愿分析

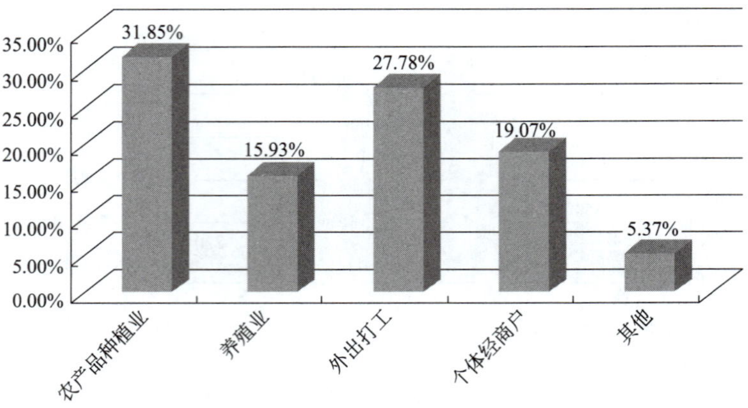

图 44　家庭所在地区主要收入渠道统计数据分析

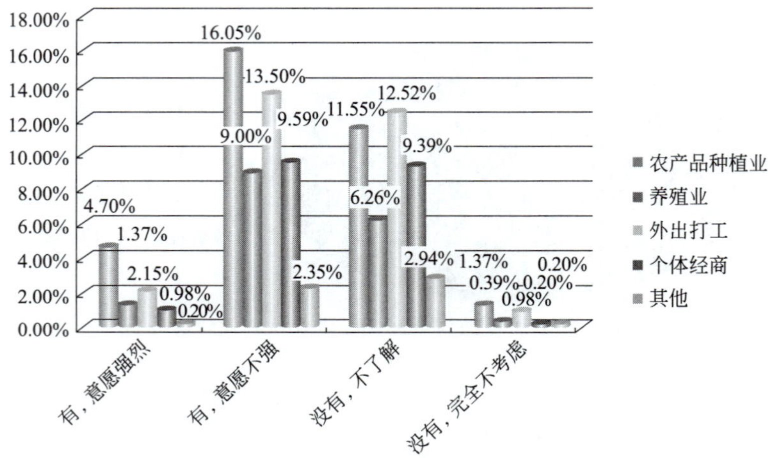

图 45　大学生家庭所在地主要收入渠道与农村创业意愿关系分析

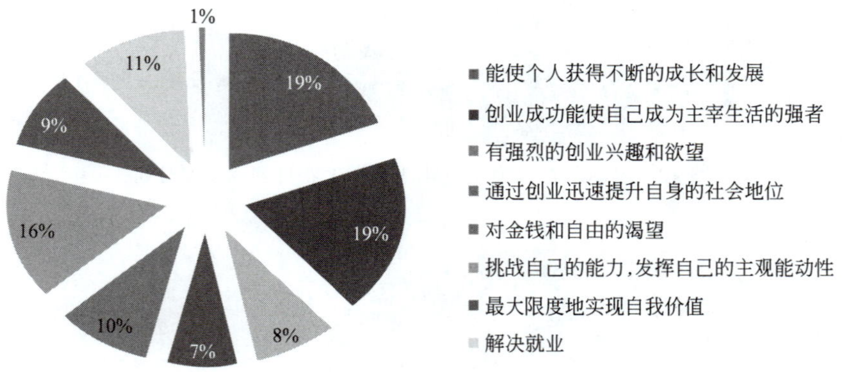

图 46　创业吸引力

四、对策及建议

(1) 健全城乡一体化发展机制，实现“农民”由身份向职业的回归，加强对农村创业政策及创业典型的宣传，营造有利于激发大学生农村创业热情的社会环境，吸引更多大学生投身现代农业。解决好谁来种地、如何种地，激活农村经济增长活力，关键在人，应从全局统筹“顶层设计”，推进城乡要素平等交换和公共资源均衡配置，打造教育、医疗、养老保险、最低生活保障等城乡统一的基本公共服务体系，加快户籍制度改革，完善新型农村治理，建设美丽乡村，消除农民与市民身份之间的制度性障碍，使“农民”回归其职业属性，加强对农村发展政策、大学生创业引领计划及创业典型的宣传，吸引更多的高校毕业生通过创业成为新型职业农民、农民经纪人，以新技术、新知识、新观念为农业现代化转型注入生机与活力。

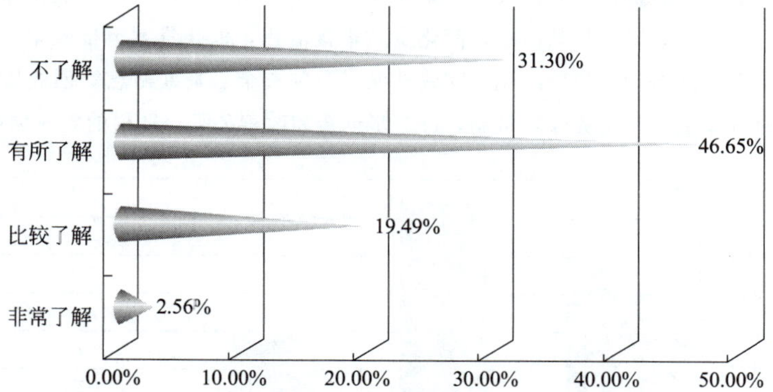

图 47　对大学生农村创业是否了解

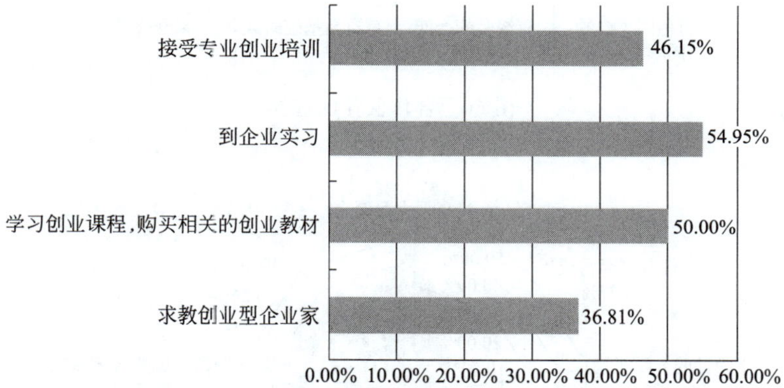

图 48　为积累创业知识，会怎么做

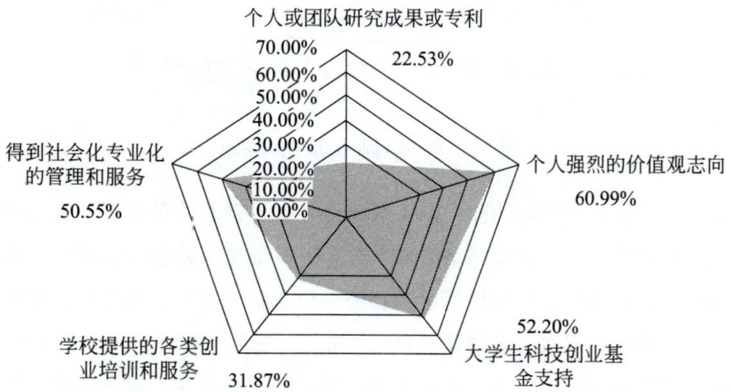

图 49　大学生创业最需要什么

（2）深化农村土地制度改革，构建立体式复合式现代农业经营体系，创新金融服务模式，落实完善各项扶持创业的优惠政策，解决影响和制约大学生农村创业成功率的关键因素。融资难、用地难问题，是影响和制约大学生农村创业成功与否的关键因素。提高大学生农村创业成功率，必须全面深化以承包地“三权分离”为核心的农村土地制度改革，切实发挥市场机制在资源配置中的决定性作用，构建以家庭农户经营为基础、合作与联合为纽带、社会化服务体系为支撑的立体式复合式现代农业经营体系。农村经营体系的现代化首先要解决土地、劳动和资本的关系，认真落实中央提出的放活土地经营权及赋予农民的对承包地承包经营权的抵押、担保的权能，弥补农村金融服务覆盖率、渗透率偏低的短板，优化创新抵押、质押、联保和信用贷款等涉农创业融资体系和模式，探索建立大学生信用测评体系与小额担保贷款联动机制，设立和引入专项风险投资基金，降低贷款门槛，简化贷款审批流程，提升贷款审批效率。此外，各地、各部门要进一步落实和完善工商登记、税费减免、财政补贴、专项资金、贷款贴息等创业扶持政策，及人事代理、档案保管、职称评定的各项服务保障机制，进一步创造和改善公平、宽松的农村创业环境。

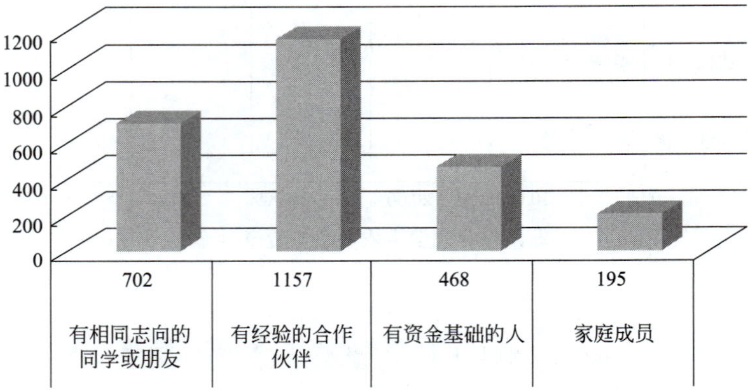

图 50　合作伙伴的选择

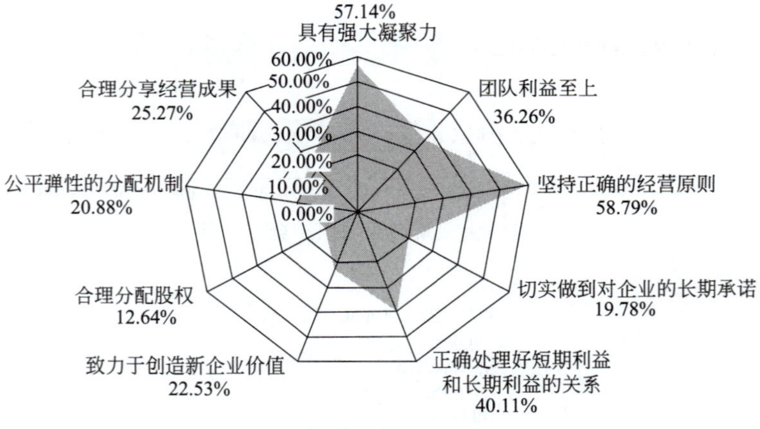

图 51　成功创业团队基本特征

（3）明确管理服务大学生农村创业的部门，探索大学生农村创业注册登记制度，促进政策与大学生创业者无缝对接，建立农村创业青年协会及网络信息平台，以系统化和精准性的服务，助力大学生农村创业由生存型向机会型的转变。目前大学生农村创业涉及的部门包括人事厅、农业厅、教育厅、团省委等多个部门，存在配合和协调的困难与空白。明确管理和服务部门，有利于归并整合大学生农村创业政策、法规，探索大学生农村创业注册登记制度，促进政策与大学生创业者无缝对接，提高政策咨询、项目推介、方案设计、融资辅导、风险评估、开业指导、业务培训等“一条龙”创业服务的系统性和精准性。建立大学生农村创业状况数据库和结合地区经济发展、产业调整趋势并适合大学生创业的项目资源库。成立农村创业青年协会，搭建网络信息平台，满足农村创业青年寻求合作、交流信息、分享经验、贷款互保、用工信息的多元需求。设立创业服务热线，接受创业者的咨询和投诉，及时掌握热点难点问题，提供有效的后续服务。在提高大学生农村创业数量和存活率的基础上，进一步助力大学生农村创业由低水平的生存型向高质量的机会型转变。

(4) 将新型职业农民、以农产品电商为主的农民经纪人融入高校人才培养和创业教育体系，把大学生农村创业人数纳入高校毕业生就业率统计，发挥高校专业和智力优势，为农村创业毕业生提供持续的跟踪指导。改革人才培养模式，实现由“以知识为中心”向“以能力为中心”的转变。特别是涉农专业及商科类专业，应主动将新型职业农民和以农产品电商为主的农民经纪人作为人才培养目标，围绕提升大学生创业意识和创业能力，深化基于市场导向的创业教育机制，建立由专业教师、政府有关部门负责人、成功企业家和社会专业人士等组成的创业导师团队。培育校企一体机制的创业教育实践平台，建立特色突出、功能完善、承载能力强、具有一定示范和带动效应的孵化基地和创业园区。营造、引导大学生关注“三农”问题、播种农村创业梦想的校园文化，为在校学生提供完备的创业知识、丰富的创业实践、成熟的创业孵化，以持续的技术和咨询服务，跟踪指导已创业的毕业生把项目做大、做深、做强。

附录二 山东省大学生农村创业调查数据统计

表 1 山东省大学生农村创业调查问卷及访谈记录统计

地、市	县(市/区)	调查对象个数(问卷及访谈)	合计
济南(4个)	历城区	18	63
	济阳县	11	
	章丘区	19	
	商河县	15	
淄博(4个)	临淄区	9	50
	淄川区	15	
	高青县	12	
	沂源县	14	
烟台(5个)	蓬莱市	15	76
	栖霞市	16	
	莱阳市	19	
	海阳市	11	
	牟平区	15	
潍坊(5个)	昌邑市	15	80
	坊子区	12	
	诸城市	16	
	寿光市	21	
	青州市	16	
泰安(3个)	岱岳区	14	37
	东平县	11	
	宁阳县	12	
威海(4个)	文登区	11	45
	荣成市	12	
	乳山市	11	
	环翠区	11	
日照(4个)	莒 县	15	61
	东港区	17	
	岚山区	16	
	五莲县	13	

续表

地、市	县(市/区)	调查对象个数(问卷及访谈)	合计
临沂(7个)	沂南县	11	91
	莒南县	13	
	平邑县	16	
	临沭县	13	
	费　县	15	
	蒙阴县	13	
	沂水县	10	
德州(5个)	陵　县	12	57
	庆云县	10	
	武城县	11	
	平原县	14	
	夏津县	10	
聊城(3个)	阳谷县	12	36
	高唐县	11	
	莘　县	13	
滨州(5个)	惠民县	10	52
	滨城区	12	
	无棣县	11	
	邹平县	10	
	博兴县	9	
菏泽(8个)	曹　县	10	80
	单　县	13	
	成武县	9	
	定陶区	8	
	巨野县	12	
	鄄城县	7	
	东明县	9	
	郓城县	12	
莱芜(1个)	莱城区	15	15
总计			743

表2　访谈记录反映大学生创业中存在问题

序号	主观因素	客观因素	政府	社会
1	心理压力(来自自身、家庭及社会质疑方面)	缺少启动资金或运营中缺少周转资金(占受访人数总量70%)	政策贯彻、宣传(政府贯彻中打折扣、或创业者不了解政策)	舆论压力
2	管理知识、能力及管理经验	账款拖欠	信息平台搭建(宣传、渠道、采购)	同业竞争
3	专业知识及技术水平		土地流转政策	
4	关系、渠道		农村创业相关配套服务不完善	
5	社会经验(市场洞察力、社会交往经验、店面选择、市场行情把握)		风险化解(构建创业者的创业保障机制)	

表3　山东省内高校涉农、商科专业高校在校大学生农村创业意愿、认知调查问卷数据统计

院校	所在地市	发放问卷数量	回收问卷数量	有效问卷数量
山东农业大学	泰安	600	552	541
山东建筑大学	济南	600	589	581
青岛农业大学	青岛	600	560	545
山东农业工程学院	济南	600	548	532
山东水利职业技术学院	日照	600	535	521
临沂大学	临沂	600	571	558

续表

院校	所在地市	发放问卷数量	回收问卷数量	有效问卷数量
山东商业职业技术学院	济南	600	553	541
合计		4200	3908	3819

附录三　在校大学生创业意愿及创业现状的调查问卷

问卷 1　关于在校大学生农村创业意愿调查

亲爱的同学：

您好！

随着工业化、城镇化的持续推进，我国农业正处于由传统模式向现代模式转变的关键时期，新农村建设面临对高素质人才的强烈需求。为推动大学生农村创业促进政策的制订和完善，为大学生去往农村创业解决后顾之忧，为省委、省政府科学决策提供参考依据，特开展此调查。衷心感谢您的支持！

填写说明：问卷中选择题在选择的字母上画“○”或画“√”即可。

一、基本信息

1. 性　别：A. 男　　　B. 女

院系：专业：是否第一志愿：是（　）否（　）

2. 毕业年份：A. 2016 年　　B. 2017 年　　C. 2018 年　　D. 2019 年

3. 学历：A. 专科　　B. 本科　　C. 硕士　　D. 博士

4. 您的生源地家庭所在地属于？

A. 市区　　B. 乡镇驻地　　C. 农村

5. 您所在地区农村家庭主要收入渠道？

A. 农产品种植业　B. 养殖业　C. 外出打工　D. 个体经商　E. 其他________

二、在校期间接受创业教育情况

1. 您认为什么是创业？

A. 开办一个企业（公司）　　B. 只要开创一份事业都可叫创业

C. 开发一项前沿科技项目　　D. 其他

2. 您对创业的看法是：（可多选）

A. 认同，是实现理想的一个途径　　B. 应该会是一个不错的选择

C. 创业要理性　　D. 其他________

3. 您认为创业需要具备哪些能力？（可多选）

A. 开拓创新能力　　B. 组织管理能力

C. 沟通协调能力　　D. 继续学习的能力

E. 把握机会的能力　　F. 规避风险的能力

G. 计划与决策能力

4. 您获取创业知识的来源是：（可多选）

A. 教师授课　　B. 活动加训练　　C. 亲身实践　　D. 家庭环境
E. 同学或朋友　　F. 媒体和社会宣传

5. 您所在的高校有没有开设创业课程？有没有创业教材？
A. 开设了创业课程，有创业教材　B. 开设了创业课程，没创业教材
C. 没开设创业课程，有创业教材　D. 没开设创业课程，没创业教材

6. 如果学校开设创业指导课程，您希望课程内容更注重哪一方面？
A. 商业机会的识别　　B. 市场营销、财务税收等　　C. 个性化辅导
D. 创业精神及能力的培养　E. 农业专业技术　　F. 其他________

7. 如果高校通过以下几种方式开展创业教育，您更倾向于哪几种？（可多选）
A. 专家讲授创业必修课或选修课
B. 创业者讲授创业必修课或选修课
C. 由创业者或企业家提供定期讲座
D. 以创业实践和创业模拟分析作为创业指导课程主体

8. 为了积攒创业知识，您会怎么做？（可多选）
A. 求教创业型企业家　　B. 学习创业课程、购买相关的创业教材
C. 到企业去实习　　D. 接受专业的创业培训

9. 您会购买或者查阅创业相关的教材吗？
A. 会　B. 不会　C. 不一定

10. 您参加过哪种类型的创业培训？（可多选）
A. 学校公开课　B. 社会公益性创业培训　C. 收费创业培训　D. 创业大赛

11. 您所参加过的创业活动类型是：（可多选）
A. 听取教授讲座　　B. 听取创业成功人士报告　C. 参与实际技能培训
D. 参与创业计划大赛　E. 没参加过

12. 您所参加过的创业计划大赛是：（选 E 者无需作答 13、14）
A. 校内比赛　B. 山东省比赛　C. 全国比赛　D. 其他　E. 没参加过

13. 您参加创业计划大赛目标是什么？
A. 重在参与，锻炼个人综合能力　　B. 认真准备，体现个人综合素质
C. 积极应对，为走上创业之路做好准备　D. 获奖并得到大学生创业基金支持

14. 参加这些创业大赛对您有何影响？
A. 有很大影响，大大地提升了自我创业在心目中的地位
B. 有影响，了解了创业技巧和手段
C. 没有太大影响，和一般学生活动一样
D. 纯粹是浪费时间和精力

15. 您对创业（商业）计划书的书写要求的认知程度：
A. 熟悉　B. 比较熟悉　C. 了解一点　D. 一点不知

16. 您认为您现有的创业方面的知识和技能满足创业的要求吗？
A. 满足　B. 基本满足　C. 说不清　D. 不满足

三、毕业后农村创业意愿调查

1. 您对大学生农村创业是否有所了解？
A. 非常了解　B. 比较了解　C. 有所了解　D. 不了解

2. 您对山东地区农村创业政策了解吗？

A. 很熟悉 B. 了解一些 C. 知道有但没了解过 D. 没听说过

3. 您是否有去农村创业的意愿？（选 A、B、C 者无需作答 4、5 题）

A. 有，意愿强烈 B. 有，意愿不强 C. 没有，不了解 D. 没有，完全不考虑

4. 您为何没有农村创业的意愿？

A. 社会认同较低 B. 政府扶持政策少 C. 收入达不到预期 D. 家庭条件优越

E. 不愁找工作 F. 农村条件艰苦 G. 其他________

5. 您认为去农村创业需要什么样的理想的环境？

A. 国家政策保障 B. 创业收入达到预期 C. 自由的人事制度

D. 较小的城乡差距 E. 良好的生活环境 F. 其他________

6. 什么情况下您会选择在农村创业？（最多选 3 个）

A. 政策支持 B. 发现明确新商机 C. 找不到工作 D. 家人支持 E. 其他________

7. 如果您打算到农村创业，您选择的行业是什么？

A. 种植业 B. 畜牧业 C. 水产养殖业 D. 休闲旅游农业 E. 农产品经纪人 F. 其他________

8. 如果您打算到农村创业，希望以何种形式创业？

A. 独立经营 B. 家庭支持创业 C. 同学或朋友合伙创业 D. 做农村代理人 E. 其他________

9. 如果您选择农村创业，创业初期您能接受的最低年收入是多少？

A. 2 万～3 万元 B. 3 万～5 万元 C. 6 万～10 万元 D. 10 万元以上

10. 您认为大学生农村创业存在的主要障碍是什么（最多选 3 个）？请按主次排序________

A. 资金不足 B. 经验不够，缺乏社会关系 C. 缺乏市场需求 D. 亲人的反对

E. 要考虑继续深造 F. 创业的风险 G. 缺少政策支持 H. 传统观念的影响

11. 如果要农村创业，你最希望得到政府部门的什么支持？（最多选 3 个）请按主次排序________

A. 技术支持 B. 税收优惠政策

C. 资金支持（如支持无息贷款、融资担保政策） D. 保障机制（如五险一金）

E. 土地政策支持 F. 人事扶持制度

12. 为了农村创业成功，你认为现在大学生最急需的培训内容是？

A. 新农村建设的政策与形势分析 B. 营销与管理技术培训 C. 农业科学技术

D. 法律知识等文化素质培训 E. 其他________

13. 您认为学校应该采取何种鼓励大学生农村创业措施？（最多选 3 个）请按主次排序________

A. 学校提供深入农村创业实践机会

B. 加强大学创业园区建设，提供办公场地、实验设备等服务设施

C. 将创业课程纳入必修课，开设创业班

D. 提供创业导师一对一服务

E. 设立对农村创业的大学生物质及荣誉奖励机制

问卷完毕，衷心感谢您的耐心作答，祝福您生活幸福，学业有成！

问卷 2 关于大学生农村创业的调查问卷

尊敬的女士/先生：

您好！

为了了解我省大学生在农村创业的现状，更好地为我省大学生农村创业服务，现对我省的大学生赴农村创业情况开展调研，调研的结果将提供给省委、省政府和高校作为政策制订的参考。您的回答对我们非

常重要，恳请您认真如实填写。衷心地感谢您对我们调研的大力支持！

填写说明：问卷中选择题在选择的字母上画“○”或画“√”即可。

一、基本信息

姓名：　　　　性别：　　　　　　毕业年份：　　　　创业年份：

学校名称：　　　　　　　　　　　学院（系）：　　　　专业：

学　历：A. 专科　B. 本科　C. 硕士　D. 博士

二、创业的现状

1. 目前您的创业处于什么阶段？

A. 计划及准备阶段　　B. 起步阶段　　C. 发展阶段　D. 成熟阶段

2. 您从事的行业类别是？

A. 种植业　　B. 畜牧业　C. 水产养殖业　D. 休闲农业　E. 其他________

3. 您创业现阶段的经营规模是？

A. 上市公司　B. 中小型企业　C. 小微型企业　D. 个体工商户　E. 其他________

4. 您所选择的创业项目是哪种类型的？

A. 专利产品生产经营类　B. 非专利产品生产经营类　C. 产品代理或销售类

D. 服务类　E. 其他________

5. 您创业的方式是：（可多选）

A. 网络创业　B. 加盟创业　C. 兼职创业

D. 团队创业　E. 大赛创业　F. 概念创业

G. 内部创业

6. 您选择哪种创业组合？

A. 一人独立创业

B. 两个合作伙伴共同创业

C. 三个或以上合作伙伴共同创业

D. 不是主要创业者，只是协助和参与

7. 您的创业项目经济效益如何？

A. 很好，利润丰厚　B. 有少量盈利　C. 盈亏持平　D. 有些亏损　E. 亏损较大

8. 您的创业机会的来源是：（可多选）

A. 从新闻媒体报道中捕捉创业机会

B. 从市场盲点中寻觅商机

C. 从解除他人烦恼中创造商机

D. 从与人闲谈中发现商机

E. 从顾客批评中领悟商机

F. 从消费者的创意中寻找商机

9. 您在农村创业的动机是（最多选 3 个）：

A. 实现个人理想和自我价值　　B. 良好的资金回收率　C. 严峻的就业形势

D. 提升自己的能力和素质　　E. 良好的政策支持　　F. 父母的意愿

10. 在员工聘请方面，您的首选是：

A. 大学同学 B. 亲人 C. 社会朋友 D. 社会招募 E. 自雇，不需聘请员工

11. 如果要选择一个合作伙伴，您比较愿意和哪一类人一起创业？

A. 有相同志向的同学或朋友 B. 有经验的合作伙伴

C. 有资金基础的人 D. 家庭成员

12. 当您在农村创业过程中发现资金不足等财务问题时您会？(可多选)

A. 向政府部门申请资金 B. 向银行贷款

C. 吸引风险投资 D. 向亲朋好友借钱

E. 自己积累 F. 其他________

13. 您认为创业的风险来自于哪些方面？

A. 技术风险 B. 市场风险 C. 政治风险

D. 管理风险 E. 生产风险 F. 经济风险

14. 您认为控制风险的办法都有哪些？(可多选)

A. 谨慎选择项目 B. 积累经验 C. 勇于创新

D. 组建团队 E. 保持良好心态 F. 建立健全企业管理制度，做到有章可循

15. 您在创业过程中，引入风险投资的情况是：

A. 已经引入了风险投资

B. 已有风险投资家对我的项目感兴趣，正在洽谈

C. 尚未接触风险投资，有这方面计划

D. 对风险投资尚无多少了解

三、创业的困难

1. 您在农村创业中遇到的最大困难是：(请按困难程度排序) ________

A. 能力技术不够好 B. 资金不足 C. 经验不够，缺乏社会关系

D. 缺乏政府关于创业的政策支持 E. 缺乏创业信息渠道

2. 在农村创业过程中，您最需要哪些人员的指导和服务？

A. 农业技术人员 B. 企业经营管理人员 C. 农产品经纪人

D. 成功创业的大学生 E. 品牌建设策划人

3. 您认为当前大学生农村创业的社会环境怎么样？

A. 比较好 B. 一般 C. 较差 D. 说不清楚

4. 在农村创业过程中，寻找技术、获取信息、获得经验和指导的主要渠道有哪些？

A. 大专院校 B. 科研单位 C. 种养大户 D. 农技推广机构

E. 技术市场 F. 网络 G. 报纸杂志

5. 您对地方主管部门管理能力与服务水平是否满意？

A. 非常满意 B. 满意 C. 不太满意 D. 强烈不满

6. 您认为地方政府在扶持大学生农村创业过程中，政策执行是否到位？

A. 非常到位 B. 基本到位 C. 不到位

7. 您创业过程中接受过哪些政策扶持？

A. 科学技术支持

B. 税收优惠政策

C. 适当的资金支持（如支持无息贷款、融资担保政策）

D. 保障机制（如五险一金）

E. 土地政策支持

F. 人事扶持制度

G. 完全没有

H. 其他________

8. 您认为政府在大学生创业方面应该做哪些扶持？（可多选）

A. 大学生科技创业基金支持

B. 社会化专业化管理服务机构提供服务

C. 政策支持

D. 宣传鼓励

E. 政府不应该扶持，不应再出台过多政策，使大学生盲目地选择创业

F. 其他________

9. 您认为目前政府在大学生农村创业方面的相关政策效果如何？

A. 很好　　B. 一般　　C. 基本没有　　D. 不清楚

10. 您认为政府在大学生农村创业方面应该提供哪些方面的服务？（可多选）

A. 设立大学生农村创业基金　　B. 专业化管理服务机构提供服务

C. 政策执行力度加强　　D. 营造良好社会氛围

四、创业的素质

1. 您认为什么时间开始创业最合适？

A. 在校期间（不包括毕业当年）　B. 毕业当年　C. 毕业后 2 年内

D. 毕业后 3～5 年　　E. 不清楚

2. 在创业之前，您做了哪些准备？（可多选）

A. 参加创业计划大赛　B. 看创业书籍　C. 到企业实习　D. 求教创业型企业家

E. 其他________

3. 为了积攒创业知识，您会怎么做？（可多选）

A. 求教创业型企业家　B. 学习创业课程、购买相关的创业教材

C. 到企业去实习　　D. 接受专业的创业培训

4. 在创业和就业的过程中形成两种对立文化，即“白领文化”和“创业文化”。您对两种文化的立场是：（可多选）

A. “白领文化”的风险较小，投资较少，工作稳定

B. “创业文化”选择做自己的老板，即使冒着风险也值得赌一把

C. 随大流“打工”和“创业”只要能得到应有的回报就可以

D. 先选择“白领文化”为基础，以此发展自己的“创业文化”

5. 您认为创业最吸引您的原因是哪一项？

A. 创业能使个人获得不断的成长和发展

B. 创业成功使自己成为主宰生活强者

C. 有强烈的创业兴趣和欲望

D. 通过创业迅速提升自身的社会地位

E. 对金钱和自由的渴望

F. 挑战自己的能力、充分发挥自己的主观能动性

G. 最大限度地实现自我价值

H. 解决就业

I. 其他

6. 如果您在一次创业中失败了，您会：

A. 放弃　B. 筹集资金，努力进行下次创业　C. 等待时机，积累经验

7. 您认为成功的创业团队最重要的基本特征是什么？（可多选）

A. 具有强大的凝聚力

B. 团队利益至上

C. 坚持正确的经营原则

D. 切实做到对企业的长期承诺

E. 正确处理好短期利益和长期利益关系

F. 致力于创造新企业价值

G. 合理分配股权

H. 公平弹性的利益分配机制

I. 合理分享经营成果

8. 影响大学生创业成功与否的因素诸多，请选择您认为重要的因素：（可多选）

A. 家庭经济条件

B. 个人管理经验、专业技术知识及个人能力

C. 政府的政策

D. 市场大环境

E. 社会关系

F. 机遇

G. 学校提供鼓励与支持

H. 坚强的信念与良好的心理素质

I. 其他

9. 您认为大学生相对于社会其他阶层创业优势在哪里？

A. 年轻有活力，勇于拼搏　　B. 专业素质较高　　C. 学习能力强，有创新精神

D. 网络信息能力强　　E. 其他________

10. 在创业过程中面对困难，支撑您走下去的动力是？

A. 政府政策扶持 B. 家庭鼓励与帮助 C. 所学知识与技能的支撑 D. 个人顽强意志

E. 其他________

五、创业教育的建议

1. 您原来所在的高校有没有开设创业课程？有没有创业教材？

A. 开设了创业课程，有创业教材　B. 开设了创业课程，没创业教材

C. 没开设创业课程，有创业教材　D. 没开设创业课程，没创业教材

2. 您获取创业知识的来源是：（可多选）

A. 教师授课　B. 活动加训练　C. 亲身实践

D. 家庭环境　E. 同学或朋友　F. 媒体和社会宣传

3. 如果高校通过以下几种方式开展创业教育，您更倾向于哪几种？（可多选）

A. 专家讲授创业必修课或选修课　B. 创业者讲授创业必修课或选修课

C. 创业者或企业家提供定期讲座　D. 以创业实践和模拟分析作为创业指导主体

4. 如果学校开设创业指导课程，您希望课程内容更注重哪些方面？（可多选）

A. 市场营销　B. 财务税收　C. 个性化辅导　D. 人际交流与沟通技巧

E. 创业案例分析　F. 创业机会和环境分析　G. 其他________

5. 您在大学里参加的何种活动有助于您的创业？

A. 学生干部工作　B. 学校安排的实习　C. 社会实践活动

D. 兼职　E. 模拟创业活动　F. 其他________

6. 为了农村创业成功，你认为现在大学生最急需的培训内容是：

A. 新农村建设的政策与形势分析　B. 经营与管理技术培训　C. 农业科学技术

D. 法律知识等文化素质培训　E. 其他________

7. 您认为学校鼓励大学生自主创业，应该采取何种鼓励措施？（可多选）

A. 学校提供配套资金　B. 纳入大学科技园区提供场地、实验设备等环境和服务

C. 将创业课程纳入必修课　D. 其他________

8. 您认为大学生创业最需要的是什么？（可多选）

A. 个人或团队研究成果或专利　B. 个人强烈的价值观志向

C. 大学生科技创业基金支持　D. 学校提供的各类创业培育和服务

E. 得到社会化专业化管理和服务

问卷完毕，衷心感谢您的耐心作答，祝福您家庭幸福，事业成功！

参 考 文 献

[1] 刘平，李坚．创业学［M］．北京：清华大学出版社，2009.

[2] 席升阳．我国大学创业教育的观念、理念与实践［M］．北京：科学出版社，2008.

[3] 夏清华．创业管理［M］．武汉：武汉大学出版社，2007.

[4] 陈春龙，杨敏．大学生创业基础［M］．杭州：浙江大学出版社，2007.

[5] 范巍，王重鸣．创业倾向影响因素研究［J］．心理科学，2004 (5).

[6] 傅宏，韩力争．大学生创业自我效能感量表的构建［J］．南京师大学报（社会科学版），2009 (1).

[7] 杜海东．创业团队经验异质性对进入战略创新的影响：创业学习的调节作用［J］．科学与科学技术管理，2014 (1).

[8] 丁桂凤，李永耀和耿英伟．多维视野中的创业学习［J］．南京师大学报（社会科学版），2010 (6).

[9] 刘井建．创业学习、动态能力与新创企业绩效的关系研究——环境动态性的调节［J］．科学研究，2011 (5).

[10] 李成彦．创业自我效能的中介作用机制探究［J］．心理科学，2011 (4).

[11] 马佳鸿，董保宝和葛宝山等．创业导向、小企业导向与企业绩效关系研究［J］．管理世界，2009 (9).

[12] 黄茂．创业政策对我国大学生创业动力的影响分析［J］．今日南国，2009 (9).

[13] 侯永雄，程圳生．我国近三十年来的创业政策回顾与展望［J］．创新与创业教育，2015 (2).

[14] 肖红伟，蒋敏，廖翔．对我国大学生创业政策的思考［J］．教育决策与管理，2005 (12).

[15] 王慧．政府创业扶持政策对大学生创业的影响评价及其优化——基于浙江省的分析［J］．企业经济，2014 (3).

[16] 何云景，刘瑛，李哲．创业政策与创业支持基于系统优化的视角［J］．科学决策，2010 (4).

[17] 刘军．我国大学生创业政策：演进逻辑及其趋向［J］．山东大学学报，2015 (3).

[18] 王建波．高校和政府如何扶持大学生创业，［J］．现代交际，2010 (5).

[19] 杨雪．基于现代服务业产业需求适应“大众创业，万众创新”的人才培养策略研究．［J］．辽宁经济，2015 (12).

[20] 赵荔，丁栋虹．创业学习实证研究现状探析［J］．外国经济与管理，2010 (7).

[21] 赵文红，孙万清．创业者的先前经验、创业学习和创业绩效的关系研究［J］．软科学，2013 (11).

[22] 陈文婷，李新春．中国企业创业学习：维度与检验［J］．经济管理，2010 (8).

[23] 蔡莉等．基于资源开发过程的新创企业创业导向对资源利用的关系研究［J］．科学学与科学技术管理，2008 (1).

[24] 王向阳，徐鸿．企业成长性标准的界定研究［J］．中国软科学，2001 (2).

[25] 高峰，郑华，吴宪宇．智富时代［J］．探索当代大学生创业发展的新趋势，2015 (7).

[26] 魏小琳．国外创业教育发展的特征及启示［J］．教育发展研究，2011 (9).

[27] 侯永雄，程圳生．我国近三十年来的创业政策回顾与展望［J］．创新与创业教育，2015 (2).

[28] 董志霞．中国高校创业教育政策探析：1999—2010［J］．北京航空航天大学学报（社会科学版），2012，(1)：107-110.

[29] 李雪灵，姚一玮，王利军．新企业创业导向与创新绩效关系研究：积极型市场导向的中介作用［J］．中国工业经济，2010 (6).

[30] 璟琰，焦豪．创业导向与组织绩效间关系实证研究：基于组织学习的中介效应［J］．科研管理，2008 (5).

[31] 胡望斌，张玉利，牛芳．我国新企业创业导向、动态能力与企业成长关系实证研究［J］．中国软科学，2009 (4).

[32] 夏霖，陆夏峰．创业导向与企业绩效：胜任力和资源的影响［J］．应用心理学，2006，(3).

[33] 刑建文．环境动态性对创业导向与绩效关系的作用研究［D］．长春：吉林大学，2009.

[34] 盛南．社会创业导向及其形成机制研究：组织变革的视角［D］．杭州：浙江大学，2009.

[35] 瞿漫．山东省大学生创业资金支持政策研究［D］．长春：东北师范大学，2013.

[36] 张可．大学生创业政策实施现状及对策研究［D］．石家庄：河北师范大学，2013.

[37] 郑春华．鼓励大学生创业的政府与学校联动机制研究［D］．青岛：青岛大学，2010.

[38] 张芳艳．创业政策对大学生创业动力的影响研究［D］．广州：华南理工大学，2011.

[39] 王占兴．我国城市的创业制度环境研究［D］．厦门：厦门大学，2009.

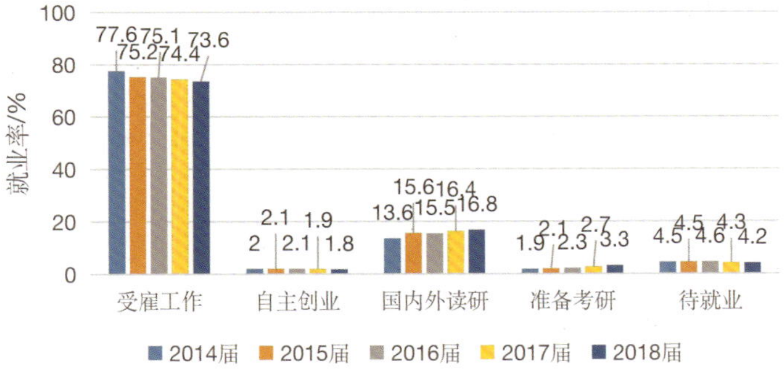

图 0-5 本科毕业生去向分布

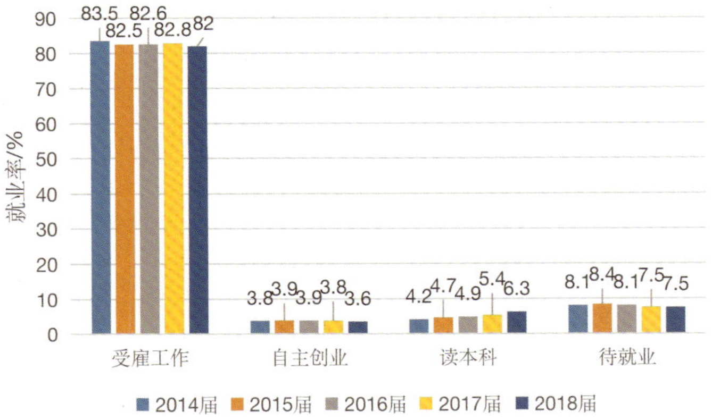

图 0-6 高职高专毕业生去向分布

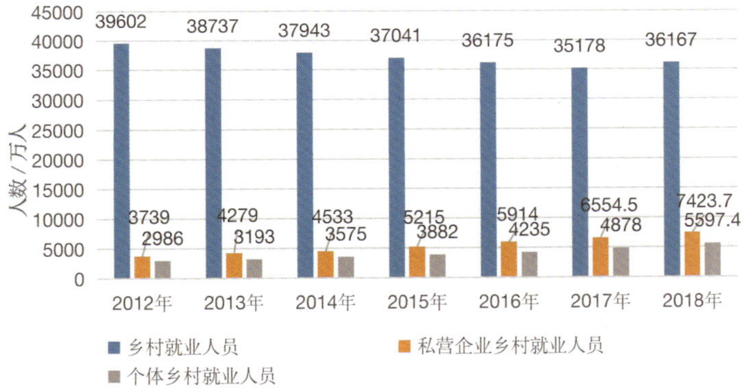

图 0-14 2012~2018 年乡村就业人员及各类人员人数变化趋势

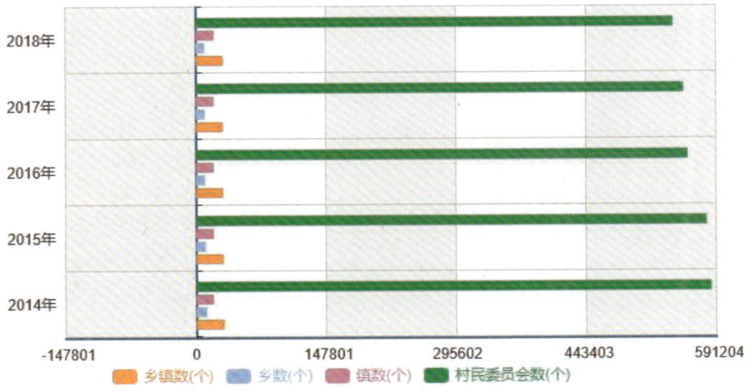

图 0-15 2014~2018 年我国农村基层组织概况

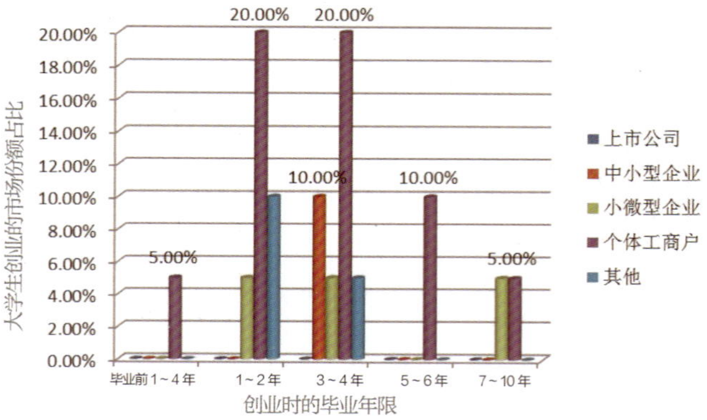

图 1-1　创业时毕业年限与公司规模关系

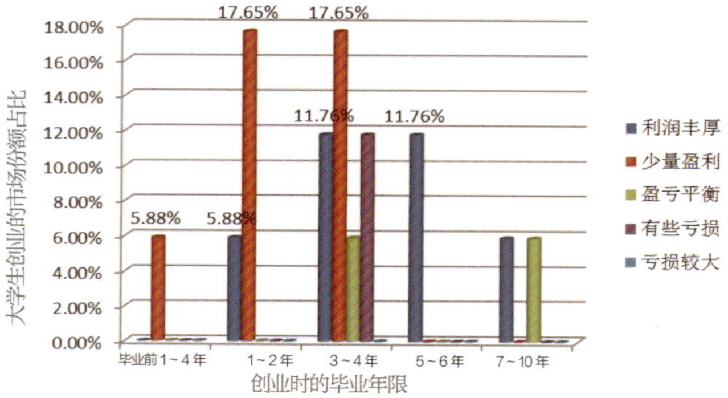

图 1-2　创业时毕业年限与公司盈利能力关系

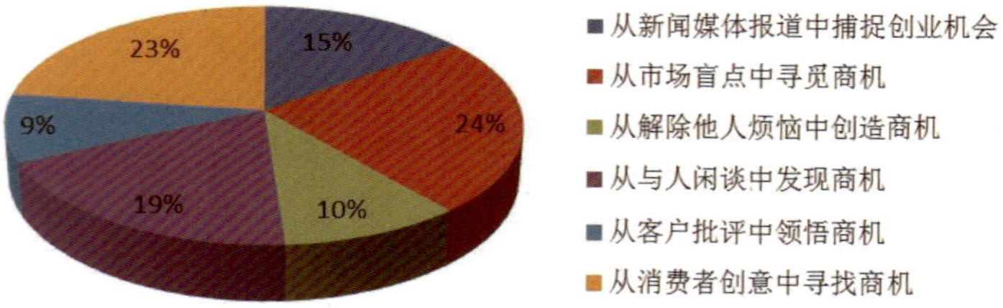

图 2-2　创业机会来源

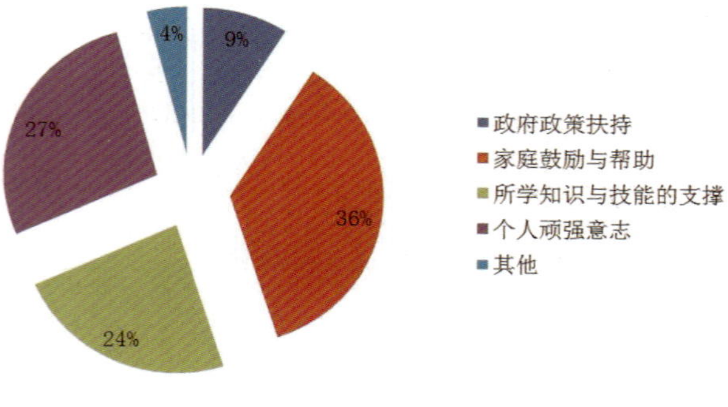

图 2-3　大学生创业面对困难时的支撑动力

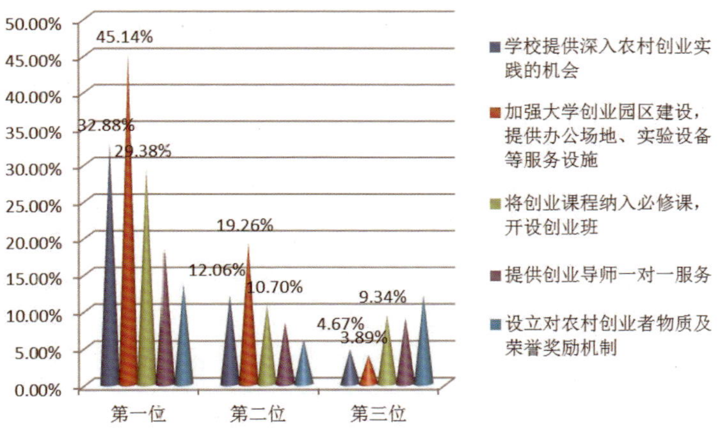

图 2-8　学校应采取何种鼓励措施

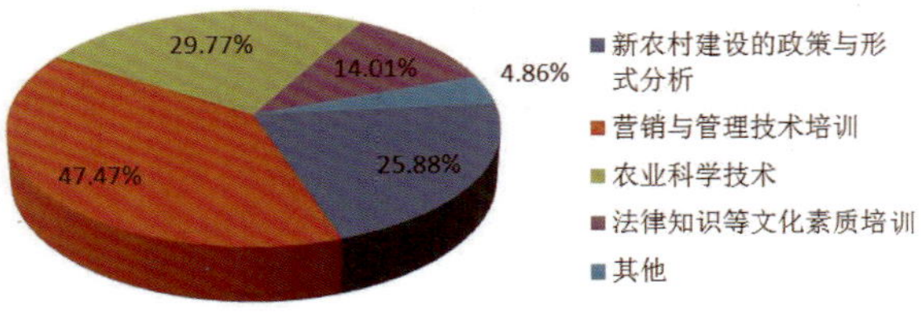

图 2-9　大学生急需获得哪方面的培训

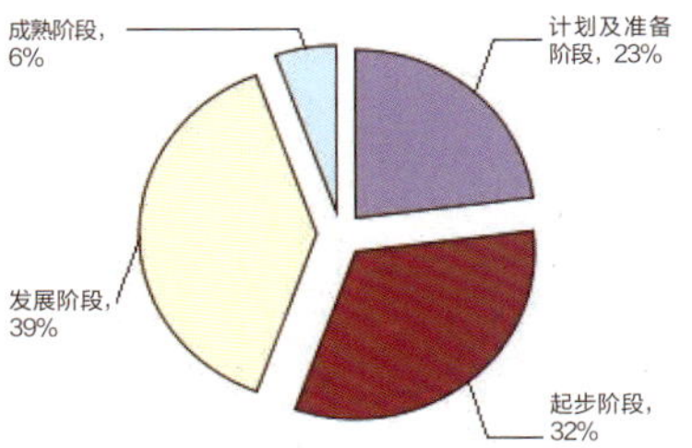

图 2　已创业大学生创业阶段

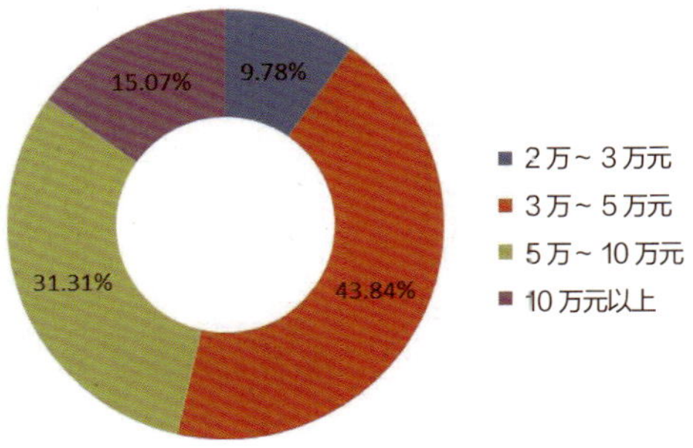

图8　到农村创业能接受的最低年收入

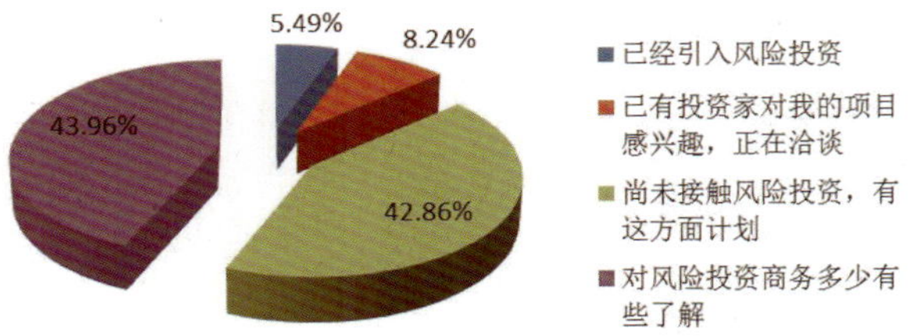

图9　引入风险投资情况

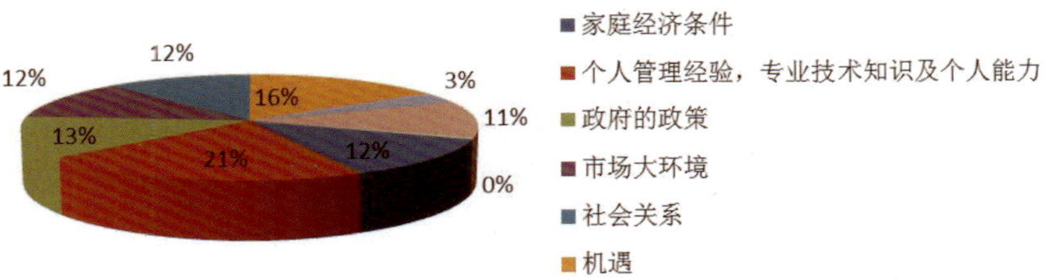

图10　创业成功影响因素

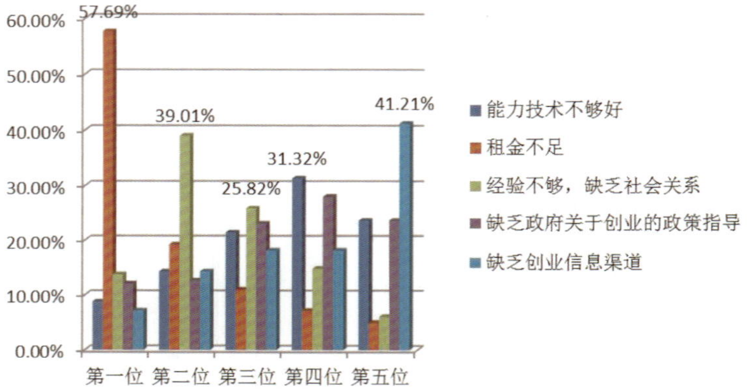

图12 农村创业最大困难

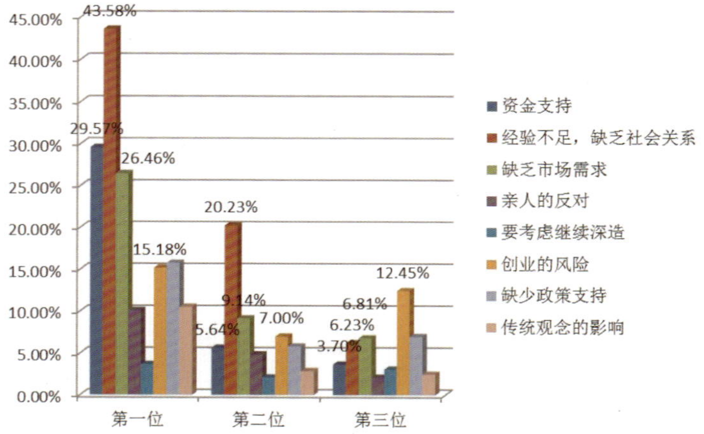

图13 大学生农村创业最主要的障碍

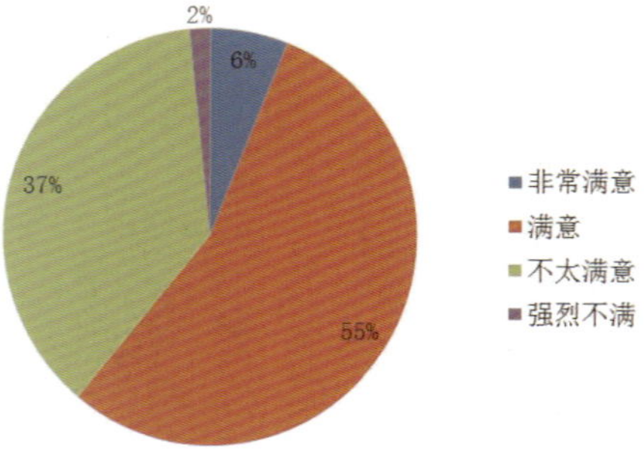

图15 对地方政府部门管理能力及服务水平态度

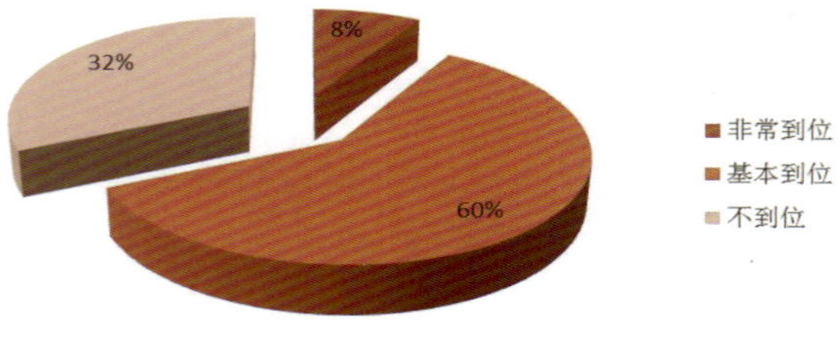

图16 地方政府政策执行是否到位

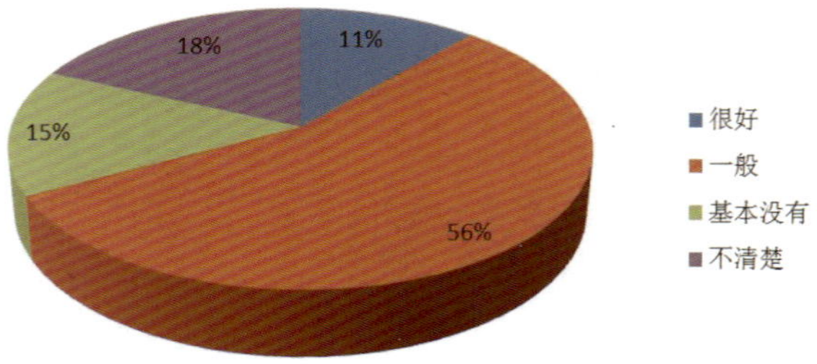

图18 政府对大学生农村创业方面相关政策效果

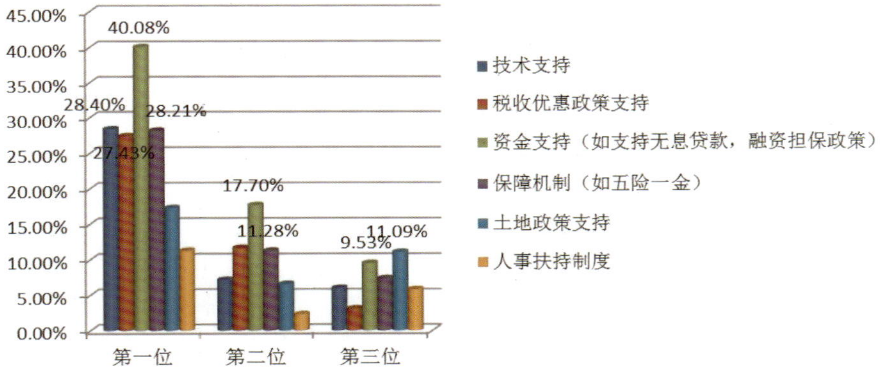

图20　大学生农村创业最需要得到政府部门哪方面支持（对在校生的调查）

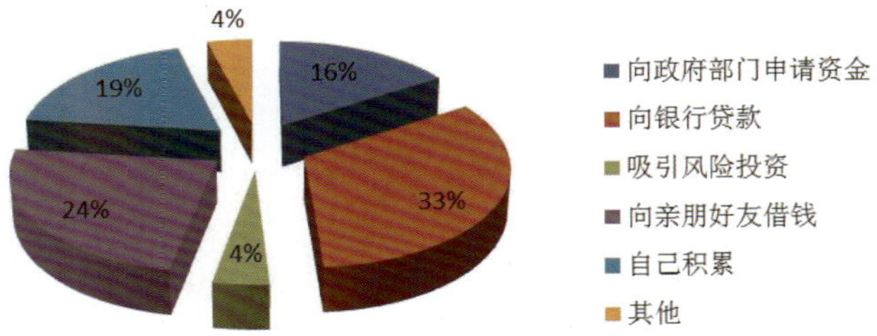

图21　资金短缺问题解决途径

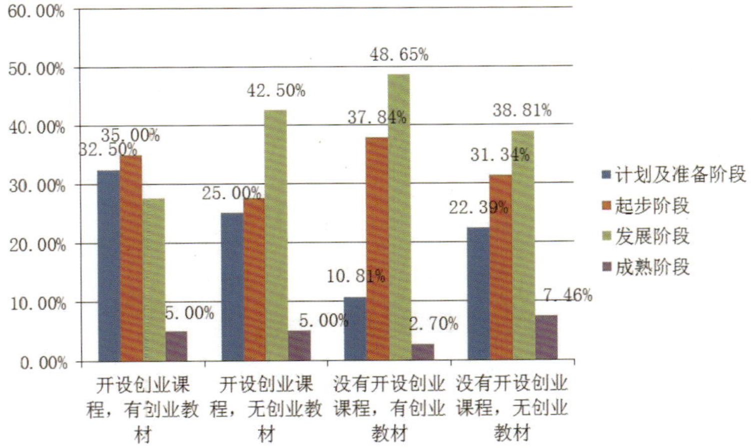

图26　大学创业教育情况与创业发展阶段

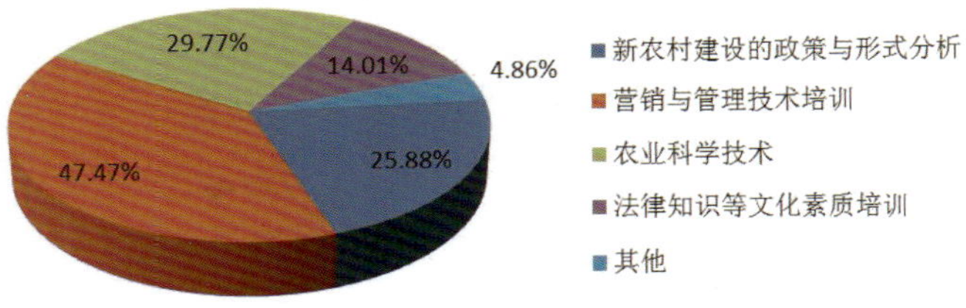

图27　大学生急需获得哪方面的培训

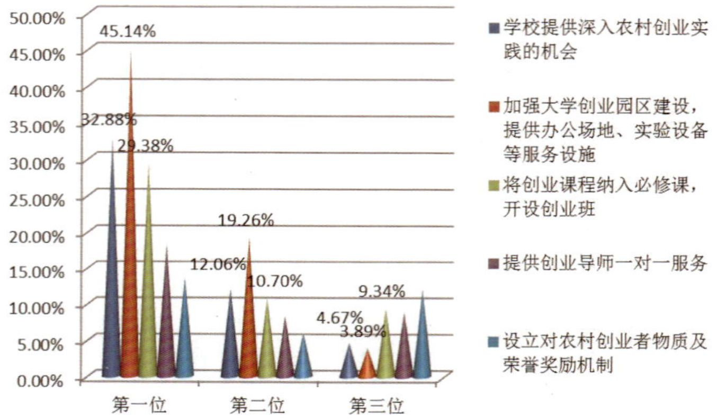

图32　学校应采取何种鼓励措施

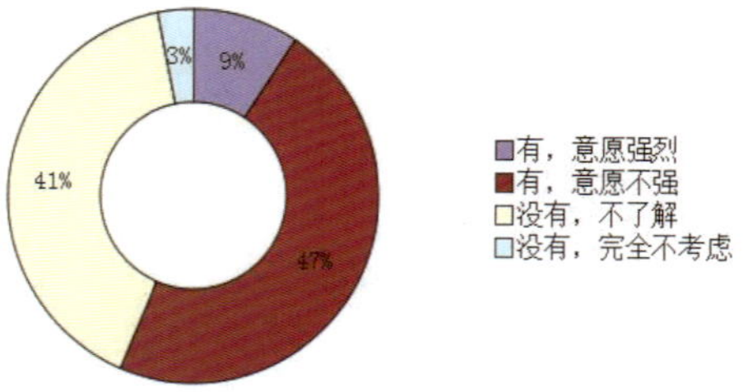

图33　在校大学生农村创业意愿分析

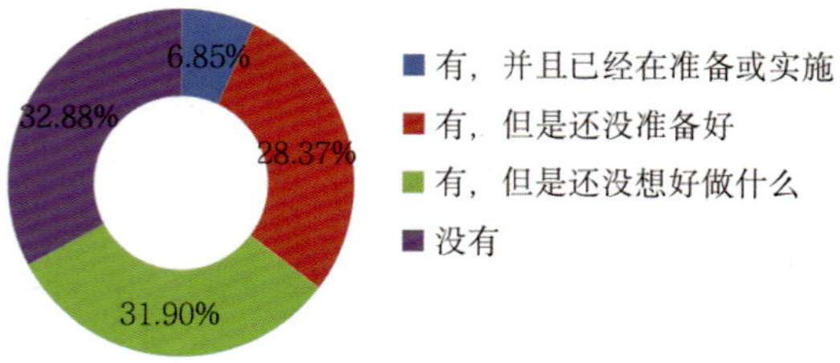

图34　是否有在农村创业的打算

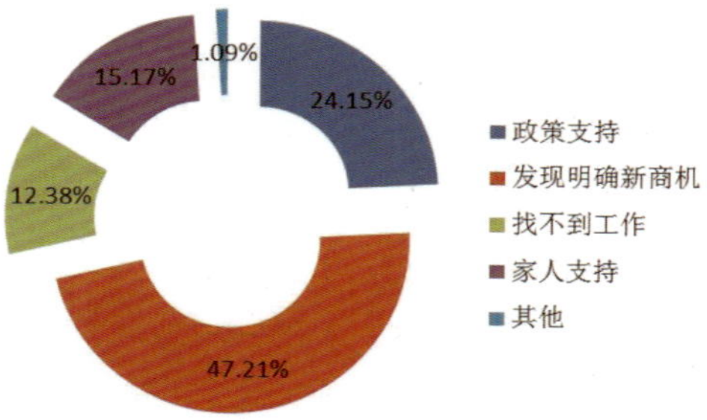

图35　什么情况下选择在农村创业

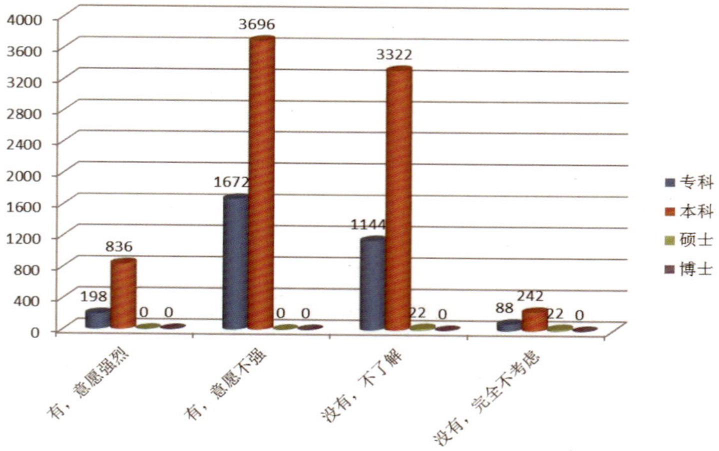

图37　大学生学历与农村创业意愿统计数据分布图

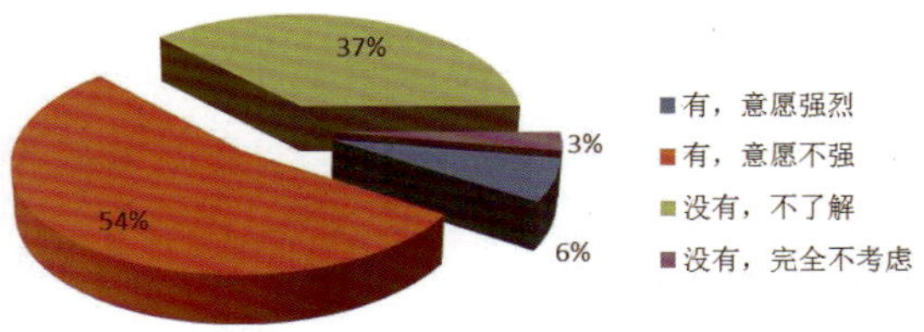

图38 专科大学生农村创业意愿分析

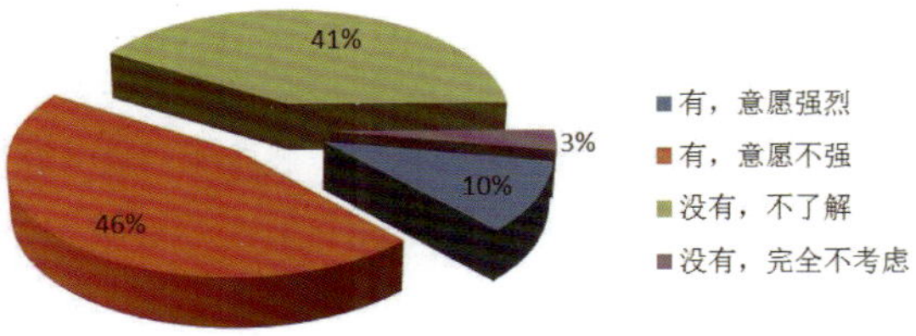

图39 本科大学生农村创业意愿分析

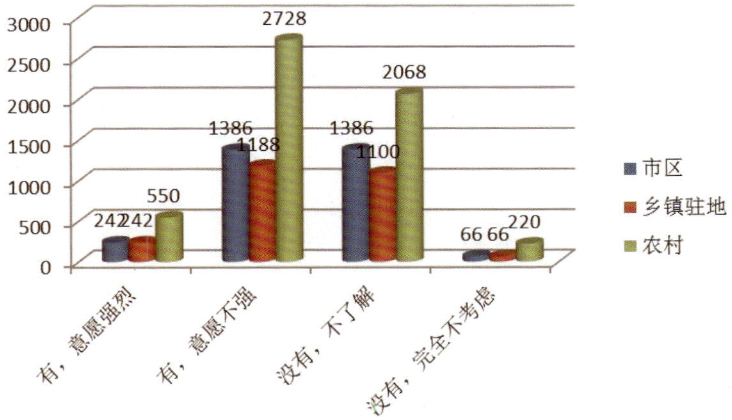

图40 家庭所在地归属与农村创业意愿调查数据分布

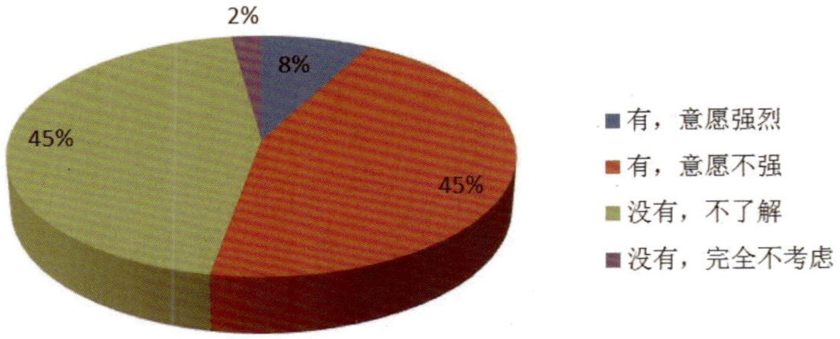

图41 家庭所在地为市区大学生农村创业意愿分析

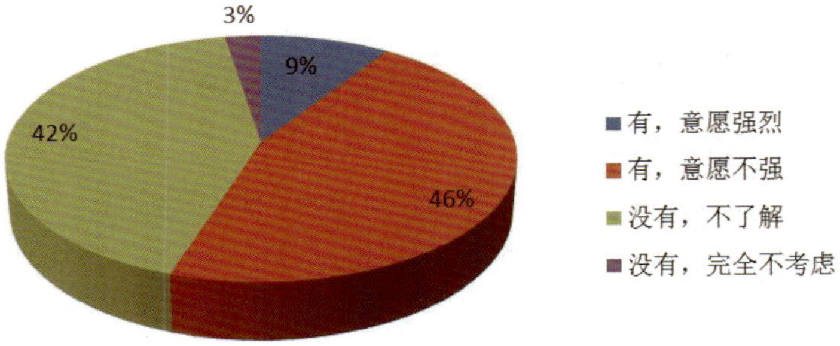

图42 家庭所在地为乡镇驻地大学生农村创业意愿分析

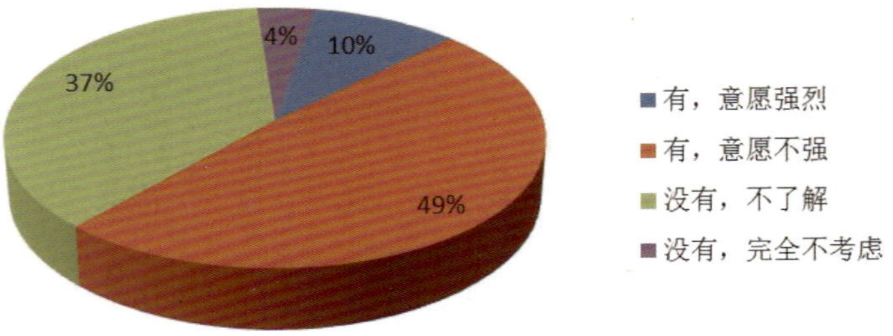

图43　家庭所在地为农村大学生农村创业意愿分析

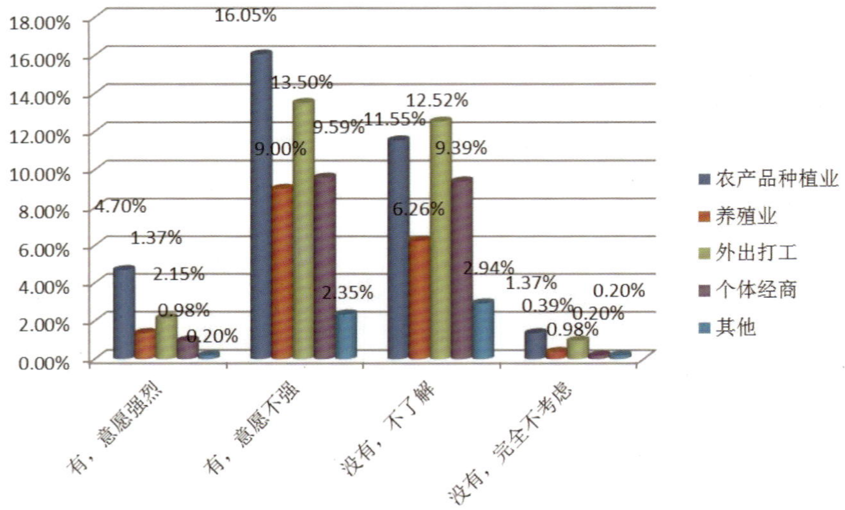

图45　大学生家庭所在地主要收入渠道与农村创业意愿关系分析图

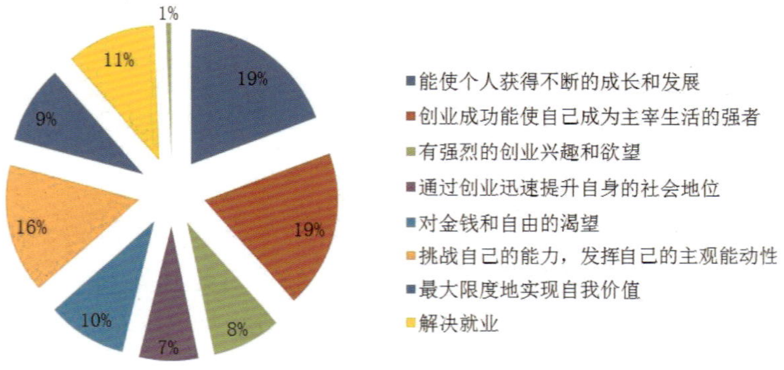

图46　创业吸引力